JN086031

新版 イチから知る!
IR実務
インベスター・リレーションズ

米山 徹幸 著

日刊工業新聞社

はじめに

　本書は企業のIR（投資家向け広報）活動をわかりやすく、内外の多くの実例に沿って具体的に紹介するものです。そして、個々のIR活動では、その準備チェックリストや評価アンケートのサンプルを多く掲載しています。

　第1章は、「IRの始まりと仕事」についてです。ビジネスとしてのIRの始まりを追って、IRの役割や職業としての倫理を確かめています。第2章と第3章は、「企業内におけるIR部門について」です。1つの企業によるIR活動の全体を概観したものです。最初はIR部門内での仕事についてです。日本よりIR活動で先行する米企業の年間のIRプランは、とても参考になります。その作成アドバイスや評価方法も同様です。そして週次・月次の業務レポートのサンプルも紹介しています。次は、部外向けの仕事です。まず有価証券報告書、決算短信を取り上げ、さらに事業報告や株主通信のトレンドを追います。英文の決算プレスリリースではガイダンスやプレーン・イングリッシュ（平明な英語）、アニュアルレポートでは作成ポイントを学び、この数年の統合報告書の動きもしっかり頭に入れましょう。もちろん、自社のIRサイトやソーシャルメディアの基本的な取り組みや直近の動向もを示しています。

　第4章は「IR情報を届ける相手を知ろう」という内容で、特にIR担当者とコンタクトが多いアナリストや機関投資家、個人投資家について、IR担当者が基本的に知っておきたいポイントをまとめています。そして、アナリスト対応でやってはいけない項目や、日本版フェア・ディスクロージャー・ルール（FDルール）やMiFIDⅡ（第2次金融商品市場指令）の導入がもたらしたIR現場の影響を追い、IRデイの準備チェックリストや評価アンケートの例などを掲載しています。機関投資家では、個別面談での「やるべきこと、やってはいけないこと」、ロードショー（投資家訪問の出張）のガイドライン、IR担当者が面談する前に行うチェックリスト、面談後に行うフィードバックのサンプルも用意しました。さらに、株主名簿に実名が載らない株主を見つける判明調査、

機関投資家の投資スタイル、アクティブ運用とパッシブ運用、ESG 情報を求める投資家、持続可能な開発目標（SDGs）と気候関連財務情報開示タスクフォース（TCFD）情報、改訂されたスチュワードシップ・コードとコーポレートガバナンス・コードのポイントなどを追います。そして個人投資家では、その効用から増え続ける株主優待の要点を紹介します。

第5章の「プレゼンテーション」では、配布資料のパワーポイント作成での要点、人前のプレゼンテーションや動画のプレゼンテーションで語るときに注意したい点を書き込んでいます。

私が IR の世界に関わってから 35 年あまりになります。最初に IR と出会ったのはロンドンです。そのころ、東京証券取引所（東証）では欧米を中心とする外国企業の上場が大変な勢いで増え始めていました。上場に当たって各社とも揃って大手の投資家向けに説明会や大手機関投資家との個別面談を重ね、上場後も毎年続ける例が少なくありませんでした。そのとき配布された自社を説明する資料の内容は、日本企業にとって大きなインパクトでした。数年も待たず、配布資料の記載内容も含めて日本企業による海外投資家向け説明会のクオリティが大きく向上します。当時、私はロンドンやパリから、この大きな IR 活動の始まりに立ち会いました。

こうして始まった 35 年あまりの経験でいつも感じることがあります。それは、多くの欧米企業が日本企業の今後の IR 展開を先取りした、文字通り「IR 実学」を実践しているという現実です。これが、本書で多くの英米企業の事例が引用されている理由の1つです。IR の現場で仕事をしているみなさん、これから IR の仕事を始める方々、IR に関心をお持ちのみなさんに本書をお読みいただければ幸いです。

本書の出版に当たっては、日刊工業新聞社出版局書籍編集部の矢島俊克氏に大変お世話になりました。記してお礼申し上げます。

2020 年 3 月

米山 徹幸

2

目　　次

第3章　IR 部門の仕事を知ろう（Ⅱ）
（社外向け IR 情報の仕事を知る）

第 4 章　IR 情報を届ける相手を知ろう
（IR 情報の相手は誰か。それぞれに企業情報の見方も違う）

第5章　プレゼンテーション
（プレゼンテーションはいつも初めての気持ちで）

おわりに
（IR 担当者の仕事はこれからもっとインテリジェントに）

略　　語

ADR　米国預託証券（American Depositary Receipt）

BPG　ベストプラクティス・ガイドライン

CEO　最高経営責任者（Chief Executive Officer）

CFA　インスティチュート 米国アナリスト協会（CFA Institute）

CFO　最高財務責任者（Chief Finacial Officer）

COO　最高業務執行責任者（Chief Operation Officer）

EDGAR　エドガー（Electronic Data Gathering, Analysis and Retrieval System）

FRC　英国財務報告評議会（Financial Reporting Council）

IR practitioner　IR 担当者（Investor relations Practitioner）

IRO　IR 責任者（Investor Relations Officer）

IRS　英国 IR 協会（IR Society）

JIRA　日本 IR 協議会（Japan Investor Relations Association）

LSE　ロンドン証券取引所（London Stock Exchange）

NIRI　全米 IR 協会（National Investor Relation Institute）

NYSE　ニューヨーク証券取引所（New York Stock Exchange）

Nasdaq　ナスダック証券取引所

NASD　全米証券業協会（National Association of Securities Dealers）

Reg.FD　米公平開示規則（Regulation Fair Disclosure）

SEC　米証券取引委員会（Securities Exchange committee）

SOX　企業改革法（サーベンス・オクスレ法）

IR の始まりと仕事

IR の始まりを知って
ビジネスの原点を押さえる

1 | IRの役割

　IR（Investor Relations）を担当する部署の役割が高まっています。このIRとは何のことでしょうか。IRは、自社の株式や社債に投資する魅力を株主や投資家に説明するもので、経営に対する理解を高める広報活動です。重要な企業情報を自ら進んで適時に開示することは、自社の適切な株価形成にとって重要です。株主や投資家は損失リスクを背負って投資します。投資判断に必要な自社情報を開示することは、企業の説明責任（アカウンタビリティ、accountability）です。IRは、企業が資本市場で正当な評価を得るためのものです。また、決算業績が振るわないときも、好調なときも、変わることなく継続して市場に投資判断を左右する情報を発信しなければなりません。一般の消費者を対象として自社イメージや商品の周知、販売を目的とする宣伝活動には、ネガティブ情報はまず見られません。これはIRと大きく違う点です。IRは法的・規制上の情報開示はもちろん、経営情報の透明性を求める市場の要求に応える役割を引き受けているのです。

● IRの始まり

　IRの始まりは1953年のことです。当時は第2次世界大戦が終わり、個人の投資マネーが、株式市場に大きく流れ込んだ時代で、米国の主要企業は急増する個人株主とどのようなコミュニケーションをするのかという課題に直面していました。

　発明王エジソンが創業したゼネラル・エレクトリック（GE）の会長で最高経営責任者（CEO）のラルフ・コーディナーが、広報部に、いかにして投資家ともっと優れた意思疎通を図ればよいか検討するよう指示したのが始まりとされています。このとき、彼の頭には個人株主のこともあったに違いありません。

　というのも当時、ウォールストリートの銀行や大株主には、財務部を中心に事業の展開や決算について報告していたのですが、個人の株主に対するコミュニケーションはまったくと言っていいほどなかったからです。

　コーディナーの指示を受けた広報部は「誰が株主か」「何が株主のニーズか」「株主とベストの対話を行う方法」「株主が経営と対話する方法」などの調査を

行いました。この調査はコーディナーから高い評価を受け、広報部にIRの部署が設置されました。これがIRの出発点となりました。IRは新たな仕事でしたので、何がIRの仕事なのかを認知してもらうことも重要な活動でした。

1970年代から各社にIR専門部署が設置され、株主はもちろん投資家やアナリストなどを相手にするIR活動が定着していきます。1969年には、各社のIR担当者やIR支援のコンサルタントなどを会員とする全米IR協会（NIRI）が設立されました。NIRIはNPO（非営利団体）で、米証券取引委員会（SEC）や証券取引所、アナリスト協会（CFA）などに対して積極的に発言してきました。現在、会員数は3,500人を超え、米国はもちろん市場関係者から大きな評価を獲得しています。

▼ 変わるIRの定義

IRを始めようとするとき、全米IR協会（NIRI）による「IRの定義」が出発点となります。それは、NIRIが語るIRの定義が、米国に限らず、企業のIR担当者をはじめ証券アナリストや投資家など市場関係者の拠りどころになっているからです。

1989年、全米IR協議会（NIRI）は初めてIRを次のように定義しました。「IRは、企業の財務機能とコミュニケーション機能とを結合して行われる戦略的かつ全社的なマーケティング活動で、投資家に対して企業の業績やその将来性に関する正確な姿を提供するものである。そしてその活動は、究極的に企業の資本コストを下げる効果を持つ」です。

ここでIRは、投資家を中心とする企業の利害関係者との関係構築のためのコーポレート・コミュニケーションであり、企業の戦略的な証券マーケティングの活動であると位置づけられています。そしてIRは「究極的に企業の資本コストを下げる効果を持つ」活動として、各社に広く受け入れられていきます。

その後、「IRの定義」は2回にわたって大きく変更されました（**表1-1**）。それは2000年に施行された米証券取引委員会（SEC）による公平開示規則（レギュレーションFD）と、2001年に発覚し米エネルギー大手エンロンによる不正会計が絡んでいます。

2001年9月の改定による主な変更は3つです。第1は「戦略的かつ全社的なマーケティング活動」とされていたIRが「戦略的な経営責務」になり、第2に

表 1-1　全米 IR 協会（NIRI）の「IR」の定義

1988 年	2001 年 9 月に変更	2003 年 3 月に変更
IR は、企業の財務機能とコミュニケーション機能とを結合して行われる戦略的かつ全社的なマーケティング活動であり、投資家に対して企業の業績やその将来性に関する正確な姿を提供するものである。そしてその活動は、究極的に企業の資本コストを下げる効果を持つ	インベスター・リレーションズ（IR）は、企業の相対的価値を極大化することを最終目標とするもので、財務面を中心として支援者に対して発信される企業情報の内容やフローを管理し、企業の財務機能、コミュニケーション機能、およびマーケティング機能を活用する、戦略的な経営責務である	インベスター・リレーションズ（IR）は、財務機能、コミュニケーション機能、マーケティング機能、および証券法に関するコンプライアンス機能を統合し、企業と金融業界や関係者との最も効果的な双方向コミュニケーションを可能にする、戦略的な経営責務である。そしてその活動は、究極的には企業の有価証券に関する公正な評価の実現に寄与する

（NIRI 資料から作成）

企業情報の発信先が、それまでの「投資家」が「財務面を中心とした支援者」と対象の範囲が広まりました。また発信内容も、それまでの「企業の業績やその将来性に関する正確な姿」というような具体的な記述から、一般的な「企業情報」となりました。第 3 に「その活動は、究極的に企業の資本コストを下げる効果を持つ」との記述が消え、代わりに「企業の相対的価値を極大化することを最終目標とする」となりました。

　この変更が発表された翌月、SEC が全米第 7 位のエネルギー大手エンロンに会計問題で調査に入り、12 月に入るとエンロンは破たんします。翌年の 2002 年 1 月には通信大手グローバル・クロッシングの会計疑惑が発覚。これにワールドコムやタイコ・インターナショナルなど大手企業の会計疑惑も続きました。投資家の経営不信、企業情報に対する不信は一気に高まったのです。

　企業情報を市場に発信する IR 担当者の立場は深刻でした。というのも、自社の不正会計を社外の市場に発表してきたのは IR 担当者だったからです。IR に関連する業務を職業とする人たちの NPO（非営利団体）として NIRI は従来の倫理規定（Code of Ethics）を見直し、4 月に「IR プロフェッショナルが遵守する厳しい倫理綱領」（NIRI 倫理規定）を採択し、1 人ひとりの会員に「個人としてのコミットメント」を証明するサインを求めました。このころ、NIRI

は「最高経営者（CEO）がSECに届け出るすべての開示書類にサインする」という提案も行いました。この提案は「多くの投資家の賞賛はあっても、実行するCEOは少ない」との見方が多い中、7月に連邦議会が承認し、直ちに施行されたサーベンス・オクスレー法（企業改革法）に盛り込まれていました。

　こうした事態を受け、2003年3月、NIRIは再度「IRの定義」を次のように変更しました。「インベスター・リレーションズ（IR）は、財務機能、コミュニケーション機能、マーケティング機能、および証券法に関するコンプライアンス機能を統合し、企業と金融業界や関係者との最も効果的な双方向コミュニケーションを可能にする、戦略的な経営責務である。そしてその活動は、究極的には企業の有価証券に関する公正な評価の実現に寄与する」というものです。

　新しい「IRの定義」は、この間のIRを取り巻く厳しい環境変化をそのまま反映しています。しかし、IRが「戦略的な経営責務である」ことに変わりはありません。主たる変更点は3つです。

　第1は、2001年9月の「IRの定義」で、「企業の相対的価値を極大化することを最終目標とする」とあったIRの効用です。これが、「企業の証券が公正な企業評価を受けることを最終目標とする」に変更されました。第2は情報発信の対象です。最初の「投資家」が次に「財務面を中心に支援者に対して」となりましたが、これが「企業と金融コミュニティやその他のステークホルダー」となりました。しかも、企業との「最も効果的な双方向コミュニケーションを実現するため」と記載されたのです。

　第3は機能についてです。前回の「企業の財務機能、コミュニケーション機能、およびマーケティング機能を活用する」という記述に「証券関係法の下でのコンプライアンス活動」が加わったのです。

　3回目の改訂で、NIRIのトンプソン理事長（当時）が語っています。「特に強調したいのは、IRは高い株価の達成を重視していると意味しかねない価値の最大化ではなく、究極的には企業が発行する有価証券がフェアバリュー（公正な価値）を達成することに寄与する」という点です。3回目の「IRの定義」で、米国を中心に広がったIR活動についての議論は収まりました。

　ところで、英国IR協会（IRS）は、こうしたNIRIの定義から一歩進んだ活動に取り組んでいます。それが2001年に始まった「ベストプラクティスIR」です。2015年6月に北欧IR協会で行ったプレゼンで次のように語っています。

「ベストプラクティスIRは、株主・潜在投資家が企業の株式の公正価値に正しい情報を得られた上での判断がいつも可能な環境を用意する」というのです。この定義は、現在の株価を最大化する責任に結びつくものではありません。

　IRSは、「大事なポイントは、企業と投資家の関係を発展・維持するために長期にわたる定期的で一貫したエンゲージメント（投資家との対話）のプロセスがあること」と言い、「IRの目的は、決して失いたくない株主を引きつけること」と言い切っています。正しいアプローチは、顧客や消費者に向けた数々の成果から持続可能な成長を追求することです。

◉ IR/IRO（IR責任者）の仕事

　IR/IROの具体的な仕事は、各社の置かれた状況で大きく違ってきます。未上場か上場か、同じ上場企業でも企業のライフサイクルで言う創業期か、成長期か、円熟期を迎えた時期か、あるいは事業転換に直面しているかなどで内容は異なってきます。ただし、中にはどの場合も共通する業務があります。

　フランスIR協会は、IRO（IR責任者）の仕事を「IROのミッション/責任」として整理しています（**表1-2**）。ミッションには、自社を代表してアナリストや資産運用担当者、各種の投資家に加えて、規制当局者と経済・金融メディア関係者に話をするとあります。ここでの規制当局者は、証券取引所や金融監督局（AMF、金融市場庁）のことです。日本なら金融庁に相当します。自社業績を左右する主な要因を説明する教育的な役割を果たし、株主基盤の増大、株主ロイヤリティの構築、自社株の流動性向上、自社の成長に向けた資金調達の推進に貢献するミッションも用意されています。そして市場が自社をどのように認知し、反応しているのかをマネジメントに報告し、「マネジメントと市場の双方に近いので、企業戦略の検討に継続的に貢献する」と書いています。

　IROの責任として、最初に金融コミュニティで活動する人たちと信頼に満ちプロアクティブな対話を常に保つことを掲げています。具体的な業務内容に続く最後の項目は「金融コミュニティで活動している人たちの自社に対する期待をよく認識すること」です。そして最後に、「IROの役割はこの数年、着実に拡大し続けている。今後も、透明性に対する市場の要求と欧州の法的・規制上の責務に応えながら進展していく」と締めくくっています。

表 1-2　IRO（IR 責任者）のミッション/責任

○ IRO のミッション
・金融コミュニティで活動する人たち、特にアナリスト、資産運用担当者、各種の投資家、規制当局者、また経済・金融メディア関係者に自社を代表して話をする
・企業戦略、業績見通し、市場トレンド、財務の特徴、ビジネス環境、その関連するすべての情報を彼らに向け発信する
・自社業績を左右する主な要因を金融コミュニティに説明する教育的な役割も果たす
・株主基盤の増大、株主ロイヤリティの構築、自社株の流動性向上、自社の成長に向けた資金調達の推進に貢献
・市場がどのように自社を認知し、反応しているのかをマネジメントに報告
・マネジメントと市場の双方に近いので、企業戦略の検討に継続的に貢献
○ IRO の責任
・金融コミュニティで活動する人たちと信頼に満ちプロアクティブな対話を常に保つ
・アニュアルレポート、その関連文書、目論見書、株主向けレター、プレスリリース、財務発表、ホームページの財務関連サイトなど財務情報のドラフト作成
・アニュアルレポート、その関連文書、目論見書、株主向けレター、プレスリリース、財務発表、ホームページの財務関連サイトなど財務コミュニケーション情報源のドラフト作成
・財務報告説明会、財務諸表や特別のイベントでの準備
・マネジメントと財務コミュニティとのロードショーや面談の設定
・個人株主向けの、特に年次株主総会時の情報発信
・従業員株主への情報発信
・上場証券の市場価格、株主構成のフォロー
・ビジネス・財務・競争・法務に関して、それぞれの状況を把握
・各国の法律・規制を尊重し、順守する
・金融コミュニティで活動している人たちの自社に対する期待をよく認識すること
IRO の役割は、この数年、着実に拡大し続けている。今後も、透明性に対する市場の要求と欧州の法的・規制上の責務に応えながら進展していく

（フランス IR 協会の資料から作成）

2 | エンロン、サブプライム事件に学ぶ

▼ エンロン IRO が語る決算発表

　2001 年 12 月にエンロンが不正会計で破たんします（**表 1-3**）。エンロンは 1985 年、インターノースとヒューストン・ナチュラル・ガスが合併してエネルギー生産の企業として生まれました。15 年間で全米第 7 位の大手企業となり、世界各地の 40 カ国に 2 万 1,000 人の社員を雇用して、米有力ビジネス誌のフォーチュン・マガジンは 1996 年から 2001 年まで、エンロンを「米国で最も革新的な企業」だと形容していました。

　破たんの半年前、NIRI の年次大会で講演した英大手機関投資家は、エンロンを「IR 活動の優れた米国企業」の代表事例として挙げました。この講演を聞いていたエンロンの IRO のマーク・ケーニグはいったい何を思い、何を行っていたのでしょう。そうした疑問は、エンロンの破たんから 4 年あまりが過ぎた 2006 年 2 月、エンロンの元会長ケネス・レイ、元最高経営者（CEO）スキリングの 2 人に対するヒューストンの連邦地裁の裁判で明らかになりました。

　連邦地裁の冒頭陳述で、被告弁護団は「無罪」を申し立てました。2 人とも罪を犯しておらず、部下が財務諸表を捏造したやり方を指導したわけでもない、悪事はなかったというのです。他方、連邦検事は、レイとスキリングはエンロンの成功イメージを維持しようとして、繰り返しウソをついたのだと語りました。

　この検察の主張を裏づける証言は、エンロンの IRO を務めたマーク・ケーニグによるものでした。1985 年にエンロンに入社し、92 年インベスター・リレーションズ部に配属され、後に IRO となり、ウォールストリートに向かってエンロンを語ることは IRO であるケーニグの仕事でした。

　検察側証人としてケーニグは、具体的な事例を引用しました。その 1 つは、2000 年 1 月 18 日の、1999 年度第 4 四半期決算/1999 年度決算の決算発表に関連するものです。決算発表の前日、ケーニグは、アナリストによる 1 株当たり利益（EPS）の平均予想の数値が、それまでの 30 セントから 31 セントに上がっていることを知ります。決算発表を前にしたウォールストリートはエンロンに対し楽観的で、EPS の予想値が 1 セント上昇していたのです。すでにエンロ

表1-3 エンロン事件（accounting scandal involving Enron Corp.）

> 2001年10月に発覚し、全米を揺るがせた不正会計事件。米国のエネルギー大手のエンロンは、特定目的会社（SPC）を使った簿外取引により決算上の利益を水増しして計上していたことがわかり、同年末経営破たんに追い込まれた。この事件を発端に米有力企業による不正な会計処理が相次いで表面化。これらを受けて、米国では2002年7月末にサーベンス・オクスレー法（企業改革法）が成立した。同法では、決算書での虚偽の報告をした場合の経営者に対する罰則規定を強化したほか、会計監査を担当する会計事務所への規制も強めた

（日本経済新聞社『経済新語辞典2006』）

ン社内では、決算発表向けのプレスリリースはできていました。もちろん経理部が計算した実際の業績を反映していた内容で、記載されたEPSは30セントでした。

「もし会社がこの数字を発表すれば、アナリストの予想値に届かず、株価は下落するだろう」。ケーニグは経理責任者に電話で、この状況を説明します。彼なら何かできるかもしれないと思ったのです。経理責任者は「スキリングと話してから、電話をするから」と言っています。そして数時間後、EPSが31ドルと書かれた業績チャートがケーニグの手元に届き、この数字が翌日のエンロンの公的な発表文に盛り込まれたのです。

話は続きます。「翌日です。レイ会長は、17日の夜ベッドに入ったときは30セントだった。それが翌朝のテレビ番組では31セントだったと言っていました」。検察官が「レイは驚いた様子でしたか」と問うと、「彼は問題を理解していました」とケーニグは答えました。

また、ケーニグは2000年7月、スキリングの指示で、エンロンのEPSを32ドルから34ドルに増やしたとも語りました。「これによって株価を維持し、上げることになると思った」というのです。また、この数字の水増しについてレイとも話をしたと語ったのです。当時、2人にとって株価はとても重要で、2人ともエンロン株価に強気でないウォールストリートのアナリストたちが大嫌いでした。

「なぜこんな証券詐欺に加担したのか」と問われると、ケーニグは「自分の仕事を続けたかったのです。社内での自分の価値を保ちたかった。働き続けたかったのです。ほめられた理由ではありません」と答えました。そして、誰も自分にあからさまにウソを強要したわけではないが、自分の仕事を続けるため

にはウソをつかざるを得ないプレッシャーがあったことを明かしています。

2007年1月、エンロンのIROだったケーニグは、テキサス州サン・サントニオから南へ約75マイル離れたスリー・リバーズ連邦刑務所に収監され、刑期の18カ月を過ごしたのです。

● 金融危機時の情報ミスリードで告発されるIRO

2007年夏ごろ米国のサブプライム住宅ローン（信用度の低い借り手への住宅融資）から生じた住宅金融市場の混乱は金融市場全体の混乱に拡大し、翌2008年9月にはアメリカ大手投資銀行リーマン・ブラザーズの破たんを招きました。そして、その影響は米国にとどまらず欧州や新興国に波及する世界的な金融危機となりました。

この混乱の中、米国では不動産担保関連の保有残高やリスクについて投資家をミスリードする情報開示を行ったとして、SECから告発された金融機関は20社近くもありました。中でも、IR関係者の目を引いたのはシティグループ（シティ）のケースで、企業ばかりでなく2人の個人も対象に含まれていました。

シティは、2007年の金融危機で巨額の損失を被り、サブプライムローン証券の保有に関する情報開示に誤りがあったとSECに提訴されていました。SECの訴状によれば、シティは2007年7月20日〜10月15日の決算電話会議や当局への提出書類などで、前後4回にわたって、2006年末時点で130億ドル弱のサブプライムローン証券を保有していると説明していましたが、そのほかにCDO（債務担保証券）など2種類のサブプライムローン証券400億ドル相当を保有していた事実を開示していなかったというのです。

2人のうち1人は投資家向けの電話会議で説明を行った当時の最高財務責任者（CFO）で、もう1人は重要情報を削除した開示書類を作成・承認したとされるIROです。2人とともにシティのサブプライムローン投資の全容に関する十分な情報提供を「たびたび」受けており、投資家をミスリードする開示情報の作成に関与し、承認したとされました。

2010年7月、シティはSECに総額7,500万ドル（約65億円）の和解金を支払うことで合意しました。当時のCFOが10万ドル（約870万円）、元IROも8万ドル（約700万円）の和解金を支払うことになったのです。SEC法務執行局の幹部は「シティの不適切開示は、投資家がウォールストリートの各金融機

関がサブプライム関連の証券情報を強く求めていた"危機"のまっただ中で起こった。シティは明快で正確な情報を市場に発信せず、悪しき状況をさらに悪くしてしまった」と語り、「財務情報の開示規則は単純。事実の半分だけでなく、すべてを十分に開示することである」と続けました。

サブプライム・モーゲージ債券の関連の情報開示でIROが和解金を支払った最初の事例だと、IR関係者の間で大きな話題になりました。

この和解に関連して「シティのサブプライム・モーゲージの保有に関する誤った情報開示で、ほとんど破たんに追い詰められた株主が、今回の和解金を支払うことにもなりかねない」（8月3日付米ニューヨーク・タイムズ）という指摘も出ました。「何も知らない株主が企業幹部の誤った行動で罰金を支払うように求められている」（ハーベイ・ピット元SEC委員長）というわけです。

🔻 NIRIの「IR実務の基準と指針」/「IR資格認証」

NIRIの「IR実務の基準と指針」は、IR担当者や経営幹部はもちろんアナリストや機関投資家、証券弁護士もよく参照する文書です。その始まりは1995年の「IR活動の実践状況についての調査」にあります。この調査で「企業の情報開示やコミュニケーション活動に関して、その標準的活動を示すことや手引きの必要性を痛感した」というのです。これが作成の発端です。

米アナリスト協会（AIMR、現在のCFAインスティチュート（米証券アナリスト協会））の協力を得て、1998年4月に発表されました。その後、2000年10月のSECによる開示規則の施行を受けて2001年1月に改訂されたのですが、同年末に発覚したエンロン事件の事態を深刻に受けとめたNIRIは、欧州のIR関係者も交えたタスクフォースを結成し、2004年1月、第3版を発表しました。

第3版には、①企業IR担当者の責務、②企業情報開示の課題、③IRコンサルタントの役割、④企業情報開示の基準と指針（ガイダンス）、⑤ディスクロージャー・ポリシー、業績の電話会議（カンファレンス・コール）、ウェブキャスティング（ウェブサイトでの音声中継）、公平開示規則に関するFAQ（頻出する質問）、業績発表の内容を向上するための指針、NIRI倫理規定などが盛り込まれています。

前出のエンロンやシティのIROが陥った事態は、自社の現状や将来に関連する情報を発信し説明するIR担当者が、経営トップと変わらないほど市場に影

響力がある現実を見失い、同時に内外の株主や投資家、アナリストなど市場の声を経営トップに伝える責任を投げ出したことに起因すると言ってもいいでしょう。そこから、NIRIでは長年にわたり議論のあったIR業務に、専門的な知見を持つ人物だと誰もがわかるベンチマーク（基準）を示すIR資格の認証試験を望む声が大きくなってきたわけです。

　2016年3月、NIRIのIR資格認証（IRC）の制度が発足し、資格試験が始まります。新たな職業基準の始まりです。試験は10の分野で200の問題とし、その配点はIR戦略の作成、メッセージの作成、投資家とのコンタクト、IRのプラニングや財務報告/財務分析など5つの分野が全体の6割を上回ります。受験資格は、大卒か最低3年の実務経験、あるいはIR関連の経験か資格があれば受験できます。資格は3年の更新です。米国はもちろん海外からも受験できます。2019年6月現在で164人がIRCの資格を得ています。

　こうしたIRの資格認証は、2005年にスタートした英国IR協会が先行しています。そのIR資格認証には英国版（CIR）と、海外市場でのIR活動も試験に盛り込んだ国際版（ICIR）の2つがあり、すでに英国、香港、インドネシア、ラテン・アメリカ、中東、ナイジェリア、マレーシア、ロシア、シンガポール、スリランカなど25の国々で実施され、すでに1,000人を超す合格者を出しています。

第**2**章

IR 部門の
仕事を知ろう（Ⅰ）

IR 担当者の社内向け仕事を知る

1 | IR 活動はどの部署に属するか

▽ 広報・IR 部の IR 活動　〜カプコンを例に〜

　IR 活動は、専任の IR 部がある場合がある一方で、社内の財務・経理部や経営企画部、広報宣伝部、総務部などで担当者を用意する場合もあります。まず決算数値をよく知り、予算管理の責任を負う財務経理部です。次に経営戦略の策定や経営トップにつながる経営企画部。第 3 はマスコミ対応やマーケティングを扱う広報宣伝部です。第 4 が株主総会や株式管理を担当してきた総務部です。こうした部のどれかで IR 活動を担当する例が多く、また IR 部として IR 活動をこなす場合もあります。

　現在、「広報・IR 部」という部署を持つ企業が増えています。その理由は、社外に対する情報発信を一体として捉えるコーポレート・コミュニケーションの動きがあります。情報の発信先は株主や投資家、消費者、関連企業や各地域の自治体など、広くステークホルダー（利害関係者）です。最近は、CSR（企業の社会的責任）に関連する情報もカバーする IR 活動も目立ちます、これまでより広がりの大きい視点が求められています。

　ゲームコンテンツ大手カプコンの場合、広報・IR 室で企業広報や IR、CSR を担当し、企業の経営方針や戦略をマスコミ（新聞社、経済誌、TV の報道・経済番組など）や機関投資家や個人投資家に対応する一方、総務部の総務チームが株主の窓口になり、株式の実務面を担当しています（**図 2-1**）。また、CS 営業推進部のプロモーション企画推進室は商品広報・商品宣伝を担当し、ゲーム雑誌や一般紙（ゲーム紹介欄）などのマスコミ対応や、テレビ CM を担当しています。ここで言う CS は Consumer の略で、家庭用ゲームのことです。この 3 部門で互いに密に情報交換を行い、対外窓口として統一したメッセージを外部に発信する体制です。

　カプコンの場合は 1999 年に総務部に IR 担当が発足し、2004 年広報・IR 室として独立するなど 20 年あまりの歴史です。同社の IR は現在、代表取締役の会長、代表取締役社長、担当役員を中心に専従スタッフ 3 人が担っています。その活動は、①株式市場との面談を通じて、経営方針や戦略、将来の見通しな

図2-1 カプコンのコーポレート・コミュニケーション組織体制

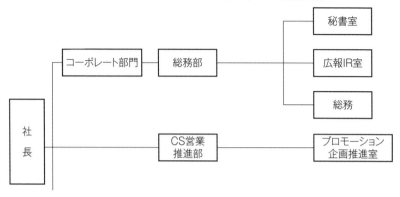

表2-1 カプコン：IR実施イベント

イベント	詳細
トップマネジメント ミーティング	スピーカー　代表取締役会長 CEO 　　　　　　代表取締役社長 COO 　　　　　　取締役 CFO
決算補足説明 カンファレンス・コール	決算発表直後、決算説明会前に業績数値について 説明するカンファレンス・コールを実施
オンライン 個人投資家説明会	個人投資家向けに、インターネットを通じた会社 説明会を開催
パーセプション・ギャップ・スタ ディ（認識度調査）の実施	機関投資家・アナリストに当社の経営目標や戦略、 IR活動などの評価調査を実施し、経営へフィード バック

（「カプコン統合報告書2018」から作成）

どに関して、投資家やアナリストの理解促進を図る、②株式市場の意見を集約して経営陣にフィードバックすることで、今後の企業経営に活用する、③積極的に株式市場とのIR面談を実施することで、情報の非対称性を最小限に抑えて適正な企業価値の形成に努める、という3つがミッションです。

　同社のIRイベントを見てみましょう（**表2-1**）。まず経営トップが投資家と直接、会って対話する「トップマネジメントミーティング」です。他に決算発表直後に業績数値の補足説明をする「カンファレンス・コール（電話会議）」や「オンライン個人投資家説明会」、さらに国内外の投資家やアナリストを対象に

表 2-2　パーセプション・ギャップ・スタディでの投資家との対話の成果（抜粋）

Q. 決算や業績のことではなく、経営トップや開発責任者の考え（経営論・哲学）を聞ける機会を設けてもらいたい。特に、カプコンは創業者が CEO なので、我々（投資家）にとって非常に有用である
A. 対応しました（ミーティング実施） 　　創業者である会長 CEO や社長 COO が考える経営方針や戦略に加え、人柄などへの理解を目的に、トップマネジメントミーティングを開催しました。参加者の満足度は総じて非常に高く、当社の経営戦略への理解が深耕されたイベントとなりました。引き続き、双方にとってより有意義な対話の機会として、開催していきます
Q. コンシューマーにおける開発費の計上方法がわかりにくいが、もう少し開示してほしい
A. 対応しました（補足開示） 　　デジタル化の進行に伴い、コンシューマーゲームは従来より長期間売れるように変わってきています。したがって、当社では会計の原則に沿い、売上時期に応じた費用計上となるよう処理しており、原則 2 年程度で償却しています

（「カプコン統合報告書 2018」から作成）

毎年行っている「パーセプション・ギャップ・スタディ（認識度調査）」もあります。

　パーセプション・ギャップ・スタディ（認識度調査）は、経営目標や戦略、IR 活動などの評価調査によって投資家との認識ギャップを把握するものです。これを企業経営や IR 活動にフィードバックしています。**表 2-2** に投資家の声（抜粋）の例を紹介します。

　もちろん、年間 1 回の決算説明会や個人投資家説明会で実施するアンケートも株式市場の意見を経営に反映する材料の 1 つです。こうした市場の声に耳を傾けることが IR の出発点です。同社は 2017 年に国内外の投資家への訪問や自社での取材などを、電話会議を含め 420 件も行っています。どの面談でも、「対外窓口として統一したメッセージを外部に発信」するための準備は相当なものです。

　そうした成果は、カプコン統合報告書が 2019 年 1 月に GPIF の国内株式運用機関が選ぶ『優れた統合報告書』に選出され、また同年 2 月の「第 21 回日経アニュアルレポートアウォード」で優秀賞を獲得し、また自社のウェブサイトも

2019 年 12 月に大和インベスター・リレーションズの「インターネット IR 表彰」の最優秀賞です。

● 業務一覧でわかる IR 担当者の仕事

では、IR 担当者はいったいどんな仕事をするのでしょう。その仕事を①決算関連、②株主・投資家との面談、③ IR ツールの製作、④情報収集と発信、の 4 つに大別して話しましょう（**表 2–3**）。

まず①決算関連です。上場企業は四半期に 1 回、つまり年 4 回の決算発表を行います。

決算発表の当日は、取引所の TDnet（電子開示システム）に決算短信が掲載され、続いて記者会見、アナリスト・投資家向けの決算説明会、さらに海外向けに決算説明の電話会議（カンファレンス・コール）があり、分刻みのスケジュールです。

同時に自社の IR サイトに決算短信、記者会見や決算説明会での配布資料を、スケジュールの進行に沿ってアップロードします。決算説明会の質疑応答では会場からの質問（最初に質問する人の所属会社と氏名を名乗ってもらいます）に応じます。自社の IR サイトで、この質疑応答の場面がない企業もありますが、残念なことです。というのも、ここが決算説明会のハイライトだからです。当日、何かの都合で出席できなかったアナリストや投資家はもちろん、多くの個人投資家やメディアは必ずチェックしています。

次は、②株主・投資家との面談です。決算発表の後、多くの企業が国内外の機関投資を個別に訪問しています。機関投資家は投資信託や年金資金、政府系ファンドなどを運用し、各社にとって大株主であることも珍しくないのです。当然、決算発表に続く一連の業務を限られた日数でこなさなければなりません。しかも、年 4 回の決算発表があります。年 4 回でなくても、半期決算、本決算の年 2 回は、多くの企業がこのスケジュールをこなしています。

もちろん、アナリストやファンド/マネジャーによる電話取材や個別取材への応対もあります。最近は IR デイやアナリスト・デイのような名前を冠して、決算説明だけではなく、各事業部門責任者が自ら業容を説明するイベントも盛んです。広い意味での会社説明会と言っていいでしょう。また、研究開発に関連して知財説明会の開催も広がってきました。

表2-3　日本企業のIR活動：
決算関連/株主・投資家との面談/IRツールの製作/情報収集と発信

内容	時期/頻度	社長、財務担当役員/IR担当役員/担当者
○決算関連		
決算発表記者会見	年4回（1月、4月、7月、10月）	社長、財務担当役員、IR担当者
決算説明会	年4回（〃）	社長、財務担当役員、IR担当者
決算説明会配布資料（和・英）	年4回（〃）	経理部、IR担当者
海外向け決算説明電話会議	年4回（〃）	財務担当役員、IR担当者
○株主・投資家との面談		
機関投資家訪問	決算発表時が中心	社長、財務担当役員、IR担当者
海外ロードショー	欧米アジアに年数回	社長、財務担当役員、IR担当者
投資家・アナリスト個別対応	随時対応	IR担当者
スモールグループミーティング	年2回程度	社長、財務担当役員、IR担当者
IRデイ/アナリスト・デイ	年1回	社長、財務担当役員、各部門責任者
個人向け会社説明会	随時	社長、IR担当役員、IR担当者
〃（証券会社営業向け・証券会社支店）	〃	IR担当者
株主総会後の懇談会	年1回	役員全員
知財/研究開発説明会	年1回	知財部、研究開発担当役員
工場・店舗の見学会	随時（希望に応じて個別にも実施）	各部門責任者、IR担当者
○IRツールの製作		
有価証券報告書・半期報告書・四半期報告書	年1回	経理部、IR部（記述部分）
決算短信	年4回（1月、4月、7月、10月）	経理部、IR部（記述部分）
プレゼンテーション資料	随時	IR部
アニュアルレポート（和・英）	年1回	IR部
事業報告（株主通信）	年2回	IR部
IR動画（和・英）	適時リニューアル	IR部
自社IRサイト（和・英）	随時更新	IR部

○情報収集と発信		
セルサイド、バイサイドの質問データ	随時	IR担当者
アナリストレポートの収集	随時	IR担当者
（自社、同業他社、関連企業）		
実質株主調査	年1回	IR担当者
投資信託組み入れ調査	随時	IR担当者
月次データのメール発信	月1回	IR担当者
IRメールマガジンの発信	随時	IR担当者
IR関連の質問・問合せに回答	随時	IR担当者

（各種資料から作成）

東京を中心に個人向け会社説明会の開催も盛んです。参加者が30〜50人という場合もあれば、数千人を超す大規模なイベントもあります。以前は自社ブースのパネル展示で事足れりという面もありましたが、最近は4Kパネルの画面で、自社の案内動画を流し、要領を得たパワーポイントで1日に何回も、自社を説明する企業が増えてきました。株主総会もIR活動です。その直後の懇談会も同様です。また、内外の工場や店舗の見学会も企画したりします。

③IRツールの製作も大きな業務です。株主通信やビジネスレターなどの名前で株主に届けられる小冊子の事業報告（年2回）、決算短信や有価証券報告書の作成にも、いくつか関連する記述の面で参加します。特にアニュアルレポート（英語版・日本語版）の制作、自社IRサイトの制作や運営でIR担当者の力量が問われる場面が増えています。

それは、決算説明会や個人向け会社説明会、内外の機関投資家を個別訪問するときに使うプレゼンテーション資料も同様です。

最後に④情報収集と発信です。決算説明会やアナリストや投資家との個別面談、電話取材のやり取りをデータ化する企業が増えています。初歩的な方法は、投資家やアナリストの1人ひとりにコード番号を用意し、その質問をエクセルシートに記録するものです。この記録から、やり取りで交わされたキーワード

を追い、たとえば3カ月単位の傾向をウォッチするものです。

　そして自社や他社、関連企業について書かれたアナリストレポートを収集し分析し、レポートを作成します。自社の株主が誰かを知るための実質株主調査や投資信託組み入れ調査も欠かせません。これに自社ホームページの更新やIRメールマガジンの発信、売上など月次データの発信も入れると、実に多岐にわたります。

　注意したいのは、質問・問合せに回答する仕事です。米国のファンド・マネジャーがこんな発言をしています。「良いIR担当者は、自分の会社を担当するアナリストの帽子をかぶっている。そんなIR担当者なら、投資家が求めるものが金融情報なのか、すでに開示された事項か、それとも市場関連の情報なのかを十分に理解している」、そして「IR担当者は、必ずしも質問の回答を知らなくてもいい。大事なのは、社内で回答ができる人をたくさん知る能力である」。さらに「アナリストが企業に対する最初のコンタクト・ポイントはIR担当者だ。どの企業でも、IRの成否はIR担当者次第である」というのです。

　これほどの業務をこなせる力量は並みではありません。しかも、IRは企業の宣伝ではありません。自社に都合の悪い情報も隠さず、投資の判断に有益な情報を継続的に発信していかなければならないのです。これがIRの出発点です。というのも、IRは企業を分析してレポートを書くアナリストや、損失のリスクを覚悟して投資する投資家を相手にしているからです。それだけに、IR担当者は説明責任を果たす経営者と同様、自社の開示情報の拠り所や市場取引の実際、投資家の判断プロセスを知る専門的な知見が求められる企業情報の専門家なのです。そして、最近は経験のあるIR担当者が他社で同じ業務に就く例も珍しくありません。

▼ 米企業の年間活動プラン

　IR部門の活動は具体的な目標の下に方針を立て、具体的な行動プランを用意します。全米IR協会で紹介されている米国企業の年間活動プランの「目標」「方針」「具体的な行動」を紹介しましょう（**表2-4**）。

　「目標」では、まず「金融証券市場にもっと自社のコーポレート・ストーリー

表 2-4　米企業の IR プラン（例）

目標	・金融証券市場に、公平な株式評価に結びつく自社のコーポレート・ストーリーをもっと理解してもらう ・適切な株主構成のバランスを図る ・セルサイドのレポートの質を改善する ・競合他社比でベータ（β）値を改善する ・アクティビストの関心を積極的にモニターする ・自社に関してオンラインでのポジティブな会話を進めつつ、（現在/将来の）株主との関係強化を図るために、IR 視点のソーシャルメディアを発信する ・ベストの投資家向け情報開示を展開する
方針	・金融コミュニティ向けに長期のメッセージ・投資テーマを明確に示す ・トップ 25 の株主と定期的なミーティングを持つ ・ノン・ディール・ロードショー（資金調達を伴わない株主・投資家訪問ツアー）やカンファレンス、本社ミーティング、IR ウェブサイトによって企業の可視性を高める ・同業他社との相対業績を公平に反映した株価の実現に向けためたメッセージ・情報を提供する ・セルサイド・アナリストに深い理解を迫る
具体的な行動	・バイサイド 　・投資家に説明する社内グループを増やす 　・教育目的のウェブビナーの継続 　・セルサイド主催の本社訪問 　・独自のバイサイド・コンタクトを継続的拡大 　・ノン・ディール・ロードショー、会社幹部による投資家ミーティング拡大 　・非常勤役員とのコンタクトを開始する 　・大手株主による四半期ごとの本社訪問する 　・投資家拡大に向けたトレード・ショーを活用する 　・インベスター・デイの司会を継続 ・セルサイド 　・トップ 10 のにセルサイド・アナリストにフォーカスする 　・セルサイドのトレーディング・デスクと定期的なコミュニケーションをとる ・アクティビストの関心 　・アクティビストの関心がストック・オプションの場合、事前に依頼した調査会社と協力する 　・電話会議に出席し、その関心を継続的にモニターする ・ソーシャルメディア 　・投資家向けのコミュニケーション・チャネルを拡大し潜在株主を拡大 　・当社に関する書き込みをモニターする 　・ソーシャルメディアに参加している同業他社、競合他社、業界、セルサイド、重要な機関投資家など直近のセンチメントを把握する ・情報開示 　・進行中の情報開示の向上を継続する 　・金融メディアを活用し、金融コミュニティに長期メッセージ/投資テーマを明確に示す

を理解してもらい、それが公平な株式評価に結びつく」を掲げて、「セルサイド、バイサイドによる評価トレンドをモニターする」とあります。

次に「適切な株主構成のバランスを図る」とあり、3番目に「セルサイドのレポートの質を改善する」が続きます。そして4番目は「競合他社比でベータ（β）値を改善する」です。一般にβ値が1であれば、市場平均と同じ値動きを示し、1より大きければ市場平均より値動きが大きく、逆に1より小さければ市場平均より値動きが小さいことを示すので、ここでは値動きを抑えるのが目標となっています。

5番目は、「アクティビスト（モノ言う株主）の関心を積極的にモニターする」、6番目に「IR視点のソーシャルメディアを発信し、（現在/潜在的な）株主との関係強化を図って、当社とのオンライン対話を積極的に推進する」が掲げられ、最後は「ベストの投資家向け情報開示を展開する」で締めくくられています。

「方針」では、第1に「金融コミュニティ向けに長期のメッセージ・投資テーマを明確に示す」、第2に「トップ25の株主と定期的なミーティングを持つ」と、大手株主との強いコミュニケーションを掲げています。第3は「ノン・ディール・ロードショー（資金調達を伴わない株主・投資家訪問ツアー）やカンファレンス、本社ミーティング、IRウェブサイトによって企業の可視性を高める」です。そして「同業他社との相対業績を公平に反映した株価の実現に向けたメッセージ・情報を提供する」ほか、「セルサイド・アナリストに深い理解を迫る」としています。

「具体的な行動」では「インベスター・デイの司会を継続」（バイサイド）、「トップ10のセルサイド・アナリストにフォーカス」（セルサイド）、「関心がストック・オプションの場合、事前に依頼した調査会社と協力する」（アクティビスト）、「当社に関する書き込みをモニター」（ソーシャルメディア）などのアクション・プランを語っています。

● 年間IRプランに5つのアドバイス

新しい年度を迎えると、IR担当者なら誰でも、これから1年のIRプランが順調に行くかどうかが気になるものです。時間をかけて検討した目標の設定、その実行プランがいよいよ試されるのです

米IR支援大手シャロン・メリルのD・J・ウォルシュが同社のブログに「貴

表2-5　年間IRプラン：5つのアドバイス

1. 達成可能なIRの目標を決める
2. ブレない
3. サプレメントの利用
4. IRトレーナーを雇う
5. IRの結果を評価測定する

（シャロン・メリル、D・J・ウォルシュのブログから）

社のIRプランはフィットしているか」と題し、フィットネスに例えながら、IRプランの実行に関して5つのアドバイスを載せたことがあります（**表2-5**）。米国に限らず、どの国のIR担当者にも役立つ内容なので、大要を紹介します。

①達成可能なIRの目標を決める

　年間IRプランで最初のポイントは、「現実的なゴールを設定しているだろうか」です。たとえば、自社の時価総額（株価×発行株式数）ですが、数カ月で数倍になるような見込みは非現実的でしょう。しかし、「投資家とのミーティング回数や投資家向けカンファレンスへの参加を増やすとか、売買株式数の増加は達成可能な評価基準」と、ウォルシュは語ります。こうした数値化できる目標を持ち、これを達成することで、株主価値を最大化するという最終ゴールに近づいていくのです。

②ブレない

　次に「今すぐ減量して、すぐフィットネスの結果を出すような特効薬は、残念ながらまだ存在しない。何事も昔通り、ハードワークと健康ダイエットが成功の決め手である」といって、「同様に、自分が用意した戦略に基づいて、IRのゴールに向かって懸命に動くことが重要。それには、長期にわたるIRイベント・スケジュールを作成し、かならず実行すること」と主張します。

　そして「予定していた（証券会社などが企画する）イベントに参加しないとしたら、それはまったく弁明の余地はない」と厳しく、「たとえば、直近の決算発表の数字が良くなかったから投資家向けカンファレンスに参加しないとすれば、これは何の意味もないこと。投資家は1回のミーティングで株式の購入を

行うことはない。重要なのはアナリストや見込みのある投資家に対して、ミーティン後も業務の進行状況や企業戦略のフォローアップを怠りなく届け続けること」と語り、「自社戦略の進展をアップデートするためにも、ニュースリリースに注力したい」とアドバイスしています。

③サプリメントの利用

　フィットネスの分野では、エネルギー・ドリンクやプロテイン入りの商品など、もろもろのサプリメントがいかに効果があるかと果てしのない議論が繰り広げられています。絶対的なサプリメント信者たちがいるかと思えば、他方にはそんなものはムダと主張する人たちもいるという例を用いて、「（この意味で）IR会社は、貴社のIRプログラムの効率を高めるサプリメントのようなものである」と語っています。

　たとえば、最近のソーシャルメディアの中でどれかベストか決める場面になると、困惑することが少なくありません。また、投資家ターゲットのミーティングのアレンジや、株主ウォッチ調査、ビデオ制作などを行うIR支援会社もあるなど、IR会社のカバレッジも広範です。

　自社のゴール達成を実現するため、どのIR会社が最も効率的なサービス支援を行えるかコンテストを行うのも良いアイデアです。この場合忘れずに、「自社のIRプログラムすべてに対してワンサイズでフィットすることはない」と指摘します。つまり、IR支援は1社で間に合うものではないこと、その規模が採否のポイントではないというのです。

④IRトレーナーを雇う

　フィットネス・ジムでは、長年の経験を積んだアスリートでもトレーナーと一緒に動くという利点を得ることができます。同様に、企業がIR支援会社を取り込むことも1つの手法です。これは自社のIRプログラムを向上させ、もっと良い結果を出すノウハウ構築に向けて、社外の見方を取り込めるため、とても有益です。

　IR支援業者のアドバイスにより、IR業務は社外からの求めに受け身の対応から自ら積極的に取り組むスタイルに転換すると言うのです。この場合、多くのIR支援業者の中から、自社のゴールをよく理解している業者を選んでこそ、

成果を挙げられることになります。彼らに最も効果を挙げてもらうためには、企業の側が、彼らを信頼するパートナーとして迎え入れることが必要です。

⑤ IRの結果を評価測定する

フィットネスでは、体重の減量やスタミナの改善度、ダイエットの変化などを計測して進捗をウォッチすることができます。さらに重要なことは、年末に自分がブラッシュアップされ、健康面での評価が上がったかどうかを自問することです。これと同様、IRでも重要なことは結果の評価測定であるとウォルシュは語ります。

確かに多く企業でIR部門は特定のゴールや目標を設定し、大半は年1回の結果測定を行っています。「投資コミュニティとの関係や自社のソーシャルメディアのフォローの進捗まで、IRプログラムは多様な面で評価が可能」「年初に決めた評価基準による結果レポートを作成し、できれば、これを経営陣や取締役会に提出する」。当然、この結果は翌年のIRプランの作成に利用するのです。

▼ IR業務を評価する

IR活動は企業の予算を使って行う仕事です。その年間プランの成果は評価の対象です。

では、IRの年間プランについての評価測定はどのようなものでしょうか。

ちなみに、英IRコンサルタント大手シティ・ゲイト・デュ・ロジャーソンが61カ国479人のIRO（IR責任者）から回答を得た「IR調査2019」によると、企業の規模や地域に関係なく、「アナリストや投資家のフィードバック」がIRプログラムの成功の評価測定でトップを占め、回答者のうち91％が利用しています（**表2-6**）。次は「株主構成の進展」（67％）です。具体的な基準で、「IR活動の有効性を高めることに焦点が当てられていることを示している」（同調査）と指摘しています。続く3番目は、1年間に開催された電話や面談の回数です。

地域別に見ると、中東やアジア太平洋でIROのパフォーマンスの評価に、IRチームのマネジメント以外の定量的測定（たとえば、株価パフォーマンスや売買の流動性、株価のボラティリティ（価格変動）に基づいて評価される度合い

表2-6　IRプログラム：成功の測定方法

	2019年	2018年
アナリスト/投資家のフィードバック	91％	88％
株主構成の進展	67％	67％
面談/電話会議の回数	55％	50％
社内のフィードバック	49％	54％
株価のパフォーマンス	35％	31％
面談/電話会議と株式売買の相関関係	26％	21％
売買の流動性	23％	14％
株価のボラティリティ（価格変動）	14％	15％
その他	4％	―

('11th Annual Investor Relations Survey'October 2019
'10th Annual Investor Relations Survey'September 2018
Citigate Dewe Rogerson)

が高いと同調査はコメントしています。

　では、日本ではどうでしょう。日本IR協議会が上場企業に調査した「IR活動の実態調査」（2017年）の「IR活動の効果測定指標（回答960社）」によると、トップは「アナリスト、投資家との面談回数の増減」（51.1％）で、次が「アナリストレポートの内容」（28.6％）です。アナリスト関連では「アナリストレポートの数」（23.5％）もあります。また「投資家向けアンケート結果」（23.0％）とフィードバックも求めています。ここで見逃せないのは、「特に効果測定をしていない」（27.2％）でしょう。その理由に、「効果測定のための指標を特定するのは難しい」（54.0％）、「自社のIR活動は効果測定をする段階に至っていない」（51.0％）が挙がっています。

2　情報開示方針（ディスクロージャー・ポリシー）の作成

▼　その位置づけと役割

　どんな情報をいつ、どのように投資家や市場に向けて発信するのか。これは、

表 2-7　カナダ証券懇談会（CSA）：ディスクロージャー・ポリシーのドラフト

1	重要な情報を適時に広範にわたって市場に発信するディスクロージャー・ポリシー（＝開示方針）文書を用意する
2	会社による開示方針の実効性を監視するために社員、あるいは上席者による委員を設置する
3	アナリスト、メディア、投資家に対し、会社を代表して対応する権限を持つ人数を限定する
4	望めば、誰でも電話やウェブサイトで、アナリスト向け電話会議を聴けるオープン・アクセスのポリシーを作成する
5	アナリストレポートの原稿に関するポリシーを設定する。発行体は直接・間接を問わず、収益ガイダンスが、公平性に関する規定に違反する重大なリスクがあると認識すべきだからである
6	四半期の決算発表直前には「沈黙期間」を用意する
7	内部関係者（インサイダー）による証券取引を監視するために、インサイダー取引方針を用意する。方針には沈黙期間を反映する「取引禁止期間」を盛り込むべきである
8	自社のウェブサイトが最新の更新を維持し、正確であること、会社情報に対する投資家アクセスの向上のために最新テクノロジーの使用を確保する
9	インターネットのチャットルームや掲示板への参加やホスト、リンクはしない
10	自社に帰属しない市場の噂に関し、「ノーコメント・ポリシー」を採用し、このポリシーを一貫して確実に適用する。もしも噂が社内リークに関係している場合、適時に広範にわたる情報公開を行う

制度開示の有価証券報告書や決算短信などにはない課題です。むしろ、各企業が自らの責任で行う任意の開示で多く問われるでしょう。投資家向けの情報開示といっても、経営企画や財務・経理部などの部署や経営幹部・担当者によって開示の内容が異なれば、社内はもちろん市場も混乱しかねません。明快な原則が必要になります。

　まず、社内で関係者の拠り所となるディスクロージャー・ポリシー（＝開示方針）を作成します。次にこの方針に沿って、具体的な情報開示の範囲や実行方法をマニュアル化します。

　今日では、ほどんどの企業が開示方針を文書で用意しています。つまり、社内規定文書で、社内サイトで読むことができます。しかし、以前は違いました。2000 年 10 月に米公平開示規則の施行後、カナダ証券懇談会（CSA）は**表 2-7**に示す 10 カ条を企業情報の開示方針のドラフト（素案）として発表しました。

この素案は IR 担当者の生きた意見を盛り込み、理に適（かな）った内容で、多くの欧米各社が大いに参考にしたのもわかります。

　注意したいのは「沈黙期間（quiet period）」です。その当時、決算発表直前に「沈黙期間」を設けて、決算発表資料準備期間中に株価に影響のある情報が漏れることを防ぐために、決算に関する一切のコメントを控える米企業の慣習は日本企業のものではありませんでした。この後、多くの日本企業が、決算発表前 1 カ月は「決算に関連するコメントや質問への回答を控えます」というような沈黙期間を IR 活動のカレンダーに持ち込んだのです。中には「決算期日の翌日から決算発表日までを」沈黙期間とする上場企業も登場しました。

　また「自社に帰属しない市場の噂に関し、「ノーコメント・ポリシー」を採用し、このポリシーを一貫して確実に適用する」という項目も見逃せません。市場に流れている噂の出所が自社でない限り、コメントしないというのです。そして、「もし噂が社内リークに関係している場合、適時に広範にわたる情報公開を行う」としたのでした。

● 情報開示ポリシーを作成する
〜全米 IR 協会（NIRI）の作成例文から〜

　この後、2004 年 2 月に NIRI が発表した「ディスクロージャー・ポリシー（情報開示方針）の文例」は「米国 IR 実務基準（第 3 版）」に添付されていました。その「序文」の冒頭で「NIRI は、企業各社が明文化されたディスクロージャー・ポリシーを作成し、これを遵守することが重要と信じる」と書いています。曖昧な申し合わせではなく、企業の文書によるディスクロージャー・ポリシー」を訴えました。そしてポイントを 5 つ取り上げたのです。開示方針を作成する IR 担当者には、貴重な指摘ばかりでした。

　まず、最初に「1 つのポリシー例文がすべてに適合はしない」と書かれています。各社各様だというのです。業績ガイダンスのポリシーに載せる企業もあれば、載せない企業もある。その意味で、この NIRI の文案も 1 つの事例にすぎない。NIRI の会員企業に、文例パターンに倣うように求めるわけでもないという意味でした。

　次に、「業績ガイダンスに言及する場合は、自社の予測能力やその正確性、

　さらに業績ガイダンスからの乖離がある状況を検討しておく」としました。業績ガイダンスの微妙な言い回しや数字がガイダンスから大きく外れる場合にどうするのか、事前の検討が欠かせないというのです。

　３番目は、企業によっては、これまでディスクロージャー・ポリシーが口頭の指針という場合を取り上げます。こうした企業の IR 担当者が文書によるディスクロージャー・ポリシーを作成するときは、どうすればよいか。そんな場合は、先行する他社の事例、それも同業他社の開示方針を参考にします。「ディスクロージャー・ポリシーの文書を用意する前に、同業他社の開示慣行・自社の過去のディスクロージャー・ポリシーや慣行の実効性をよく検証する」とありました。

　第４に、「経営幹部のディスクロージャー・ポリシーに対する一致した認識の確立」が重要と説いています。ポリシーが曖昧なら、その結末は見えています。社内一致のポリシーを徹底するというメッセージなのです。

　第５にポリシーは「この文例集はやりたいことのリスト」ではなく、自社の開示実態を反映する内容でなければならないと強調しています。キレイごとのリストをつくるのはたやすく、肝心なのは実態に即した「等身大の開示方針」を作成せよ、ということです。

　この「序文」に続いて、具体的な文例が 19 項目あります（**表 2-8**）。これは、①情報開示委員会、②開示情報の内容、③情報発信の関係者、④情報発信の具体的な場面、⑤アナリスト関連の５つのグループに大別できます。

　第１のグループは、情報開示委員会や開示方針の趣旨、開示の適用範囲などルールの大枠を扱い、「情報開示委員会の役割と責任」「情報開示方針の順守声明」「情報開示方針がカバーするのは誰と何か」を扱います。第２のグループは開示情報の内容を問うています。「重要情報」「将来情報とされる見通し等の取扱い」「秘密保持」や「選択的開示」も関連します。第３は「指名広報責任者とその責任」「公認広報責任者以外の従業員に対する指示」など、情報を発信する現場の関係者や社内に関するものです。

　そして、第４のグループは情報発信の具体的な場面を扱っています。「アナリスト・投資家への業績ガイダンス」「ニュースリリースに関する方針」「電話会議の実行」「投資家とのミーティング」「メディアに対する重要情報の提供」で

表2-8　NIRI：ディスクロージャー・ポリシーの文例集

		〔原文〕
	序文	PREFACE
1	情報開示方針の順守声明	Statement of Commitment to a Consistent Disclosure Policy
2	情報開示方針がカバーするのは誰と何か	Whom and What Disclosures This Policy Covers
3	重要情報	Material Information
4	秘密保持	Confidentiality
5	選択的開示	Selective Disclosure
6	情報開示委員会の役割と責任	The Role and Responsibilities of the Disclosure Committee
7	指名広報責任者とその責任	Designated Spokespersons and Their Responsibilities
8	公認広報責任者以外の従業員に対する指示	Instruction to Employees Who Are Not Authorized Spokespersons
9	ニュースリリースに関する方針	Policy on News Releases
10	電話会議の実行	Conduct of Conference Calls
11	投資家とのミーティング	Investor Meetings
12	市場の風説への対応	Responding to Market Rumors
13	将来情報とされる見通しなどの取扱い	Handling Projections That Are Identified as Forward-Looking
14	アナリスト・投資家への業績ガイダンス	Providing Earnings Guidance to Analysts and Investors
15	沈黙期間	Quiet Period
16	アナリストの分析モデル、レポートのレビュー	Reviewing Analysts' Draft Models or Reports
17	情報および会社責任者に対するアナリスト・投資家のアクセス	Analyst and Investor Access to Information and Company Officials
18	アナリストレポートの配布	Distributing Analysts' Reports
19	メディアに対する重要情報の提供＊	Providing Material Information to the Media

（NIRI「IR実務の基準と指針（第3版）」から作成）

す。「市場の風説への対応」や「沈黙期間」もこのグループに入るでしょう。第5のグループはアナリスト関連です。「アナリストの分析モデル、レポートのレビュー」「情報および会社関係者に対するアナリスト・投資家のアクセス」「アナリストレポートの配布」なども、ここに分類されるでしょう。

　文例で最初に登場する「情報開示方針の順守声明」を見ると、まず「法律・規則に則って投資家各位に適時・透明・前後一貫・信頼できる情報を提供することをコミットする」「業績の好・不調に関係なく情報開示を首尾一貫して行い、選択的開示を回避し、すべての投資家が情報に公平にアクセスすることは基本」とあります。これは"IRの基本原則"と言っていいでしょう。そして"IRの目的"が続きます。「開示方針の目的は、公平開示規則（レギュレーションFD）と上場会社開示規則に準じ、広範な情報発信を行い、当局によるすべての開示要求に応え、投資家の予想が進展し、かつ現実的となることに資する」とあります。

　「重要情報」の文例を引いてみます。「何が"重要"な会社情報か。これに関して、完璧な定義を用意することはできない。連邦証券法は、証券価格に影響を及ぼす可能性がある情報の場合、または合理的な投資家が投資決定を下す前に知りたい情報であるなら、これを重要とする」とのことです。つまり、「換言すれば、証券に関して入手可能な多様な情報に大きな変化をもたらすなら、重要情報である」。それゆえ、「ポジティブな情報もネガティブな情報も重要となり得る」というのです。

　日本企業の場合、多くが自社の情報開示方針に、取引所の「適時開示規則」に沿うと明記しています。取引所の「適時開示規則」には「開示が求められる会社情報」として、たとえば上場会社に係わる情報に、「決定事実に関する情報」や「発生事実に関する情報」の詳細が並んでいます（**表2-9**）。この点、日本企業とは異なる米国企業の事情があります。

　また、「ニュースリリースに関する方針」「電話会議の実行」「投資家とのミーティング」の3項目も見逃せません。

　「ニュースリリースに関する方針」において、業績発表に関連するプレスリリースについての指針では、2000年にSECが採択した公平開示規則（レギュ

表 2-9　東証：適時開示の概要

（2015 年 5 月 1 日現在）

○上場会社の情報
上場会社の決定事実（40 項目）
　・発行する株式、処分する自己株式、発行する新株予約権、処分する自己新株予約権
　　を引き受ける者の募集又は株式、新株予約権の売出し
　・発行登録及び需要状況調査の開始
　・資本金の額の減少
　・資本準備金又は利益準備金の額の減少
　・自己株式の取得　　など
上場会社の発生事実（27 項目）
　・災害に起因する損害又は業務遂行の過程で生じた損害
　・主要株主又は主要株主である筆頭株主の異動
　・上場廃止の原因となる事実
　・訴訟の提起又は判決等
　・仮処分命令の申立て又は決定等　など
上場会社の決算情報
　・決算短信
　・四半期決算短信
上場会社の業績予想、配当予想の修正等
　・業績予想の修正、予想値と決算値の差異等
　・配当予想、配当予想の修正
その他の情報
　・投資単位の引下げに関する開示
　・財務会計基準機構への加入状況に関する開示
　・MSCB 等の転換又は行使の状況に関する開示
　・支配株主等に関する事項の開示
　・非上場の親会社等の決算情報
　・上場廃止等に関する開示
　・公開買付け等事実の当取引所への通知
○子会社の情報
　子会社の決定事実（15 項目）
　子会社の発生事実（12 項目）
　子会社の業績予想の修正等（子会社の業績予想の修正、予想値と決算値の差異等）

（東証「適時開示が求められる会社情報」から作成）

レーション FD）を取り上げ、「未公開の重要情報は誰にも公平・同時に開示」
「うっかり漏らしてしまった重要情報は 24 時間以内に一般に開示する」などその内容を紹介しています。

　そして「カンファレンス・コール（電話会議）」もポリシーに取り上げられ、電話会議を実行するまでのプロセスが書かれています。まず、「カンファレン

ス・コールの日付、開始時間、アクセス方法を通知するニュースリリースを少なくとも開催日の1週間前に発表する」「メール配信サービスによってカンファレンス・コールの開催通知を希望する投資家に配信する」「カンファレンス・コールではアナリスト・機関投資家は電話回線から会議と質疑に参加し、他の人たちはインターネットでX社のウェブサイトから会議の様子を聴取する」と言っています。もちろん「X社は時間の許す限り、できるだけ多くの質問に答える」とあります（**表2-10**）。

また、電話会議では「事後に行うこと」も書き込まれています。「電話会議の議事録を会社のウェブサイトに2週間、掲載し、その後ウェブサイトの「アーカイブ」セクションに移すこと。このアーカイブに掲載される議事録は、すべて日付・時間を入れておく。そして、現在のX社の見解や予測ではなく過去の資料であることを明確にする」とあります。

「投資家とのミーティング」の項目で、IR責任者が投資家と経営幹部の面談に同席することと明記しています。また、「情報及び会社関係者に対するアナリスト・投資家のアクセス」の項目では、「アナリスト・投資家による経営幹部とのミーティング要請はスケジュールの許す限り応じるが、その際、投資家の保有株数、アナリスト・投資家の当社および業界に関する知識水準、過去の経営陣とのミーティングの頻度などの基準で差がつくことはある」との断りも入っています。そして、同時に、「どんな場合でも、X社はX社株式に関するネガティブ推奨あるいは売却決定を理由に、アナリスト・投資家による会社情報や社員へのコンタクトを拒否することはない」という文面も書き込まれました。

「アナリストレポートの配布」は、「どんな場合でも、X社はアナリストレポートを一般投資家に配布しません。その代わり、自社ウェブサイト・IRセクションに現在、自社をカバーしているアナリストの名前および所属会社名を掲載する」と書いています。IR担当者は留意しておきたい事柄です。

また「メディアに対する重要情報の提供」にも言及し、「メディアは公平開示規則（レギュレーションFD）の対象外にあるが、情報開示方針としてメディアに対する重要情報の開示は投資家および一般への開示と同時でなくてはならない。これにより、X社は今後、未公開の重要イベントで、メディア向けの文書を作成することがなくなる」と書き込んでいます。

表 2-10　NIRI「ディスクロージャー・ポリシー（例文）」から

1	情報開示方針の順守声明
	X社は、法律・規則に則って投資家各位に適時・透明・前後一貫・信頼できる情報を提供することをコミットする 業績の好・不調に関係なく情報開示を首尾一貫して行い、選択的開示を回避し、すべての投資家が情報に公平にアクセスする事は基本である 開示方針の目的は、公平開示規則、Reg. G、上場会社開示規則（注＝取引所の名称が入る）に準じ、広範な情報発信を行い、当局によるすべての開示要求に応え、投資家の予想が進展し、かつ現実的となることに資する事にある この目的の実現に失敗すれば、X社は従業員に多大な損害を与えなりかねない
3	重要情報
	何が"重要"な会社情報なのか。これに関して、完璧な定義を用意することはできない。連邦証券法は、証券価格に影響を及ぼす可能性がある情報の場合、または合理的な投資家が投資決定を下す前に知りたい情報であるなら、これを重要だとしている 換言すれば、証券に関して入手可能な多様な情報に大きな変化をもたらすなら、重要情報だということである。ポジティブな情報もネガティブな情報も重要となり得る。情報の重要度に関する質問はどのようなものであれ、重要だとの方向で検討されるべきである X社に関する重要情報の例として以下に挙げる。しかし、これですべてを網羅しているわけではない ・利益・損失の発表 ・業績実績の変更、予想を上回る・下回る予想利益の変更 ・新製品や新ビジネスの着手 ・新製品・新ビジネス ・進行中・想定される合併・買収・株式公開買付 ・重要な資産・重要な子会社の売却 ・重要な顧客、仕入先の獲得・喪失 ・経営幹部の大幅な変更
4	秘密保持
	秘密保持はX社にとって、法律的にも実務的にも重要である。それゆえ、開示委員会（下に定義する）は、"選択的開示"を回避するためにも、重要情報や証券価格にセンシティブな情報を注意深く管理する措置を策定する さらに、選択的開示を回避するため委員会は重要情報の公表タイミングに責任を負う
5	選択的開示
	選択的開示とは、重要かつ公開されていない情報が公表される前に、特定の個人あるいは集団に開示することである。これは、情報を入手する個人や集団とX社が秘密保持・非開示合意書を締結していない限り法律違反であり、開示方針に違反である

9	ニュースリリースに関する方針
	（略）
10	カンファレンス・コールの実行
	X社はオープンで誰でもアクセスできる、四半期の財務・業績や期中に発生する他の重大事を討議するカンファレンス・コールを開催する
	通常、X社は定期的にカンファレンス・コールを開催し、カンファレンス・コールの日付、開始時間、アクセス方法を通知するニュースリリースを少なくとも開催日の1週間前に出す
	カンファレンス・コールでは、通常、非財務会計（non-GAAP）情報を議論するので、ニュースリリースは後に、財務会計（GAAP）情報を掲載するウェブサイトのアドレスを掲載する
	X社はプッシュ・テクノロジー（注：メール配信サービス）を利用し、カンファレンス・コールの開催通知を希望する投資家に配信する
	カンファレンス・コールではアナリスト・機関投資家は電話回線から会議と質疑に参加し、他の人たちはインターネットでX社のウェブサイトから会議の様子を聴取する
	X社は時間の許す限りできるだけ多くの質問に答える。カンファレンス・コールの議事録は会社のウェブサイトに2週間、掲載し、その後ウェブサイトの「アーカイブ」セクションに移る
	このアーカイブに掲載される議事録は、すべて日付・時間を入れる。そして、現在のX社の見解や予測ではなく過去の資料であることを明確にする
11	投資家とのミーティング
	（略）
16	アナリストの分析モデル、レポートのレビュー
	X社はアナリストの依頼に基づき、その収益モデルやレポートを、公開情報に基づく事実関係の正確性に限ってレビューを行う
	アナリストはサーベンス・オクスレー法の利益相反条項により、X社に関する株式推奨や株価目標を提示してはならない
17	情報および会社関係者に対するアナリスト・投資家のアクセス
	X社は時間と社内資源が許す範囲内で会社情報並びに職員への公平なアクセスを提供する。少なくとも、X社のIR責任者やIR担当部署にはすべてのアナリスト・投資家から公平にアクセスが可能である
	アナリスト・投資家による経営幹部とのミーティング要請はスケジュールの許す限り応じるが、その際、投資家の保有株数、アナリスト・投資家の当社および業界に関する知識水準、過去の経営陣とのミーティングの頻度等の基準で差がつくことはある
	どんな場合でも、X社はX社株式に関するネガティブ推奨あるいは売却決定を理由に、アナリスト・投資家による会社情報や社員へのコンタクトを拒否することはない

18	アナリストレポートの配布
	どんな場合でも、X社はアナリストレポートを一般投資家に配布しない。その代わり、自社ウェブサイト・IRセクションに現在、自社をカバーしているアナリストの名前および所属会社名を掲載する
19	メディアに対する重要情報の提供
	メディアは公平開示規則（Reg.FD）の対象外にあるが、情報開示方針としてメディアに対する重要情報の開示は投資家および一般への開示と同時でなくてはならない。これにより、X社は今後、未公開の重要イベントで、メディア向けの文書を作成することがなくなる

　ディスクロージャー・ポリシー（開示方針）を文書として作成することは、特に米証券取引委員会（SEC）などの規制当局から強制されているわけではありません。米国企業ではごく当然のこととして広く受け入れられています。

　米国をはじめ、欧州や日本など各国の株式に投資するグローバル投資家は、各社の開示方針を確認し、米企業と同様の情報開示の透明性を期待しています。開示方針の文書を用意して社外に示すことは、今日のIR活動には欠かせません。開示方針はIR活動の最初の第一歩であり、IR活動に対する市場の信頼感はここが出発点です。

🔽 日本企業のディスクロージャー・ポリシー
：KDDI、ミネベアミツミの例

　日本企業も、情報開示基本方針とかIR開示方針、あるいはIR活動方針など言い方に違いはあっても、情報開示方針をそれぞれ用意しています。たとえば、通信大手のKDDIとベアリング大手ミネベアミツミです。

　通信大手のKDDIは「IR基本方針を取締役会の議決事項です」と明記し、その重要性を確認し、IR活動指針として次の3つを掲げています。

　①開かれたIRを目指す

　誠実かつ公平な情報開示により、株主・投資家との信頼関係を構築し、適時かつ公平な情報開示を継続的に行って、説明責任を果たします。正確な情報をわかりやすく表現するように務め、双方向性のコミュニケーションを重視し、株主・投資家との対話を大切にします。

　②能動的なIRを実施する

株主・投資家と高いレベルでのディスカッションを行い、株主・投資家の声を常に経営にフィードバックする仕組みを通して企業価値の最大化に結びつけます。

③組織的なIRを展開する

経営トップのリーダーシップのもと、グループ企業を含めた全役職員が、企業価値向上の担い手として組織的なIRを行います。

次に、この3つの活動指針について、それぞれ具体的な実践のポイントを書き出しています。

ベアリング大手ミネベアミツミは、自社の経営方針のサイトに「ディスクロージャーポリシー」を掲載しています。まず、「ディスクロージャーの基準」では、まず会社法や金融商品取引法等関係諸法令、そして東京証券取引所の定める適時開示規則に沿ってディスクロージャーを行うと基本方針を明記しています。これに、「決算説明会での発表内容等、適時開示規則に該当しない財務情報や非財務情報についても、投資家の需要に応えるべく、できるだけ積極的かつ公平に開示する方針」が続いて、同社の株主・投資家に対する姿勢を示しています。

「情報伝達の方法」でも、適時開示規則に該当する情報の開示は東京証券取引所（東証）の適時開示情報開示システム（TDnet）で公開すること。TDnetに公開した情報は、自社のホームページに速やかに掲載するとしています。そして、ツールやシステムの準備の都合上、これら情報の本ウェブサイトへの掲載が、TDnetにおける公開時期より大きく遅れることもあると断りを入れています。いずれにせよ、「適時開示の趣旨を踏まえて適切な方法によりできるだけ正確かつ公平に当該情報が一般の投資家に伝達されるよう配慮を行っている」と情報開示の基本スタンスを確認しています。

続く「開示体制」「将来の見通しについて」「本ホームページの位置付け」「沈黙期間について」などについても、わかりやすく解説しています。

◉ ディスクロージャー委員会

ところで、日本の上場各社は取引所に提出する「コーポレートガバナンスに関する報告書」に、IRに関する活動状況を書き込んでいます（**表2-11**）。その

表 2-11 「コーポレートガバナンスに関する報告書」の記載項目から

○ IR に関する活動状況
ディスクロージャー・ポリシーの作成・公表
個人投資家向けに定期的説明会を開催
アナリスト・機関投資家向けに定期的説明会を実施
海外投資家向けに定期的説明会を開催
IR 資料をホームページ掲載
IR に関する部署（担当者）の設置
その他
実施していない

最初の記載がディスクロージャー・ポリシーの作成・公表です。情報開示方針が第一に問われ、作成するだけでなく公表することがポイントです。

次に個人投資家向け、アナリスト・機関投資家向け、海外投資家向けの定期的説明会が続きます。そして、IR 資料のホームページ掲載、IR に関する部署（担当者）の設置について記載することになります。

また東証の「コーポレートガバナンスに関する報告書記載要領（2019 年 2 月改訂版）」に添付された「適時開示体制の概要及び適時開示体制の整備のポイント」を見ますと、開示担当組織の整備について、開示担当部署の整備とともに「全社的な対応体制を整備することも重要」とあり、「具体的には、開示担当部署（IR 部門）以外の複数部門の責任者等による協議体制を整備することなどが考えられる」と指摘しています。今、多くの企業が「情報開示員会」とか「適時開示委員会」という名前のディスクロージャー委員会を設けています。

米企業では情報開示委員会の責任者に、お国柄でしょうか顧問弁護士が責任者となり、委員会の準備は IR 部門が担当する例が多いとされます。委員会を開催する頻度では、必要に応じて開催する、四半期ごとに開催する、あるいは 3 カ月に 2〜3 回開催するなど企業によって違います。

たとえば、四半期決算について検討する場合は、1 週間前、2 週間前と答えた

企業が多いのですが、中には1〜2日前とか、あるいは開催日は決まっていない
例もあります。では、委員会で検討するのは、おもに10-Q（四半期報告書）や
10-K（年次報告書）、業績発表のニュースリリースなど定例の議題のほか、電
話会議の原稿、経営幹部の投資家向け説明会などです。

　どんな場合でも、経営トップの発言は社内の声が一致していればこそ意味が
あります。情報開示委員会の1つの目的は「ワンカンパニー、ワンボイス」の
徹底にあると言えるでしょう。CEOやCFOなど経営トップを中心に自社の企
業戦略を投資コミュニティに発信するのが米国流です。市場や投資コミュニテ
ィの窓口となり、自社に対する声を聴く立場でもあるIR担当者は、そのやり
とりを経営トップや取締役会に報告しています。まさに情報開示委員会の事務
局として適役なのです。事務局を担当するIR部門の責任は重要です。情報開
示委員会に関係する部署の多さは、その業務が単純ではないことを物語ってい
ます。

　企業情報の受け手は、株主や投資家、顧客、メディア、そして所轄官庁や同
業他社、取引先、従業員、その家族、退職した会社OB、各種のNPO団体、ま
た就職を求める人たちなど実に広い範囲にわたります。情報の良し悪しの判断
も、それぞれの立場で異なるかもしれません。それだけに、事務局には、広報
部門をはじめ社内の各部署と問題意識を共有し、課題を乗り越える強い意思と
忍耐力が求められます。

3 | IR業務レポートの作成

▼ 週次・月次のIR報告書

　どんな仕事も報告をもって完了します。社内の各部門と同様、IR部門も週ベ
ースで活動をまとめ、それが月次報告のベースになります。IR部門長に届ける
報告書です。もちろん、そのスタイルは各社、各部門で異なります。ここでは、
週次・月次IR報告書の作成サンプルを用意しました。

　表2-12のIR報告書では、「主な活動」「市場の動向」「機関投資家/アナリス
ト対応」「発信したIR情報」「IRサイト関連」についてそれぞれ報告し、これ
に「IR担当者のコメント」を書き込んでいます。最後に「来月の予定」も忘れ

表 2-12　週次・月次の IR 報告書（サンプル）

月次 IR 活動報告　（＿＿年＿＿月）　　　　No. ＿＿＿＿	
1.　主な活動	1.（＿月＿日）四半期決算発表・TDnet ・〃 記者会見　出席者数　＿＿＿人（前回＿＿人） 　　主な質問　・＿＿＿＿＿＿＿＿＿＿＿＿（A 社、B 社） 　　　　　　　・＿＿＿＿＿＿＿＿＿＿＿＿（C 社、D 社） ・〃 アナリスト向け説明会　出席者数　＿＿人（前回＿＿人） 　　主な質問　・＿＿＿＿＿＿＿＿＿＿＿＿（E 社） 　　　　　　　・＿＿＿＿＿＿＿＿＿＿＿＿（B 社） 　　　　　　　・＿＿＿＿＿＿＿＿＿＿＿＿（F 社） 　　当日のアンケート結果 　　　　　　　・わかりやすかったか？　＿＿＿＿＿＿＿ 　　　　　　　・次回の説明会で聞きたいことは？＿＿＿＿ 　　　　　　　・投資対象としての評価は？＿＿＿＿＿ 　　コメントから 　　　　　　　・＿＿＿＿＿＿＿＿＿＿＿＿＿ 　　　　　　　・＿＿＿＿＿＿＿＿＿＿＿＿＿ 2.（＿月＿日）個人投資家向け説明会（会場＿＿、参加者数＿＿人） ・当社プレゼンテーター　＿＿＿＿＿ ・主な質問　・＿＿＿＿＿＿＿＿＿＿＿ 　　　　　　・＿＿＿＿＿＿＿＿＿＿＿ 4.　月次売上データの配信（＿月＿日、配信先　計＿＿人
2.　市場の動向	1.　株式市場（＿月） ・概況 ・業種の動き ・自社株式の動き 　＋株価・出来高チャート ・競合他社との比較 2.　投資家のコメント ・複数の機関投資家のコメント
3.　機関投資家/アナリスト/対応	1.　機関投資家個別訪問　＿＿社 　　主な質問　・＿＿＿＿＿＿＿＿＿＿＿＿（H 社） 　　　　　　　・＿＿＿＿＿＿＿＿＿＿＿＿（I 社） 2.　来社アナリスト・投資家との面談　（＿＿＿人） 　　・主な質問　（業績見通し/個別事業/中期経営計画の進捗） 　　　　　・＿＿＿＿＿＿＿＿＿＿＿＿＿ 　　　　　・＿＿＿＿＿＿＿＿＿＿＿＿＿ 　　　　　・＿＿＿＿＿＿＿＿＿＿＿＿＿ 　　・注目したい質問 　　　　　・＿＿＿＿＿＿＿＿＿＿＿＿＿

	4月	6月	7月	8月	9月	計
業績見通し						
個別事業						
中期経営計画の進捗						
ESG（環境・社会・ガバナンス）関連						
リスク関連						
その他						
計						

3. 投資家・アナリストの質問トレンド （件数）

4. 発信した IR情報	（__月__日）_____ （__月__日）_____ （__月__日）_____ （__月__日）_____

5. IRサイト関連

1. IRサイト
・月間アクセス数 _____件（前月_____件）
・日次アクセスの推移

__月__日	1	2	3	4	5	6	7	8	9
アクセス数									

・月次アクセスの推移

__年__月	3月	4月	6月	7月	8月	9月	計
アクセス数							

・アクセス上位のコンテンツ（例）
　1. 決算説明会（動画）　　　　　_____件
　2. 決算説明会　パワーポイント資料_____件
　3. 個人投資家向け説明会（動画）_____件
　4. 個人投資家向け工場見学会　　_____件
　5. _____ _____件
2. メール/電話での問合せ（__件）
　1. _____
　2. _____
　3. _____

6. IR担当者の コメント	1. よくできた点 　　1. _____ 　　2. _____ 2. 課題とする点 　　1. _____ 　　2. _____
7. 来月の 主な予定	1. 個人投資家向け工場見学会　　___工場　(_月_日、___人) 　　　　　〃　　　　　　　　___工場　(_月_日>___人) 2. 株主通信（No ___）発刊　_____部　_月_日発送 　　株主アンケート（有・無） 3. アナリスト・投資家リストとの面談予定 （_月_日）_____ （_月_日）_____ （_月_日）_____ （_月_日）_____ 4. 決算資料（PPT）作成　アップ（_月_日）

ないようにしたいものです。

　「主な活動」で、決算発表があれば、記者会見やアナリスト向け説明会について、参加者の主な質問を書き出します。さらに、アナリスト向け説明会で配布・回収したアンケートの結果も報告します。「わかりやすかったか？」でスライドや配布資料の出来を評価してもらい、「投資対象としての評価は？」も重要なポイントです。また、「次回の説明会で聞きたいことは？」と問うことで、アナリストの関心のありかを確認します。さらに「投資対象としての評価は？」は、自社が投資のターゲティングとしてどのように見られているのかについて問うたものです。こうした質問は、どれも本気でIRに取り組んでいるメッセージでもあります。

　「市場の動向」について報告することは、事業会社のIR担当者にとってとても負担が大きい面があります。そこで、証券市場の動向に通じたIR会社の「株式動向調査サービス」を利用しながら市場の流れを確認し、競合他社と比べた株価の動きや市場関係者が語る自社についてのコメントを追うことも可能です。

　「機関投資家/アナリスト/対応」では、機関投資家、アナリストと個別に面談して受けた質問のリストをもう一度見直して作成します。その質問もそれぞれ箇条書きにファイルされているので、テーマ別に整理するのです。これに、決算説明会でのアンケートにある「次回の説明会で聞きたいことは？」への回

答とあわせて、自社について市場関係者の思うところを考えていくのです。

　もちろん「発信した IR 情報」の一覧表を作成します。これは IR 部署として当たり前のことです。一番の基礎データで、毎週、毎月ベースで作成しておくと、いろいろな場面で役に立ってくれます。「IR サイト関連」では、まずアクセス総数の推移、次にどのコンテンツにアクセスが多いのか、大きい順に書き出します。またサイトのコンタクト先や電話で寄せられた質問もリストアップします。以上の報告から「IR 担当者のコメント」は、①よくできた点、②課題とする点の 2 つに分けて書き、シンプルです。そして最後は「来月の主な予定」です。

　そして、もっとシンプルで明快な記述でまとめた月次レポートの作成も可能です。そんな例を、ある日本の事業会社の報告書で見たことがあります。B5 のペーパー 1 枚に IR 活動の全体、市場からの反応や経営への注文などを要領良く言葉を選んで書き込んでいました。こんなところにも、おのずから担当者の力量が見える気がします。

▽ 取締役会向け四半期 IR ブリーフィング

　次は、全米 IR 協会（NIRI）の文書アーカイブで見つけた「取締役会向け四半期 IR ブリーフィング」の例の 1 つです（**表 2-13**）。「取締役会向け」というタイトルですが、IR 部内の定期レポートとしても応用できる内容です。全体で 10 ページほどで、最初のページは「直近四半期でのトレンドを説明する IRO（IR 責任者）のエクゼクティブ・サマリー」です。1 ページか 2 ページで、「市場のマクロ・イベント」や「自社セクターのマクロ・イベント」とタイムラインに沿ってイベントを書き込みます。同様に、直近 3 カ月での「株主構成の変化」を追って、「空売りポジションの変化」や「外国人株主の保有率（％）」も掲載します。

　そして「直近 3 カ月に参加したカンファレンスの数」を書き込みます。ここで言うカンファレンスは、証券会社が開催する機関投資家向けイベントのことです。同様に、「直近四半期に開催した IR ミーティング/カンファレンス数」を記載し、「次期四半期の予定イベント」を掲載します。

　続いて「直近四半期での株価パフォーマンス V.S. 比較可能なインデックス」をチャートなどで示します。言い方を変えれば、ダウジョーンズ、ラッセル 300、

表 2-13　取締役会向け四半期 IR ブリーフィング

ページ数	コンテンツ
1〜2	直近四半期でのトレンドを説明する IR 責任者のエグゼクティブ・サマリー ・市場のマクロ・イベント ・自社セクターのマクロ・イベント ・株主構成の変化 ・空売りポジションの変化 ・(もしわかれば)外国人株主の保有率(%) ・直近四半期に参加したカンファレンスの数 ・直近四半期に開催した IR ミーティング/カンファレンス数 ・次期四半期の予定イベント
1	直近四半期での株価パフォーマンス V. S. 比較可能なインデックス(ダウジョーンズ、ラッセル 300、ナスダック/NYSE 指数など)
1	直近四半期での株価パフォーマンス V. S. 競合他社
2〜3	バイサイド/セルサイドのフィードバック(個人コメントの引用。但し、匿名としたい。しかし、現在の株主かどうか、投資格付を行っているリサーチ・アナリストかどうかは記載する)
1	グラフ表示の株主構成図
1	上位 15〜25 位株主
1	その他、取締役会が関心を持つと見られる自社の分野での特記事項

(NIRI：IR 文書アーカイブから作成)

　ナスダック/NYSE 指数など各種のインデックスに、自社の株価はどのようなパフォーマンスを実現しているのかを示すのです。これに、自社の株価をインデックスや競合他社の株価との比較を用意します。

　次の 2〜3 ページは「バイサイド/セルサイドのフィードバック」です。ここで引用するコメントには社名を載せ、氏名は匿名とします。だだし、「現在の株主かどうか、投資格付を行っているリサーチ・アナリストかどうか、それは記載する」とあります。「グラフ表示の株主構成図」と「上位 15〜25 位株主」にそれぞれ 1 ページを用意しています。最後のページは「その他、取締役会が関心を持つと見られる自社の分野での特記事項」です。

　IR 活動をコンパクトにまとめたレポートの書式で、NIRI で最もよく参照された文書の 1 つです。

第**3**章

IR 部門の
仕事を知ろう（Ⅱ）

社外向け IR 情報の仕事を知る

1 有価証券報告書

▽ 有価証券報告書

　有価証券報告書（有報）は、金融商品取引法（金商法）によって上場企業が作成する会社内容の開示資料です。株式を上場している会社は、各事業年度が終了して3カ月以内に金融庁の電子開示・提出システム「EDINET」を通じて電子提出することが義務づけられています。

　その内容は、提出企業の概要、事業内容や営業状況、経営成績、対処すべき課題、事業などのリスク、研究開発活動、経営成績およびキャッシュフローの状況の分析、コーポレートガバナンスの状況、そして財務諸表など多面にわたる情報が盛り込まれています（**表3-1**）。金融庁のEDINETや各社のウェブサイトで閲覧できます。

　では、虚偽記載のある有報を提出するとどうなるのでしょう。有報は「経理の状況」に関連する監査報告書もついた法定文書ですので、金融商品取引法に違反する犯罪となります。ここで言う「虚偽記載等」とは重要な事項について虚偽の記載があるとか、記載すべき重要な事項の記載が欠けていることを指しています。それは刑事罰や課徴金の対象です。刑事罰（懲役、罰金）は、重要な事項について虚偽の記載のあるものを提出した者に対して10年以下の懲役刑か1,000万円以下の罰金、あるいは懲役と罰金の双方が科せられます（金商法197条）。また法人の役職員が違反行為に及んでいるときは、法人に対して7億円以下の罰金刑があります（金商法207条）。刑事罰となると検察が起訴し裁判所が最終的な判断を下すのですが、金商法に基づいて、証券取引等監視委員会（SESC）が告発を行って刑事訴追を求めることもあります（金商法226条）。課徴金は600万円か、または発行株券などの時価総額の10万分の6（0.006％）のどちらかの大きな金額となります（金商法172条）。

　こうした虚偽記載は金融商品取引所（証券取引所）の上場廃止基準に該当するので、虚偽記載が発覚すれば、上場企業やその経営トップはきわめて深刻な事態を迎えることになります。虚偽記載のある有報がEDINETなどで閲覧で

表3-1　有価証券報告書に掲載する内容

（第三号様式をベースに作成）

第1部　企業情報
　第1　企業の概況
　　1　主要な経営指標等の推移
　　　○株主総利回り　（新規）
　　　○株価の推移　　（移動）
　　2　沿革
　　3　事業の内容
　　4　関係会社の状況
　　5　従業員の状況
　第2　事業の状況
　　1　経営方針、経営環境及び対処すべき課題等
　　　○経営方針・経営戦略等の内容。経営上の目標の達成状況を判断するための客観
　　　　的な指標等がある場合には、その内容
　　　○経営環境
　　　○事業上および財務上の対処すべき課題について、その内容、対処方針等
　　2　事業等のリスク
　　　○経営者が重要な影響を与える可能性があると認識している主要なリスクについ
　　　　て、顕在化する可能性の程度や時期、対応策
　　3　経営者による財政状態、経営成績およびキャッシュフローの状況の分析
　　　○財政状態、経営成績およびキャッシュフローの状況の概要
　　　　・前年同期との比較
　　　　・セグメント別に経営成績の分析・検討、主な製品・サービスの生産、受注お
　　　　　よび販売の実績
　　　　・主要な販売先がある場合には、相手先別の販売実績および当該販売実績の総
　　　　　売上に占める割合（10％未満の相手先については省略可）
　　　○経営者の視点による経営成績等の状況に関する検討・分析内容
　　　　・経営成績等に重要な影響を与えた要因について、事業全体およびセグメント
　　　　　情報に記載された区分ごとに、経営者の視点による認識と検討・分析内容
　　　　・資本の財源および資金の流動性に係わる情報
　　　　・経営方針、経営戦略または経営上の目標の達成状況判断するための客観的な
　　　　　指標等がある場合は、これに照らして、経営者が経営成績等をどのように検
　　　　　討・分析・評価しているかを記載
　　　○連結財務諸表の作成にあたって用いた会計上の見積りおよび仮定のうち、重要
　　　　なもの（新規）
　　4　経営上の重要な契約等
　　5　研究開発活動
　第3　設備の状況
　　1　設備投資等の概要
　　2　主要な設備の状況
　　3　設備の新設・除去等の計画
　第4　提出会社の状況

きる期間に、株式の募集・売り出しによらず株式を取得した株主に対する損害賠償請求を認め、その推定損害額の計算方法も規定されています（金商法21条）。

　もちろん、虚偽記載について取引所による審査もあります。審査中の上場株式は管理銘柄（審査中）に指定されます。ほぼ2～3カ月にわたる審査が続きます。その結果は案件にもよりますが、虚偽記載の影響が重大であるとして上場廃止が決まる場合もあります。

　このような事態に陥った企業のIR担当者は「多大なご迷惑とご心配をおかけしており、心からお詫び申し上げます。当社はこの状況を真摯に受け止め、みなさまからの信頼回復に向けて全力を尽くす所存です」という挨拶から、その仕事を始めることになりかねません。

▼ 「記述情報」の充実へ

　有価証券報告書（有報）のような当局に届け出る企業情報は、誰もが最も頼りにする情報源の1つです。言うまでもなく、近年は国境を越えた事業やイン

ターネットなど情報通信の進展で、企業の経営環境は変化するスピードが急速
に増し、経営上の課題も複雑化・多様化が進んでいます。

　そんな潮流の中、有報での情報開示について包括的な見直しが始まり、2018
年6月、金融審議会の「ディスクロージャーワーキング・グループ」の報告は、
⑴財務情報および記述情報の充実、⑵建設的な対話の促進に向けた情報の提供、
⑶情報の信頼性・適時性の確保に向けた取り組みに向け、適切な制度整備を行
うべきであると提言します。これを受け、2019年1月、財務情報をより適切に
理解するために「記述情報の充実」を意図する「記述情報に関する内閣府令」
が施行されました。これは「財務情報を補完し、投資家の判断を適切なものと
する重要な役割がある」とする措置です。

　「記述情報に関する内閣府令」の要点を次のように書き出してみました。
⑴記述情報の充実
　　①「経営方針、経営戦略等」について、市場の状況、競争優位性、主要製
　　　品・サービス、顧客基盤等に関する経営者の認識の説明を含めた記載
　　②最近5年間の株主総利回りの推移について、提出会社が選択する株価指数
　　　における最近5年間の総利回りと比較した記載
　　③「事業等のリスク」について、顕在化する可能性の程度や時期、リスクの
　　　事業へ与える影響の内容、リスクへの対応策の説明
　　④「会計上の見積りや見積りに用いた仮定」について、不確実性の内容やそ
　　　の変動により経営成績に生じる影響等に関する経営者の認識の記載
⑵「建設的な対話」の促進に向けた情報の提供
　　①「役員の報酬」について、報酬プログラムの説明（業績連動報酬に関する
　　　情報や役職ごとの方針等）、プログラムに基づく報酬実績等の記載
　　②「政策保有株式」について、保有の合理性の検証方法等について開示と、
　　　個別開示の対象となる銘柄数を現状の30銘柄から60銘柄に拡大
⑶「情報の信頼性・適時性の確保」に向けた取り組み
　　①監査公認会計士等を選定した理由および方針（解任または不再任の決定の
　　　方針を含む）、監査役および監査役会が監査公認会計士等または会計監査
　　　人の評価を行った旨およびその内容の開示
　　②ネットワークファームに対する監査報酬等の開示

③監査役会等の活動状況、監査法人による継続監査期間の開示

　同年３月、「ルールへの形式的な対応にとどまらない開示の充実に向けた取り組み」を促すために、経営方針・経営戦略、経営成績等の分析、リスク情報などを中心に、有報における開示の考え方を整理した「記述情報の開示に関する原則」（ガイダンス）が公表され、同時に「記述情報の開示の好事例集」も公表されました。

　そして、今回の内閣府令で、2019年３月期から「主要な経営指標等の推移（株主総利回り、株価の推移）」で、「役員報酬開示」で報酬説明やプログラムに基づく報酬実績などの開示での拡充、「政策保有株式」について保有方針や保有の合理性の検証方法、個別開示の対象銘柄数の拡大（30銘柄から60銘柄）が求められ、2020年３月期からは「経営方針・経営戦略」「経営成績等の分析」「リスク情報等」などで、経営者目線の議論や資本コストの議論を適切に反映した記載を求めています。では、具体的な項目を追ってみましょう。

▼　主要な経営成績等の推移

　有価証券の「第１企業の概況」は「主要な経営成績等の推移」から始まります。ここで、「最近５年間の株主総利回り（TSR：Total Shareholder Return）の推移」を「会社が選択する株価指数（たとえばTOPIXや日経平均など）における総利回り」と比較した開示が求められています。そして「具体的には、ある事業年度のTSRは、以下の①と②の和を③で除した値」との定義の下に、「TSRは、当事業年度を含む５事業年度分を、各事業年度ごとに算定する必要がある」と、TSRの推移の開示が義務となりました。

---

①ある事業年度の末日における株価
②当事業年度の４事業年度前の事業年度から上記①の事業年度までの１株
　当たり配当額の累計額
③当事業年度の５事業年度前の事業年度の末日における株価

　TSRとは、キャピタルゲインと配当を合わせた、株主にとっての総合投資利

表3-2　役員報酬等での記載（内閣府令改正（2019年1月）から）

報酬プログラム	①報酬の決定に関する方針 ②固定報酬、短期の業績連動報酬（賞与）、中長期の業績連動報酬（ストックオプションなど）それぞれの算定方法 ③固定報酬と短期・中長期の業績連動報酬の割合 ④役職ごとの支給額についての考え方 ⑤役員報酬の算定方法にKPIなどの指標が関連づけられている場合には、その指標と指標の選定理由、業績連動報酬への反映方法 ⑥報酬総額などを決議した株主総会の年月日・決議内容
報酬実績	①役員区分ごとの報酬総額および報酬の種類別総額開示 ②連結報酬1億円以上の役員の個別報酬開示 ③当期の報酬額を決定した理由、当期のKPIの目標と実際の達成度 ④固定報酬と業績連動報酬の支給割合、支給された報酬の状況
報酬決定の仕組み	①算定方法の決定権者、権限や裁量の範囲 ②報酬委員会がある場合は、その位置づけ・構成メンバー ③取締役会・報酬委員会の報酬決定に関する具体的活動内容

（各種資料を参考に作成）

回りです。株式投資で一定期間に得られた利益（キャピタルゲイン＋配当）を株価で割った比率で、一定期間（保有期間）は、1年・3年・5年などが通例です。TSRは、ある一定期間における株主の投資収益性を示していると言っていいでしょう。

　ここで1つ、気をつけておきたい点があります。それは、TSRを業績連動報酬に関わる指標とする場合でも、指標としなかった場合でも、TSBの推移と役員の報酬額の推移が見合っているかどうかです。その関連が報酬プログラムの検証の対象になるでしょう。投資家との対話や議決権行使助言会社との面談で、TSRの推移と役員の報酬額との推移との対比を頭に入れておきましょう。

▼ 役員報酬

　次は「役員の状況」での「役員報酬開示」です。まず確認ですが、今回の改正により役員別の個別開示で、1億円以上の者に限ることができる点は変更がありません。その上で、役員報酬の大要を「報酬プログラム」「報酬実績」「報酬決定の仕組み」などを記載します（**表3-2**）。

「報酬プログラム」について、業績連動報酬の算定の基礎となる指標の開示が求められていること、財務指標と非財務指標（定性評価）との組合せで報酬などを算定している場合も「業績連動報酬」に該当すること。また、業績連動報酬の算定の基礎となる非財務指標（定性評価）に関わる明確な目標がない場合は、定性評価を行う項目名などを記載することもある点は要注意です。

「報酬決定プロセス」では、報酬などの額や算定方法の決定に関する方針で、決定権限を有する者の名称、その権限の内容と裁量の範囲を記載するように求められています。取締役会決議で報酬などの決定の全部あるいは一部を取締役に再一任している場合は、その旨を記載します。

役員の報酬額の決定過程での「取締役会および委員会等の活動内容」については、各会議の議論の詳細の開示は求められていません。報酬額の決定の過程が開示されていることがポイントです。外部の報酬コンサルタントや外部調査機関のデータから報酬額の客観性や妥当性を分析・検討するとか、業界・規模などの水準を考慮して検討している場合には、その旨を記載します。

▼ 株式の保有状況

次は「株式の保有状況」です。有価証券報告書に記載する保有株式の開示については、2010年より、政策保有株式（保有目的が純投資以外の上場株式）について、資本金の1％超（30銘柄未満の場合は保有額上位30銘柄まで）の銘柄につき、「銘柄名・銘柄ごとの、保有株式数、貸借対照表の計上額、保有目的」を記載する決まりでした。

ここで言う「純投資目的」とは、株式の価値の変動または株式に関わる配当によって利益を受けることを目的とするものです。ですから、純投資目的以外の目的である投資株式（政策保有株式）を区分する基準に、投資株式が上場株式か否かで線引きする議論が出ることがあるかもしれません。

以前の記載内容に対して、「保有目的が、定型的かつ抽象的な記載にとどまっている」「本来、政策保有と思われるものが純投資に区分されているケースがある」「保有額が小さいものが開示されていないので十分な対話が困難」「時価変動などにより、開示される銘柄に差が生じるケースもあり、各年の異動状況を正確に把握できない」「議決権行使結果を個別に開示すべき」「コーポレー

表 3-3 「株式の保有状況」の記載

①	純投資目的である投資株式と、それ以外の目的である投資株式の区分
	保有目的が純投資目的である投資株式と、純投資目的以外の目的である投資株式（政策保有株式）との区分の基準や考え方を記載する
②	政策保有株式の保有方針など
	政策保有株式（上場株式に限定することができる）について、保有方針および保有の合理性を検証する方法、ならびに、個別銘柄の保有の適否に関する取締役会などにおける検証の内容を記載する
③	株式数が変動した銘柄に関する情報
	政策保有株式について、非上場株式とそれ以外の株式に区分して、現行の有価証券報告書上開示が求められている銘柄数および貸借対照表計上額の合計に加えて、前事業年度から株式数が変動した銘柄に関し、増加した銘柄数、増加に関わる取得価額の合計額および増加の理由、ならびに減少した銘柄数および減少に関わる売却価額の合計額を記載する
④	開示対象となる銘柄数の拡大
	開示対象となる貸借対照表計上額が資本金額の 100 分の 1 を超える政策保有株式の銘柄数の上限が、従来の 30 銘柄から 60 銘柄に拡大。また開示対象となる政策保有株式の個別銘柄は、現行の有価証券報告書上記載が求められている、銘柄、株式数、貸借対照表上額、保有目的に加えて、以下の事項の記載が求められることとなった ・提出会社の経営方針 ・経営戦略等、事業の内容およびセグメント情報と関連づけた定量的な保有効果（定量的な保有効果の記載が困難な場合は、その旨および保有の合理性を検証した方法） ・株式数が増加した理由（前事業年度における株式数より増加した銘柄に限る） ・当該株式の発行者による提出会社の株式の保有（いわゆる持ち合い）の有無
⑤	純投資目的である投資株式に関する情報を記載する

（各種資料を参考に作成）

トガバナンス報告書（取引所規則）では、政策保有に関する方針等の開示が求められているが（コーポレートガバナンス・コード原則 1-4）、取引関係の維持・強化や中長期的な企業価値向上など抽象的な保有理由を示すにとどまっている例が少なくない」などの指摘がありました。

　今回の改正は、政策保有株式の個別銘柄に関して、①純投資目的と純投資目的以外の目的である投資株式（政策保有株式）の区分の基準や考え方、②政策保有株式に関わる保有方針、保有の合理性の検証方法、個別銘柄の保有の適否

に関する取締役会等における検証の内容などについて開示、③個別開示の対象となる銘柄数を現状の30銘柄から60銘柄に拡大などを盛り込んでいます（**表3-3**）。

　また、事業の内容およびセグメント情報と関連づけた定量的な保有効果については、保有の合理性の検証を行った上で、「定量的な保有効果」の記載が困難な場合は、その旨および保有の合理性を検証した方法を記載するよう求められています。

　この「株式の保有状況」については、あちこちから投資家の期待する開示の声が聞こえてきます。たとえば、保有方針なら「経営戦略を勘案し保有効果を検討している」では十分ではなく、「株主資本をどのように活用しているか」という視点で、「保有残高は総資産でなく株主資本に対する割合で検証」と言うのです。好ましいのは「売却の判断の方針や指標があれば記載する」です（**表3-4**）。

　保有の合理性の検証方法でも「時価（含み益）や配当金による検証だけ」というわけにはいきません。「時価（含み益）や配当による検証だけでは純投資の評価と同じで、政策保有株式の評価としては別途の検証が求められる」というのです。

　取締役会等における検証の内容でも、「保有目的に照らして取締役会において保有の適否を検証」という記述では具体性に欠ける、と厳しいのです。

⬇ 経営方針・経営戦略、対処すべき課題
～経営者の認識、KPI、優先課題～

　「経営方針・経営戦略、対処すべき課題」では、企業活動の中長期的な方向性、その遂行のために行う具体的方策と、その背景となる経営環境についての経営者の認識を記載するよう求められています。

　そこで、①取締役会や経営会議での議論を適切に反映、②各セグメントの経営方針・経営戦略、各セグメントにおける具体的な方策の遂行に向けて経営資源がどのように配分・投入されるかの開示、③セグメントが事業全体にどのように位置づけられているかがわかるように、事業全体の収益構造と関連づけて記載、④各セグメントに固有の経営環境について経営者の認識、などのチェッ

表3-4 「株式の保有状況」：投資家が期待する好開示の主なポイント

主な記載項目	投資家が期待する好開示の主なポイント
保有方針	・「経営戦略を勘案し保有効果を検討している」という記述では不十分
	・「保有の上限を設定し記載する」 ☞ 株主資本をどのように活用しているのかという観点が重要で、保有残高は総資産でなく株主資本に対する割合で検証する
	・売却の判断の方針や指標があれば記載する
保有の合理性の検証方法	・時価（含み益）や配当金による検証だけではなく、事業投資と同様、事業の収益獲得への貢献度について具体的な記載
	☞ 時価（含み益）や配当による検証だけでは純投資の評価と同じ。政策保有株式の評価としては別途の検証が求められる
取締役会等における検証の内容	「保有目的に照らして取締役会において保有の適否を検証」という記述では具体性に欠ける
	・取締役会での議論をするに当たり、具体的な開催日時や議題などを記載する
保有目的	・株式を相互持ち合いしている場合、その理由を具体的に記載
	☞ 単なる「事業取引」「金融取引」というような大括りの説明、「企業間取引の維持・強化のため」「地域発展への貢献」という記載は抽象的で不十分
定量的な保有効果	・「保有の合理性の検証方法」で定めた指標に対する実績値とその評価を記載
	（定量的な保有効果の記載が困難な場合） ・どのような点で定量的な測定が困難だったかを具体的に記載
	・仮に営業機密について言及する場合でも、どのような点が営業機密になるのかなどについて記載
増加の理由	・「取引関係の強化」という記載では不十分
	・「配当債投資による取得」「取引先持株会による取得」という取得プロセスに関する記載にとどまらず、経営戦略上、どのように活用するかを具体的に記載

（金融庁資料などをベースに作成）

クリストを用意します。

　また「優先的に対処すべき事業上および財務上の課題の開示」は、「優先的に」とあるので、優先順位の高い課題を簡潔に記載します。経営者が重点を置いている分野が明快になります。その場合、経営方針・経営戦略などとの関連

性の程度や、財務上の判断もチェックして具体的に記載したいところです。

　そして「経営上の目標の達成状況を判断するための客観的な指標」では、指標（いわゆる KPI）がある場合にはその内容を開示することが求められています。KPI は、この場合の KPI には、ROE（自己資本利益率）、ROIC（投下資本利益率）などの財務上の指標（いわゆる財務 KPI）のほか、契約率などの非財務指標（いわゆる非財務 KPI）も含まれています。② KPI を設定している場合には、目標の達成度合いを測定する指標、算出方法、なぜその指標を利用するかについて説明を記載しましょう。また、経営計画などの具体的な目標数値の記載も、セグメント別の KPI がある場合にはその内容も開示したいところです。

🔻　事業等のリスク

　「事業等のリスク」は、2004 年 3 月期から新たに有報の開示項目に加わりました。このとき、「財政状態、経営成績およびキャッシュフローの状況の分析」「コーポレートガバナンスの状況」も記載が始まりました。

　その「事業等のリスク」は、事業の状況、経理の状況などに関する事項のうち、①財政状態、経営成績およびキャッシュフローの状況の異常な変動、②特定の取引先・製品・技術などへの依存、③特有の法的規制・取引慣行・経営方針、④重要な訴訟事件などの発生、⑤役員・大株主・関係会社などに関する重要事項、⑥投資者の判断に重要な影響を及ぼす可能性のある事項、などを一括して具体的にわかりやすく、かつ簡潔に記載する項目です。

　当初は「当該のリスクはない」などと記載した大手企業もあり、経営リスクに対する感度に首をかしげたくなる場面もありましたが、時間の経過とともに、「事業等のリスク」の開示は定着してきました。しかし、「紋切り型で、一般的なリスクの羅列となっている記載が多い」とか「外部環境の変化にかかわらず、数年間記載に変化がない開示例も多い」「経営戦略や MD&A とリスクの関係が明確でない」「投資判断に影響を与えるリスクが読み取りにくい」という指摘も少なくありませんでした。

　今回の改正で「事業等のリスク」の開示は、「企業の財政状態、経営成績およ

びキャッシュフローの状況等」に重要な影響を与える可能性があると経営者が認識している主要なリスクについて、①当該リスクが顕在化する可能性の程度や時期、②当該リスクが顕在化した場合に経営成績などの状況に与える影響の内容、③当該リスクへの対応策を記載するなど、具体的に記載することが求められています。また、開示に当たっては、リスクの重要性や経営方針・経営戦略等との関連性の程度を考慮して、わかりやすく記載することが求められています。

　ここでのポイントは、「経営成績等」や「財政状態とキャッシュフローの状況等」の主要なリスクをフォーカスして、具体的に「リスクが経済化する可能性の程度や時期」「影響の内容」「対応策」の記載を求めている点です。「前年との変化がわかるように記載できると望ましい」としています。

　リスクの記載が虚偽記載となるおそれがないか、との議論があります。これは、記載時点の経営者の認識があるとして2つの道があります。

　1つは、①一般的に合理的と認められる範囲で具体的に記載し、②提出後の事情の変化によって記載内容と異なる結果が発生する場合です。このとき、虚偽記載となるリスクは原則から「ない」と言っていいでしょう。もう1つは、①記載時に認識していたリスクをあえて記載しない、②記載しなかったリスクが発生する場合です。こちらは虚偽記載となる可能性があるとされます。

　ところで、金融庁の「記述情報の開示の好事例集」（2019年3月）の「事業等のリスク」に載った開示例として、三菱商事や日本郵船、キリンホールディングスなど7社の有価証券から引用があります（**表3-5**）。

　さらに、2019年6月、**表3-6**に示す金融庁がまとめた「企業内容等開示ガイドライン」の「『事業等のリスク』に関する取扱いガイドライン」は、キャッシュ・フローや特定の取引先への高い依存度、新製品の商品化にかかる期間、重要な訴訟事件など11項目を取り上げ、例文も用意しています。

　先ほど、2004年まで「事業等のリスク」は日本企業の有報には載っていなかったと言いました。そのころ、日本企業の多くが、経営や事業のリスクを開示

表3-5　有価証券報告書「事業等のリスク」の開示例

企業	コメント（部分）
三菱商事 （2018年3月期） P17、19-20	・エネルギー資源や金属資源における価格変動リスクについて、価格変動が損益に与える影響を示し具体的に記載 ・「重要な投資案件に関するリスク」において、個々の重要な投資案件の潜在的なリスクについて、具体的にわかりやすく記載
日本郵船 （2018年3月期） P25-28	・安全航行のための人員確保など、経営課題に対する対応が十分に行われなかった場合のリスクについて、過去のリーマン・ショックの実例も踏まえ、具体的に記載
ANAホールディングス （2018年3月期） P16-17、19	・航空機の納入遅延や発着枠の割り当て数など経営戦略に影響を与える外部要因に基づくリスクについて、それぞれのリスクを具体的に記載 ・原油価格変動によるリスクや運航リスクでは、リスク内容を具体的に記載するとともに、当該リスクへの対応策についても記載

（金融庁「記述情報の開示の好事例集」2019年3月から）

することなど思いもつかなかったのですが、この点、米国企業は一歩進んでいました。

　ニューヨーク証券取引所に上場している米有力新聞ニューヨーク・タイムズにおいて、リスクファクター（リスク要因）に関する記述は、まさにメディア業界での生き残り競争をそのまま表しています。2002年当時は「将来の事業展望」「収入」「資本」「流動性」「資本需要」「金利コスト」「収益」の7つが挙がっていました。新聞や雑誌に対する消費の減退や余暇時間の減少、若年層で新聞購読の習慣が後退していると「将来の事業展望」で指摘し、収入の68％は広告が占め、しかもニューヨークやボストンなど限られた地域に偏している点も書き込まれています。さらにこれまでは、テクノロジーの進展で人件費の削減が可能となり低コストでの経営も可能でしたが、だからといって今後もこうした経営が可能とは限らない、と釘を差していました。

　2015年のリスクファクターは、まず、①当社のどのビジネスも大変な競争に直面しているとして、読者に高水準のジャーナリズムやコンテンツを届ける能力や、同業他社に比べ人気も有用性もあり、信頼も高いデジタル商品について収益化する能力などをリスク要因としています。次いで②当社の成功はテクノロジーと消費者行動の変化に応えて対応する能力次第であると言い、メディア

表3-6　有価証券報告書「事業等のリスク」の取り扱いに関するガイドライン（要旨）

○「事業等のリスク」の記載例
記載例とは別種の事項についても、投資家に誤解を生ぜしめない範囲で会社の判断により記載することを妨げるものではない (1)会社グループがとっている特異な経営方針に関わるもの (2)財政状態、経営成績およびキャッシュ・フローの状況の異常な変動に関わるもの (3)特定の取引先などで取引の継続性が不安定であるものへの高い依存度に関わるもの (4)特定の製品、技術などで将来性が不明確であるものへの高い依存度に関わるもの (5)特有の取引慣行に基づく取引に関する損害に関わるもの (6)新製品および新技術に関わる長い企業化および商品化期間に関わるもの (7)特有の法的規制などに関わるもの (8)重要な訴訟事件などの発生に関わるもの (9)役員、従業員、大株主、関係会社などに関する重要事項に関わるもの (10)会社と役員、または議決権の過半数を実質的に所有している株主との間の、重要な取引関係などに関わるもの (11)将来に関する事項について
○「提出会社が将来にわたって事業活動を継続するとの前提に重要な疑義を生じさせるような事象、または状況その他提出会社の経営に重要な影響を及ぼす事象」については、その経営への影響も含めて具体的な内容を記載すること
概ね以下に掲げる事象または状況（これらに限るものではないことに留意する）が、単独でまたは複合的に生ずることにより該当し得るものであることに留意する (1)売上高の著しい減少 (2)継続的な営業損失の発生または営業キャッシュ・フローのマイナス (3)重要な営業損失、経常損失または当期純損失の計上 (4)重要なマイナスの営業キャッシュ・フローの計上 (5)債務超過 (6)営業債務の返済の困難性 (7)借入金の返済条項の不履行または履行の困難性 (8)社債などの償還の困難性 (9)新たな資金調達の困難性 (10)債務免除の要請 (11)売却を予定している重要な資産の処分の困難性 (12)配当優先株式に対する配当の遅延または中止 (13)主要な仕入先からの与信または取引継続の拒絶 (14)重要な市場または得意先の喪失 (15)事業活動に不可欠な重要な権利の失効 (16)事業活動に不可欠な人材の流出 (17)事業活動に不可欠な重要な資産の毀損、喪失または処分 (18)法令に基づく重要な事業の制約 (19)巨額な損害賠償金の負担の可能性 (20)ブランド・イメージの著しい悪化

○財務の健全性に悪影響を及ぼしている、または及ぼし得る要因に関して経営者が講じている、または講じる予定の対応策の具体的な内容（実施時期、実現可能性の程度、金額等を含む）を記載すること

対応策の例としては、概ね以下に掲げるものがある
(1)資産の処分（有価証券、固定資産などの売却等）に関する計画
(2)資金調達（新規の借り入れまたは借換え、新株または新株予約権の発行、社債の発行、短期借入金の当座貸越枠の設定など）の計画
(3)債務免除（借入金の返済期日の延長、返済条件の変更など）の計画
(4)その他（人員の削減などによる人件費の削減、役員報酬の削減、配当の支払いの減額など）

（金融庁総務企画局「企業内容等開示ガイドライン」（2019年6月）70〜74ページから作成）

業界でのテクノロジー進展をタイミングよく取り込む経営力をリスク要因の1つに挙げています。さらに③テクノロジーと消費者行動の変化は、自社の予約購読者数を維持拡大し続けないと当社の業績や競争力にマイナスに働きかねないとして、課題をいくつも列挙しています。

2019年には、さらに「サイバー・セキュリティなどネットワークおよび情報システムの混乱で、自社ビジネスを効果的に行う評判を損なうような影響をもたらす可能性がある」と言い、「自社のブランドと評判は当社の重要な資産であり、（社外の）否定的な認識や宣伝は当社の事業、財政状態および経営成績に悪影響を及ぼす可能性がある」と言及しています。

もちろん、経済状況や読者の分散化、デジタル広告の進展もリスクファクターとして載っています。以前も現在も、同社のリスクファクターは要領を得た説明です。曖昧な言い回しや抽象的な表現は見当たりません。このため、機関投資家に限らず個人投資家が読んでも、事業経営上のリスクは実にわかりやすいのです。このようなリスクファクターの開示によって、投資家は経営の展望や経営パフォーマンスの判断基準を提供されることになるのです。

実際、20年近い「リスクファクター」を追うと、新聞業界の大きな変転の中で生き抜くニューヨーク・タイムズの底力を知ることができます。それは企業の持続する意思でもあります。

▼ 経営者による財政状態、経営成績およびキャッシュフローの状況の分析（Management Discussion and Analysis、いわゆるMD&A）

「事業等のリスク」と同様、MD&Aは2004年に有報に導入されました。この15年、各社のMD&A開示は当初に比べ大きく進展してきました。

今回の改正では、①投資家が経営者の視点から企業を理解するための情報を提供し、②財務情報全体を分析するための文脈を提供するとともに、③企業収益やキャッシュフローの性質やそれらを生み出す基盤についての情報提供を通じ将来の業績の確度を判断する上で重要である、との位置づけから「MD&Aに共通する事項」「キャッシュフローの状況の分析・検討内容並びに資本の財源および資金の流動性に関わる情報」「重要な会計上の見積りおよび当該見積りに用いた仮定」の項目が用意されています。

○ MD&Aに共通する事項

「経営者による財政状態、経営成績およびキャッシュフロー（経営成績等）の状況の分析」のポイントは、経営者の視点による分析・検討内容を具体的に、わかりやすく記載することが求められていることです。その際、事業全体はもちろん、セグメント別の記載でも、経営者の視点による認識および分析・検討内容（たとえば、経営成績に重要な影響を与える要因についての分析）を、経営方針・経営戦略などの内容のほか、有価証券報告書に記載した他の項目の内容と関連づけて記載することが求められています。

具体的には、財務情報の数値の増減を説明し、さらに経営成績などの状況を経営者の視点による変化の背景を分析し、経営者の視点による分析や検討の内容を説明したいところです（**表3-7**）。特に、当期の経営成績などの増減要因などについて、①事業全体とセグメント情報のそれぞれについて、経営者の評価を提供することが期待されている項目は、①当期における主な取り組み、②当期の実績についての評価、③増減の背景や原因についての深度ある分析、④その他、当期の業績に特に影響を与えた事象──でしょう。そして、当期における主要な取り組みや実績についての評価で、KPI（主要な業績指標）と関連づけた説明も期待されています。もちろん、KPIに関連して目標数値が設定されている場合には、その達成状況を記載したいところです。

表 3-7 「MD&A に共通する事項」の開示例：有価証券報告書とコメント

企業	コメント
トヨタ自動車 （2018 年 3 月期） 有価証券報告書 P19-20	・営業利益の主な増減要因を記載 ・当期の業績について、販売台数や販売シェアの情報も用いてよりわかりやすく記載 ・財務情報におけるセグメント単位に加え、経営方針・経営戦略等の説明に適した単位（所在地別セグメント）で記載
リクルートホールディングス 有価証券報告書 （2018 年 3 月期） P26	・財務情報におけるセグメント単位に加え、経営方針・経営戦略などの説明に適した単位（「住宅分野」「結婚分野」などの単位）で記載 ・財務情報に加えて、その理解に有用な指標（「ネット予約人数累計」「ネット予約件数累計」「新設住宅着工戸数」など）を時系列に記載

金融庁「記述情報の開示の好事例集」（2019 年 3 月）から作成

○キャッシュフローの状況の分析・検討内容ならびに資本の財源および資金の流動性に関わる情報

「キャッシュフローの状況の分析・検討内容〜」の説明では、資金調達の方法やその状況、そして資金の主要な使途を含む資金需要の動向についての経営者の認識を含めて記載します。具体的に、かつ、わかりやすく記載することが有用だとされています（**表 3-8**）。

つまり、①経営方針・経営戦略などを遂行するに当たって必要な資金需要、②それを賄う資金調達の方法、③株主還元などの調達した資金の使途に関して、経営者としての認識を適切に説明するものです。もっと言うと、資金需要の動向について企業が得た資金のうち、①どの程度を成長投資、手元資金、株主還元とするか、②資金調達の方法について資金需要との関連で、どの程度の資金が営業活動で得られるか、銀行借入、社債発行や株式発行等による調達が必要かという点を具体的に記載することが期待されています。そして、「会社としての資本コストに関する経営者の考え方」について説明も期待されます。

資本コストについては、企業ごとに異なる記載方法が想定されます。たとえば、①貸借対照表を踏まえた記載、②フリー・キャッシュフローをベースする記載です。②の場合なら、キャッシュフロー計算書の個別の記載事項にとらわれなく、キャッシュ・インの総額、その主な内訳、キャッシュ・アウトの総額

表3-8 「キャッシュフローの状況の分析・検討内容等」の開示例

企業	主なコメント
三井物産 （3/3） 有価証券報告書 （2018年3月期）	「(3) 2019年3月期における取り組み ③キャッシュフロー配分の実績および最新見通し（中期経営計画3年間累計）」に、株主還元への支出について、目標とする水準を記載 ・「(5)流動性と資金調達の源泉」に、成長投資、手許資金、株主還元の方針と資金需要に対する資金調達の方法について、経営者の考え方を記載 ・記述情報に加えて図示することでわかりやすく記載
日本航空 有価証券報告書 （2018年3月期） P27〜28、P42	・「1)財務戦略の基本的な考え方」に、 ①成長投資、手元資金、株主還元の方針に関する経営者の考え方を記載 ②設備投資の水準に関する経営者の考え方を記載 ・「2)経営資源の配分に関する考え方」に、緊急の資金需要のために保有する金額の水準を記載 ・「3)資金需要の主な内容」に、資金需要の内容について具体的に記載

金融庁「記述情報の開示の好事例集」（2019年3月）から作成

と、その主な内訳（設備投資や研究開発費、M&Aなどの成長投資、株主還元など）の記載も視野に入ります。

（資本コストについては、コーポレートガバナンス・コードの「原則5-2」で資本コストに言及があります。第4章の「改訂版コーポレートガバナンス・コード」を参照ください）

○重要な会計上の見積りおよび当該見積りに用いた仮定

今回の改定で、財務諸表の作成に当たって用いた会計上の見積りや、その見積りに用いた仮定のうち、重要なものについてその見積りや仮定の不確実性の内容、その変動によって経営成績などに生じる影響など会計方針を補足する情報の記載が求められています。

つまり、見積りや仮定と実績の差異によって企業の業績は予期せぬ影響があるリスクがあるので、経営者がどのような前提を置いているのかが経営判断を左右すると考えられるというのです。それだけに、経営者による充実した開示が重要となります（表3-9）。

表 3-9 「重要な会計上の見積りおよび当該見積りに用いた仮定」の開示

企業	コメント
ソニー（1/2） 有価証券報告書 （2018 年 3 月期）P26-27 (1)重要な会計方針および見積り 営業権およびその他の無形固定資産	・見積り方法と使用した仮定について具体的に記載 ・将来見積キャッシュフローについて、報告単位の中期計画や永久成長率などに基づいている旨を具体的に記載 ・永久成長率の前提や利用している割引率（類似企業の加重平均資本コストにより算定）について具体的に記載 ・割引率や永久成長率について、公正価値を低下させる変動が生じた場合、減損損失が発生する可能性について記載
京セラ 有価証券報告書 （2018 年 3 月期） P33-34 (5)重要な会計方針および見積り ⑨収益認識	・見積り方法について、見積りに用いた仮定を含め、経営判断に関連づけて具体的に記述 ・実績が見積りと乖離した程度を記載し、見積りの正確性について記載

金融庁「記述情報の開示の好事例集」（2019 年 3 月）から作成

　具体的には、①「重要な会計上の見積りおよび見積りに用いた仮定」は、経営判断に直結するため、経営者が関与して開示することが重要です。会計上の見積りに用いた仮定については、現行の会計基準に定めがありません。そのため、有価証券報告書の第一部第 5 の「経理の状況」ではなく、投資判断・経営判断に直結するものとして、MD&A の項目として記載が求められています。②「不確実性の内容」の記載に関して、重要な会計上の見積りおよび当該見積りに用いた仮定が、なぜ変化し得るリスクを有しているかを説明する必要があります。そして、その説明の前提として、「どのように見積りを算定したか」「過去の仮定や見積りがどれほど正確であったか」「どれほど変更されたか」「将来変更される可能性が高いか」などの分析が必要です。③「その変動により経営成績等に生じる影響」の記載に、前出の仮定の「変動により経営成績等に生じる影響」の開示は、各社でその内容を検討することになりますが、仮定と実績との差異に伴う変動の影響なので、できるだけ定量的な記載をしたいところです。

2 決算短信

　決算短信は四半期ごとに東証の TDnet にアップロードされます。上場各社は決算短信を決算日から 45 日以内の開示が取引所から要請されています。速報性に優れ、「TANSHIN」という言い方で外国人投資家にもよく知られています。株主・投資家やアナリストはもちろん自社の社員や取引先、また金融関係者、そして新聞・雑誌やテレビなどのメディア、さらに広く一般の人たちからも大きな関心を集めています。

　決算短信には本決算の後に開示される「決算短信」と、四半期ごとに開示される「四半期決算短信」（年 3 回）があります。2017 年 3 月期末以降は、上場会社の義務ではなく取引所が要請するものとなり、それまで有価証券報告書（有報）と重複していた記載も省略され、決算説明資料での記載となるなど、各社による自由度が大きくなりました。なお、決算短信に監査法人の監査や四半期レビューは不要です。

　決算短信は、①サマリー情報と②添付資料で構成されています。①サマリー情報では、速報性が求められる事項の記載で、トップページは経営成績、財政状態、配当の状況、年度末の業績予想などの決算内容を簡潔に参考様式（たとえば表3-5）に沿って作成します。この参考様式には日本基準（連結）、同（非連結）、IFRS（連結）、米国基準と 4 つの様式があります。どれを選ぶかは、各社の会計基準によります。「次期の業績予想」を記載するとなれば、表形式で表示している様式か、自由記載形式の様式のいずれかを選びます。2 ページ目は、これに重要な子会社の異動や会計方針の変更、発行済株式数などの注記事項が続きます。

　ここで、「次期の業績予想」を表形式で表示する例を参照しましょう。**表3-10** に示す日本基準（連結）の四半期決算短信を追うと、「連結成績」「連結財政状態」「配当の状況」「＊＊年＊＊月期の業績予想」という記載欄が設けられています。

　連結業績の(1)連結経営成績で、売上高、営業利益、経常利益、親会社に帰属

表 3-10 決算短信（サマリー情報）の様式：
（四半期第 1 号様式【日本基準】（連結））の場合

○表紙ページ

****年*月期　第*四半期決算短信〔日本基準〕（連結）**

年月**日

上 場 会 社 名　○○○○○○株式会社　　　　　　　　　　上場取引所　東・名・福・札
コ ー ド 番 号　****　　　　　　　　URL　http://
代　表　者　（役職名）○○○○○○○○○○○○○○　　　（氏名）○○○　○○○
問合せ先責任者　（役職名）○○○○○○○○○○○○○○　　（氏名）○○○　○○○　　（TEL）**(****)****
四半期報告書提出予定日　**年**月**日　　　　配当支払開始予定日　**年**月**日
四半期決算補足説明資料作成の有無　：有・無
四半期決算説明会開催の有無　　　　：有・無（○○○向け）

（百万円未満切捨て）

1.　**年*月期第*四半期の連結業績（**年*月**日～**年*月**日）

(1)　連結経営成績（累計）　　　　　　　　　　　　　　　（%表示は、対前年同四半期増減率）

	売 上 高		営業利益		経常利益		親会社株主に帰属する四半期純利益	
**年*月期*四半期 **年*月期*四半期	百万円	%	百万円	%	百万円	%	百万円	%

（注）包括利益　**年*月期第*四半期　　　百万円（　　%）　**年*月期第*四半期　　　百万円（　　%）

	1株当たり四半期純利益	潜在株式調整後1株当たり四半期純利益
**年*月期第*四半期 **年*月期第*四半期	円　　銭	円　　銭

(2)　連結財政状態

	総 資 産	純 資 産	自己資本比率
**年*月期第*四半期 **年*月期	百万円	百万円	%

（参考）自己資本　　**年*月期第*四半期　　　百万円　　　　**年*月期　　　百万円

2.　配当の状況

	年間配当金				
	第1四半期末	第2四半期末	第3四半期末	期 末	合 計
	円　銭	円　銭	円　銭	円　銭	円　銭
**年*月期 **年*月期					
**年*月期（予想）					

（注）直近に公表されている配当予想からの修正の有無　　　：有・無

［ここには投資者が通期業績を見通す際に有用と思われる情報をご記載してください。
　業績予想を修正する場合には、修正後の予想値を理由とともにご記載ください。］

3.　**年*月期の連結業績予想（**年*月**日～**年*月**日）

（%表示は、通期は対前年期、四半期は対前年同四半期増減率）

	売 上 高		営業利益		経常利益		親会社株主に帰属する当期純利益		1株当たり当期純利益
第2四半期（累計） 通　期	百万円	%	百万円	%	百万円	%	百万円	%	円　　銭

（注）直近に公表されている業績予想からの修正の有無　　　：有・無

○2ページ

※注記事項
(1) 当四半期連結累計期間における重要な子会社の異動
　　（連結範囲の変更を伴う特定子会社の異動）　　　　　：有・無
　　　　新規　　　　　社（社名）　　　　　、除外　　　　社（社名）

(2) 四半期連結財務諸表の作成に特有の会計処理の適用　　：有・無

(3) 会計方針の変更・会計上の見積りの変更・修正再表示
　　① 会計基準等の改正に伴う会計方針の変更　　　　：有・無
　　② ①以外の会計方針の変更　　　　　　　　　　　：有・無
　　③ 会計上の見積りの変更　　　　　　　　　　　　：有・無
　　④ 修正再表示　　　　　　　　　　　　　　　　　：有・無

(4) 発行済株式数（普通株式）

	** 年 * 月期 *Q	株	** 年 * 月期	株
① 期末発行済株式数（自己株式を含む）	** 年 * 月期 *Q	株	** 年 * 月期	株
② 期末自己株式数	** 年 * 月期 *Q	株	** 年 * 月期	株
③ 期中平均株式数（四半期累計）	** 年 * 月期 *Q	株	** 年 * 月期 *Q	株

○添付資料の目次

（東京証券取引所：「決算短信・四半期決算短信の作成要領等」（東証 2018 年 8 月版）、「決算短信・四半期決算短信の見直しに関する状況等について」（2018 年 5 月 11 日）などを参考に作成）

する四半期純利益、1株当たりの四半期純利益、潜在株式調整後1株当たり四半期純利益の欄が用意され、数字で前年同期比（％）を書き込みます。同様に、連結業績予想でも対前期増減率を記載しています。決算数字では、前期と当期の変化率は市場が最も注目する数字です。

　ちなみに、2016度で業績予想のない企業は89社ありました。95％を超える上場企業（2,256社）が表形式で業績予想を開示し、自由掲載の形式を採用している企業は10社足らずでした。決算短信が取引所の要請となった後も以前と大きな変わりはないようです。

　このように四半期決算に関連した情報開示で、「次期業績予想」の掲載する例は欧米企業にはまず見られません。「（こうした）業績予想開示は当初、上場会社が東証の兜倶楽部で発表する際、兜倶楽部の要請で、財務諸表などの資料に加えて決算短信を求められており、その様式において、売上高などの主要決算数値とともに次期の業績予想の記載欄が設けられたことから始まった」（「上場会社における業績予想開示の在り方に関する研究会報告書」3ページ　2011年、日本証券経済研究所）と言われています。兜倶楽部は、株式相場や企業財務を担当する新聞・通信社やテレビ局の記者が常駐する記者クラブで、東京証券取引所の中にあります。

　当然ですが、このような情報開示には大きな効用があります。一般投資家は機関投資家と違い、企業をウォッチしているアナリストのレポートを手にする機会は限られています。それだけに、一般の投資家が上場企業に投資を考えるとき、こうした決算短信の業績予想はとても重要な判断の材料です。また、アナリストにとってもカバーしている企業の取材で、その企業が発表している予想数値の前提や変動要因を問うこともあるでしょう。もし、決算短信がなくなるとなったら、どうなるでしょう。

　米国のある大手投資銀行の調査部長は「もし（米国企業の決算説明会で）EPS（1株当たり利益）ガイダンスがなくなれば、3年でセルサイド・アナリストはいなくなるだろう。他方、バイサイド・アナリストは今後も伸びていくだろう」と語っています。日本でも、同様に「アナリストの減少で、深刻な投資情報環境の悪化を引き起こす」という見方は広く市場関係者から支持されてい

ます。

　こうした議論でよく引き合いに出されるのは、米国企業の業績予想ガイダンスです。米国では、各社がそれぞれ行うもので、1株当たり利益（EPS）の数値が基本です。3つのパターンがあります。まず、多くの企業が採用している「数値レンジのEPS予想値」です。次は日本の短信の多くのような「特定値のEPS予想値」です。これは、それほどではありません。最後は「業績モデル」です。そして、米国企業のIR担当者は「四半期の業績ガイダンスを行っていますが、その数値を年ベースに焼き直して年度の数字を連想させる意図はありません。ただ四半期ベースの業績ガイダンスを更新しているだけ」と語っています。

　日本企業の場合、短信に「投資者が通期業績を見通す際に有用と思われる情報」として記載された業績の予想値を追うと、①特定値で記載する例、②特定値でなく、レンジで記載する例、③業績の予想値を記載しない旨やその理由を記載する例、④中長期的な目標などを記載する例、⑤何も記載しない例——などが見受けられます。どう記載するかは各社次第です。また、業績の予想値から、売上高で10％以上の増減がある場合、営業利益・経常利益・当期純利益で30％以上の増減がある場合は、「業績予想の修正」の開示が求められています。いわゆる「一割三割ルール」です。前出のように、決算短信は2017年3月期末以降、上場会社の義務ではなくなりましたので、業績予想の公表も任意となりました。

　短信の具体的な作成は、東証が作成している「決算短信・四半期決算短信の作成要領等」（東証2018年8月版）という69ページのマニュアルを手元に置いて参照するとよいでしょう。

　ところで、2018年8月、トランプ米大統領が1970年以来法令によって義務づけられている四半期開示の廃止の検討をSEC（証券取引委員会）に指示しました。四半期開示を廃止し、年2回開示システムに移行するのは、経営に柔軟性を与え、費用削減になるアイデアだというのです。企業の情報開示を所管するSEC（米証券取引委員会）のクレイトン委員長は、その日のうちに「SECは開示頻度を含め、企業の情報開示制度に関する調査を継続している」と語り、業績予想の弊害を唱える経営者の声に応じた大統領に、投資家保護を使命とす

る SEC の立場を明らかにしました。

そして 12 月に、「SEC は四半期開示に関して投資家や企業などから広く意見を求める」と発表したのです。

英国では 2014 年、フランス・ドイツでは 2015 年に法律上の四半期開示制度は廃止され、年次と半期の年 2 回の決算開示となりました。しかし、こうした法定開示の見直しの後でも、欧州での企業業績の四半期開示は広く行われています。英国機関投資家協会は任意の四半期開示を歓迎し、「私たちの求めるのは情報の量ではなく、より良質でタイムリーな情報である」と語っています。ドイツでは取引所規則によって四半期開示が定められています。

この先、米国で四半期開示義務に見直しがあれば、将来的には日本でも議論があるかもしれません。

3 | 事業報告と株主通信

◯ 株主に必ず届く冊子

欧米の IR 関係者の間で盛んに議論されるのは、株主総会の議決権行使文書に添付されるアニュアルレポート（年次報告書）の内容です。日本では招集通知に添付される事業報告が対応します。これまで、株主総会に関連する文書は、株主に届ける郵便コストの最小化を求める傾向があり、小さな活字に、法律で求められる最小の記述にとどまっていました。

近年、株主総会の招集通知に添付される事業報告の可能性に注目する企業が増えています。というのも、招集通知は法に基づく文書で、すべての上場会社が作成し、株主総会前に株主の手元に必ず届くからです。

招集通知に添付される事業報告では、(1)会社の現況、(2)会社役員、(3)社外役員、(4)株式、(5)新株予約権等、(6)会計監査人、(7)財務および事業の方針の決定を支配する者の在り方に関する基本方針、(8)業務の適正を確保するための体制、(9)特定完全子会社、(10)親会社などとの取引、(11)会計参与などに関する事項が記載されます。

大手の IR（投資家向け広報）会社の調査によると、参考書類として議決案の剰余金の配当や取締役や監査役の選任で関連情報を記載し、さらに事業報告や

連結計算書類・計算書類・監査報告書などを合冊の形式での作成は、日経平均500銘柄に採用される企業の95％に達しています。また、株主総会の開催の受付開始時間や見やすくデザインされた会場案内図（地図）を掲示する例や、会社の現況の説明で売上高や利益などの財務数値のグラフ化、役員や監査役の候補をカラー写真で紹介するなどビジュアル化も進んでいます。そして、英文招集通知は、全体の前出の500銘柄のうち87％の企業が作成しています。

　さて、長年にわたり、事業報告と有価証券報告書を見ると同様な記載項目が多いという指摘がありました。一方で「使用人の状況」や「上位10人の株主に関する事項」は、他方では「従業員の状況」や「大株主の状況」といい、書かれている内容もほぼ大差がないというのです。内閣府は「事業報告等と有価証券報告書の一体的開示のための取り組みについて」（2017年）で、2017年度中をめどに対応する15項目を示し、同時に発表された金融庁・法務省の「一体的開示をより行いやすくするための環境整備に向けた対応について」は、この15項目への対応方針を示しています。そして2018年、企業内容などの開示や会社法などの改正により、法令上の統一が図られました。なお、金融庁には、企業に向けたサポートのために「記載内容の共通化等サポートデスク」という相談窓口が設置されています。

　ところで近年、事業報告とともに年2回、あるいは年4回発行する株主通信（各社で言い方はそれぞれです）に注力する企業が増えています。小さな冊子にわかりやすく訴求力のあるIR情報を盛り込んでいます。その特大号というような体裁で事業報告として作成される例もあります。
　食品大手のキッコーマンは年2回発行しています。2019年6月の「キッコーマン株主レポート」は第102期（2018.4.1－2019.3.31）の「決算のご報告」です。表紙からの3ページで①決算の概要、株主総会決議のご通知案内、②業績のハイライト・事業別業績、さらに③連結損益掲載書・連結貸借対照表・連結キャッシュフロー計算書などの概要、次期の連結業績予想、配当金（1株当たり）の状況をわかりやすく記載しています。数字を説明するグラフは要を得た編集ぶりです（**表3-11**）。

表 3-11　株主通信の事例

会社名	名称	注目ポイント
キッコーマン	IR レポート	文章と写真や図表のバランスがとれたレイアウト。人物の写真に表情がある
コスモ石油	C's mail	手堅い編集方針が揺るがない経営の核心を発信
エン・ジャパン	報告書	目配りの効いたトップインタビュー。入念な制作ぶりが伝わる
フジ住宅	株主通信	株主アンケートの回答による株主の意見や感想を掲載

　続くのは「キッコーマン豆乳」商品の紹介です。「豆乳をパックごと冷蔵庫に入れてアイスにして食べる」活用をめぐって Q&A で解説や、小麦粉の代わりにヨーグルトやスフレパンケーキ、カレーのとろみ付けに使うといった"グルテンフリー"の献立づくりに役立てられると多彩な書きぶりに加え、国内の豆乳市場（数量）の推移を 5 年間のグラフで示しています。

　そして会社概要、株式の分布状況、上位 10 人の株主、株主メモの記載があり、続いて株主優待制度について表形式で説明し「お問合せ」など株主への配慮が伝わってきます。裏表紙は、新商品ラインアップなど随所に工夫が見られるスグレモノです。

　ネット求人事業専業で業界トップのエン・ジャパンは年 1 回「報告書」を発行しています。2019 年 6 月の直近号（19 年 3 月期）は 8 ページ建てです。入念な制作ぶりが伝わるシンプルなデザインで、トップインタビューは求人サイト、人材紹介、海外事業の順に売上成長速度を牽引した要因を語り、求人サイトで安定的な利益成長を図り、人材紹介と HR-Tech の強化による売上と利益の高成長をめざす新たな 3 年（2019～2022）の中期経営計画の数字を掲げ、その戦略を説明しています。求人市場の動向に関心のある人たちなら、誰もが知りたくなる内容です。もちろん中期経営計画で「株主還元強化として配当性向を 50％」としたこと、そして「自己株式の取得についても、資本効率の観点から、状況に応じて実施する方針」と言及し、目配りもよく利いています。

◎　株主アンケートは宝の山

　多くの場合、各社の個人株主は人数では機関投資家を圧倒していますが、企

業がその意向を知る機会はそれほどあるわけではありません。その点、株主に必ず届く株主通信に添付された株主アンケートは、個人株主が各社のIR情報をどのように受け止めているのかを教えてくれる有力なツールです。

　ほとんどの株主アンケートが、いくつかの質問を用意し、株主の意見を求めています。

　たとえば「株式購入のキッカケ」を問う場合なら、会社説明会、新聞記事、IR広告、証券会社の紹介、アナリストレポート、当社ホームページ、会社四季報、経済・マネー誌、自社商品の購入者・発注者・取引先、当社関係者（家族、親戚を含む）、親しい方の紹介、その他などの回答を列挙して、○印かレ点でマークしてもらいます。

　それは「株式保有の理由」や「買い増し時のポイント」を問う場合も同様です。株価上昇の期待、安定性の評価、配当利回りへの期待、当社商品への期待、将来性などに○印かレ点でマークしてもらいます。また個人株主の年齢や性別、そして「半年未満」とか「1年未満」「1〜5年」「5〜10年」「10年以上」など株式保有の期間を問う例もあります。

　もちろん、株主通信の記事について、どの記事に関心を持ったか書き出す問いもあります。新製品紹介、長期ビジョン、中期経営計画、財務状況、セグメント別業績の概況などはどの株主通信でも定番のコンテンツです。その「わかりやすさ」や「内容」「デザイン・見やすさ」などを3〜4段階で評価するとか、あるいは「自由意見」の欄も設け、株主の意見を広く知ろうと前向きなアンケートも見られます。

　たとえば、フジ住宅の株主通信（2019年6月）です。「株主アンケートのご報告」の回答は824人で回答率は11.2％となっています。アンケートの「その他、ご意見やご感想がありましたら自由にお書きください」の欄に書き込まれた文章が2ページにわたってコピーで載せられて、株主の「生きた声」が聞こえてきそうです。

　住宅設備大手LIXIL（リクシル）グループの株主通信（2018年11月）も「株主アンケート結果」を掲載しています。6月にアンケートを実施した結果、12,442通の返信があり、これは株主数の28.1％に相当します。回答者の68％が60歳以上とのことです。「今後の保有方針」を問うと、短期の「1〜3年」が10％、中期の「3〜5年」が17％、長期の「5年以上」が42％、そして「売却

しない」が25％、「売却済み（一部売却を含む）」が２％でした。「株式を取得したきっかけは何か」という質問の回答（１人２つまで）では、①会社四季報（17％）、②新聞・投資情報誌等（16％）、③当社製品を利用（13％）、④当社従業員（元従業員）（13％）、⑤当社のファン（９％）、⑥証券会社の推奨・分析ツール（９％）、⑦知人・友人・家族の紹介（８％）とありました。

そして「当社へのご意見・ご要望」では、「今回は特に当社の株価へのご意見をたくさん頂戴しました。当社としては、18年３月期末から配当を増配したことに加えて、当社の業績をわかりやすく投資家のみなさまへ伝えること、そして業績改善および企業価値向上により一層取り組んでまいります」と記載しています。これこそ、１人ひとりの個人株主への強いメッセージです。

4　英文の決算プレスリリース　～NIRI：「四半期決算発表のガイドライン」に学ぶ～

今、多くの日本の上場企業は何かがあるとプレスリリースを発表しています。自社サイトはもちろん、取引所のTDnetにもアップロードされることが少なくありません。ところが、取引所の適時開示規則にはプレスリリースの取り扱いに関連する記述は見当たりません。同じ四半期ごとの決算短信も、取引所のTDnetにポスティングして、アップロードの予定日時に公開されます。また、決算短信は、次期通期決算期での売上高、利益、１株当たり当期利益を数値で書き込む欄のある書式です。

これに対し、米国企業の四半期決算の発表は、公平開示規則（Reg. FD）による開示プロセス・ガイダンスに沿っています。つまり、①まず証券取引委員会（SEC）のエドガー（EDGAR、企業の法定開示資料の電子データでの収集・審査・公開システム）に四半期報告書（様式10-Q）をアップロードし届け出ます。②SECに届け出ることで、取引所や企業の所在地がある州の経済局への届け出も完了します。これをワンストップ・ファイリングと言います。そして、③ほぼ即時にプレスリリースを第三者の通信業者にメールします。③直ちに、このプレスリリースがAPやUPI、ニューヨークの新聞社、それに自社の本社や工場などのある地域の新聞へと配信されるのです。④自社のウェブサイトにもアップロードされます。

　2001年10月に発覚したエンロン・スキャンダルも、四半期業績説明会での
レイ会長（当時）の発言と事前のプレス発表の食い違いに端を発しました。こ
のとき指摘された問題点と解決策は、1年後の2002年10月、NIRI（全米IR協
会）の「決算プレスリリースに関する提言」に盛り込まれることになりました。
これは、①損益計算書と貸借対照表、②GAAP（会計基準）の数字、③MD&A
（経営者による財務状態および経営成績の討議と分析）の3つを決算発表のプ
レスリリースに掲載したいとする提言です。

　第1に「完全な損益計算書と貸借対照表」の掲載を求めています。四半期決
算での発表にこれは最低限、必要だというのです。損益計算書には①当該の四
半期データ、②前年同期比、③直近の四半期との比較、④年初来の数字を求め
ています。また、貸借対照表では①今期の数字、②前年度末の数字、③前期と
の比較数字があるともっとよいとしました。これで投資家は企業のフリー・キ
ャッシュフローの状況と財務数字が満足できる水準かどうかを見極められると
しました（当時の米企業の決算発表時のプレスリリースには、損益計算書も貸
借対照表も記載されない例が珍しくありませんでした。先ほどのエンロンの四
半期業績説明会でのプレスリリースも同様でした）。

　第2は、冒頭にGAAP（Generally Accepted Accounting Principles：一般に
（公正妥当と）認められた会計原則）での数字を発表し、その後でプロ・フォル
マ（Pro Forma）の数字を掲載するとしたことです。さらに、プロ・フォルマ
の数字は、このGAAP数字と整合性を確保した内容でなければいけない、プレ
スリリースの見出しにはGAAP数字を持ってこなければいけない、としたの
です。

　プロ・フォルマの数字とは、会計基準（GAPP）による財務データから、業
績評価の指標として算出された数値です。例としてはEBITDA（利払い前税引
き前償却前利益）やEBIT（利息・税金控除前利益）、adjusted earnings（修正
利益）、operating earnings（事業利益）、sustainable earnings（持続可能利益）
など非会計基準（Non-GAPP）の情報を言います。米国の証券アナリストの財
務分析はEPS（1株利益）予想に加えて、各種収益データにプロ・フォルマの
数字を使うのが盛んで、大半のポートフォリオ・マネージャーがプロ・フォル
マは「役に立つ」という評価もありました。プロ・フォルマを書き込んだアナ

表 3-12　NIRI「決算プレスリリースに関する提言」

1	完全な損益計算書と貸借対照表の掲載
2	冒頭に GAAP（Generally Accepted Accounting Principles：一般に（公正妥当と）認められた会計原則）での数字を発表し、その後でプロ・フォルマ（Pro Forma）の数字を掲載する
3	業績を評価するとき、投資家が求める情報（MD&A、経営者による財務状態および経営成績の討議と分析）を掲載する

リストレポートの全面禁止にはネガティブでした。

　こうしたプロ・フォルマのような GAAP に基づかない業績数字について、SEC は 2001 年 12 月、企業向けにその業績発表について、投資家向けにその分析について注意喚起を発表しています。そして、2002 年 1 月にはトランプ・ホテルズ＆カジノ・リゾーツが 1999 年 10 月の四半期決算発表で不適切なプロ・フォルマの利用があったとして排除措置命令を出したのです。SEC による初めてのプロ・フォルマ関連の摘発事例でした。

　2002 年 7 月の企業改革法（サーベンス＆オックスリー法）401 条(b)項は、①プロ・フォルマ情報が虚偽の重要事実を含む、または重要事実を省略することで誤解を生じせしめる内容となることを防止する、②プロ・フォルマ情報とそれに対応する GAAP 数字とを対比させて開示する義務を盛り込んでいます。これを受け、2003 年 3 月に SEC が「非 GAAP 財務数値」の利用条件として施行したのがレギュレーション G です。2016 年に NIRI が調査（回答 390 社）によると、96 ％の IR 担当者が決算発表のプレスリリースに「非 GAAP 財務数値」を盛り込んだと言い、EBITDA（40 ％）や一般的な指標（40 ％）、キャッシュフロー/フリー・キャッシュフロー（32 ％）などが上位を占めています。

　第 3 は、業績を評価するとき、投資家が求める情報をプレスリリースに掲載するとした点です。SEC に届け出る年次報告書（10-K）に掲載されている MD&A が、これに該当します（**表 3-12**）。それまで、MD&A はほとんどプレスリリースに載っていなかったのです。一方で、カンファレンス・コールでよく話に出ていました。

　この 2002 年の「決算プレスリリースに関する提言」を、具体的なマニュアルに仕上げたのが、2008 年 7 月に発表された「企業の四半期決算リリースに関す

るベスト・プラクティス」です。公平開示規則をはじめ、プレーン・イングリッシュ規則などSECの諸規則、SEC諮問委員会のCLFiR（財務報告改善委員会）の提言、私的証券訴訟法（PSLRA）による要求項目、またNIRI会員やメディア関係者、投資家の意見を参照しています。

　ここでは基本情報、四半期業績の説明、年初来累計業績の説明、償却・特別損益についての説明、非会計基準（non-GAAP）の財務情報、経営幹部（会長、CEO/社長）の発言引用、セグメント／業種に関する情報、業績予想、セーフ・ハーバーの文言、カンファレンス・コール/ウェブキャストなど15項目にまとめました（**表3-13**）。その主な項目を追ってみましょう。

　プレスリリース冒頭の「見出しと小見出し」では、最初のパラグラフに最も重要なニュースについて簡略に述べ、後続パラグラフでさらに詳しい情報を説明し、最も重要な進展を簡単にまとめ、必要に応じて読みやすくするために個条書きにするとしました。

　「基本情報」として、日付や本社の所在地（都市名）を記載し、もちろん、最後のパラグラフには正式社名、事業内容の簡単な記述、上場市場、証券コードなどの情報とともに、コンタクト情報（担当者名）、電話番号、メールアドレス、郵送先住所、ウェブサイトのURLを記載します。

　本文の「四半期業績の説明」では、当四半期の売上高と前年同期との比較、当四半期の当期利益と前年同期との比較、当四半期の希薄化後EPS（1株当たり利益）と前年同期との比較を記載します。ここで言う比較は前期との比較ではなく、前年同期との比較を示すことが基本です。業績や重要な傾向を表す上で意味がある場合にのみ、前年同期比を示した後に前期比を示すとしています。そして、勘定項目（経費など）や四半期決算の背後にある重要なバリュー・ドライバーについて説明するとしています。

　これに続く「年初来累計業績の説明」では、年初来の累計売上高、年初来の累計当期利益、年初来の希薄化後EPSに関連して前年同期との比較を求めています。「償却・特別損益についての説明」では、決算に影響を与えた償却、損益に関しては償却または特別損益の総額、前年同期と比較した税引き後営業利益、対前年同期の増減率(%)を記載し、また、「1株当たり営業利益に言及しない」

表3-13　NIRI：四半期決算発表プレスリリースの記載モデル

A.	見出し（headlines）と小見出し（subheads）
	1. 最も重要なニュースを最初に持ってくる 2. 小見出しで、さらにわかりやすく説明し、最も重要な進展を簡略にまとめる 3. 必要に応じて読みやすくするために個条書きで
B.	基本情報
	1. リリースの冒頭に、リリースの年月日と本社の所在地（州・都市の名前）を記載する 2. 最初のパラグラフに最も重要なニュースを要約し、続くパラグラフで詳しい情報を記載する 3. 最後のパラグラフには、会社のフルネーム、上場市場、証券コードなどをも含めた簡単な事業内容を記載する 4. コンタクト情報、電話番号、メールアドレス、郵送先住所、ウェブサイトのURLもリリースに記載する
C.	四半期財務の説明
	1. 売上高/収益、前年同期比の増減率（％）を明記する 2. 純利益、前年同期比の増減率（％）を明記する 3. 希薄化後のEPS（1株当たり利益）、前年同期比の増減率（％）を明記する 4. 前四半期との比較ではなく、前年同期との比較を示す。業績や重要なトレンドに特別な見方や展望をもたらし、自社で顕著な場合、前年同期比を示した後に前四半期比を示す 5. 前四半期と異なる開示情報は、開示の一貫性を担保するために必ず説明する 6. 勘定項目（経費など）や四半期決算の背後にある重要なバリュー・ドライバーについて説明する
D.	年初来累計財務の説明
	1. 売上高/収益、年初来の累計売上高/収益、前年同期比の増減率（％）を明記する 2. 純利益、年初来の累計純利益、前年同期比の増減率（％）を明記する 3. 希薄化後のEPS（1株当たり利益）、前年同期比の増減率（％）を明記する
E.	償却、特別損益の説明
	1. 当該四半期（または年初来当四半期まで）の決算に影響を与えた償却、損益に関して、以下の点に言及する 　a. 償却または特別損益の総額 　b. 前年同期と比較した税引後営業利益、対前年同期の増減率（％）。 　　（この場合の「税引後営業損益」は、償却および特別損益を差し引く前の利益であり、営業利益ではない） 　c. 当該償却、特別損益、それらが発生した四半期について説明する 2. 1株当たり営業利益に言及しない。SECのガイドラインは企業業績に関して投資家を混乱させるとして、こうした計算を言及しないよう示唆している 3. 償却、特別損益に含まれるすべての項目を説明し、それらが総額に含まれていることを特に記載する

86

		同様にこうした償却などの項目が、年初来の累積（年度末）決算にどのような影響を及ぼすかを説明するとよい 　　a. 償却とその目的 　　b. 特別利益 　　c. 特別損失 　　d. 資本損失 　　e. 当年度または過年度の決算の修正を引き起こした会計基準の変更
F.		非会計基準（non-GAAP）の財務情報（プロ・フォルマ情報について）
		1. プロ・フォルマの財務情報とGAAP基準の財務情報の整合性をわかりやすく示すために、常に同じフォーマットを用いる 2. 直近のSEC規則（Regulation G, S-K）に従い、業績発表のプレスリリースにプロ・フォルマの数値を記載する場合は、同じリリースに記載されている、もっと比較しやすいGAAP基準の数値と整合性がなければならない。GAAP基準の数値は、プロ・フォルマの数値と同等か目立つように記載されなければならない 3. プロ・フォルマの数値をGAAPの整合性とともに記載することはできるが、SECのガイダンスによれば、プロ・フォルマの損益計算書の全体をリリースやSECファイリングに掲載することは適切ではない 4. プロ・フォルマの情報が、会社経営者と投資家にとってなぜ有益なのかを説明する 5. プロ・フォルマの情報をリリースのタイトルには含めない 6. プロ・フォルマの数値とGAAP基準の数値の整合性に関する情報は自社のウェブサイトに、最低1年間、掲載しておかなければならない
G.		経営幹部（会長、CEO/社長）の発言引用
		1. 自社の短期・長期での目標や戦略の文脈で当該四半期決算を位置づける。自社が何を達成しようとしているかを読者にわかってもらうために、自社の目標や戦略を示唆、あるいは繰り返す たとえば、「（これこれの）戦略の効果により、第1四半期決算は（これこれと）なりました」 　「（これこれの）売上増を達成できましたという報告に満足している」 というように、自社の目標や戦略に言及する。個人が戦略的観点から決算にコメントすることで、経営幹部を戦略リーダーとして位置づけるように努める 2. 財務業績や業界状況についての理解や展望を用意する。財務決算は修正しない 3. 四半期決算の主な要因を正しく反映し、できれば、業績に特にインパクトを与えた市場状況や外部要因を数量化する 4. 「現在の（そして長期の）状況で業績を最大化するために経営者は何をしているのか」という疑問に答える
H.		主な出来事と変化
		1. 主な出来事と変化を、非財務の出来事も含め説明する。これには、取締役会の変更やガバナンスの実際、その他の重要な非財務の変化が挙げられる

		2. 主な出来事や変化に自社がどのように対応しているのかを、必要に応じて説明する
I.	売上総利益/売上総利益率、キャッシュフロー、その他の指標	
		1. 売上総利益/売上総利益率に関する情報は、前年同期実績と、これと比較した増減率（%）も記載する 2. 貸借対照表の主な項目の変化に関する説明も記載する 3. キャッシュ・フローに関する情報は、前年同期実績と、これと比較した増減率（%）も記載する 4. 当該時期における自社株買いについて説明する 5. 業績に関連する他の指標を用意する。資本支出、研究開発費、非財務情報（知的資産など）など、必要なら業界の慣行も考える 6. CIFiR（SEC の「財務報告改善に関する諮問委員会」）は、業界や各企業にキー・パフォーマンス・マトリックス（たとえば、設立間もないバイオテック企業の月次現金消費比率、既存店売上など）を用意するように勧告している 7. 企業/業界によっては、四半期ごとの比較も投資家には有益であり、記載が望ましい
J.	セグメント/業種に関する情報	
		1. 10-K（年次報告書）と 10-Q（四半期報告書）で報告しているセグメント/業種の情報を更新する。情報内容は業種によって異なる 2. 最低限以下の情報を記載する 　a. セグメントごとの売上高/収益、前年同期のセグメント売上、増減率（%） 　b. セグメントごとの営業利益、前年同期のセグメント営業利益、増減率（%） 　c. 価格、量、為替レート、トレンド 　d. 決算に影響を与えた主な市場要因 　e. 成長戦略
K.	業績予想	
		1. 業績予想では、経営幹部のコメントと「会社は——と語った」の両方を混在させるべきである 2. 次の四半期、できれば今年度通期に関する将来見通しを提供する 3. NIRI は、財務ガイダンスで「すべてに適用する定型はない」との認識を持っている 　たとえば、ある業種では在庫や受注残高の情報が意味があるかもしれないが、他の業種ではそうでない。経営陣が財務ガイダンスの発表に前向きな場合は、どのような情報を定期的に、かつ公平開示規則に準じて開示するかを決めておく。予測値は、どのような前提条件に基づいて計算された推定値かを簡単に説明し、下記のセーフハーバー文言を記載する 4. 予想のいかなる変更も説明し、何が変更をもたらしたのかを記載する
L.	カンファレンス・コール/ウェブキャスト	
		1. 日付と時刻（たとえば東部時間とか） 2. 電話番号、（もしあれば）アクセスコード、ウェブキャストの URL

	3. SECは、カンファレンス・コールまたはウェブキャストの告知は（特に決算説明の場合）、リーズナブルな期間をおいて事前告知することを推奨している。several daysであればリーズナブルな期間と見なされるとの考えをSECスタッフは表明している
	4. 決算発表のリリースで次の四半期決算リリースとカンファレンス・コールの予定日、時刻を発表することを検討する
M.	セーフ・ハーバーの文言
	1. 将来に関する意見表明に関連する損害賠償責任を回避するセーフ・ハーバー文言には、自社固有のリスク要因、そして、この文言が言及した状況によって予想と大きく異なる決算が生じる状況を記載する
	2. リスクファクターに定型的な文言や直近のセーフ・ハーバー文言の単純なコピーをしてはならない。将来の業績に影響を与えるであろう要因をリストアップする経営者の誠実な姿勢が反映されなければならない
	3. 読者にSECに対する届出書類に掲載しているリスクファクターを参照するように求めてはならない。それが許されるのは口頭での場合のみである
N.	財務諸表
	1. コンテンツ 　a. 売上高から純利益までの計算の流れを、投資家が把握できるだけの十分な項目を用意する。 　b. 発行済株式残高を常に同じ書式で表示する
	2. 当該四半期、前年同期、年初来累計と前年の年初来累計の数字を記載する損益計算書をすべて記載する。混乱を避けるために、数値が監査済みかそうでないかを表示する。特に年度末の数値では、リリースで発表された数値が未監査で、10-Kファイリングで数値が変わる可能性がある場合は、この点に特に注意する。損益計算書には、各公開会社の（潜在株式調整前および調整後）発行済株式残高数も記載するべきである
	3. 当該四半期と前年同期の数字を記載した貸借対照表をすべて掲載する。監査済みか未監査かを示す
	4. 可能であれば当該四半期、年初来累計を記載するキャッシュフローの表を用意する。CFA（米国アナリスト協会）とSECのCIFiR（財務報告改善に関する諮問委員会）はキャッシュフローの表を記載するように勧告している。しかし、会社によっては決算リリースの発表時点で、この情報がまとまっていない例も少なくない
	5. もし必要なら、会社やセグメントに関する補足情報をいつも記載する
○	最後に
	1. リリースのトップにある日付が間違っていないことを確認する
	2. 発表前に単語や数値などすべてをチェックする。たとえば、財務諸表の数値と文章や見出しの数値が異なっていないかどうかをチェックする
	3. 直近四半期や直近年次のリリースと記載内容を比較し、記載漏れがないかどうかをチェックする

としています。

「非会計基準（non-GAAP）の財務情報」であるプロ・フォルマ情報では、GAAP基準の財務情報との整合性をわかりやすく示すために、常に同じフォーマットを用いること、プロ・フォルマ情報をプレスリリースのタイトルには含めないとしています。さらにプロ・フォルマの数値とGAAP基準の数値の整合性に関する情報は自社のウェブサイトに、最低1年間、掲載しておかなければならないとしました。

「経営幹部（会長、CEO/社長）の発言引用」も対象です。「売上総利益/売上総利益率、キャッシュフロー、その他の指標」では、「売上総利益/売上総利益率に関する情報」では、前年同期実績と、これと比較した増減率（%）も記載することにし、貸借対照表の主な項目の変化に関する説明も記載するように求めます。キャッシュフローに関する情報は、前年同期実績と、これと比較した増減率（%）も記載します。また、当該時期における自社株買いについて説明します。業績に関連する他の指標、たとえば資本支出、研究開発費、非財務情報（知的資産など）などを記載し、SECの財務報告改善に関する諮問委員会（CIFiR）は、業界や各企業にキー・パフォーマンス・マトリックス（たとえば、設立間もないバイオテック企業の月次現金消費比率、既存店売上など）を掲載するように勧告しています。そして、企業/業界によっては、四半期ごとの比較も投資家には有益であり、記載するべきです。

「セグメント／業種に関する情報」では、最低限の情報として、セグメントごとの売上高/収益、前年同期のセグメント売上、増減率（%）、またセグメントごとの営業利益、前年同期のセグメント営業利益、増減率（%）、そして価格、量、為替レート、トレンド、また決算に影響を与える主な市場要因や成長戦略などの記載を求めています。

「業績予想」では、経営幹部のコメントと「会社は――と語った」の両方を混在させるべきであるとし、次の四半期、できれば今年度通期に関する将来見通しを提供することとしています。NIRIは財務ガイダンスでは「すべてに適用

する定型はない」との認識を持っています。たとえば、ある業種では在庫や受注残高の情報が意味があるかもしれませんが、他の業種ではそうでありません。経営陣が財務ガイダンスの発表に前向きな場合は、どのような情報を定期的に、かつ公平開示規則に準じて開示するかを決めておきます。予測値は、どのような前提条件に基づいて計算された推定値かを簡単に説明し、「セーフ・ハーバーの文言」を記載するのです。もちろん、予想のいかなる変更も説明し、何が変更をもたらしたかを記載します。

「セーフ・ハーバーの文言」では、企業が将来に関する意見表明で損害賠償責任を回避するために、自社固有のリスク要因、およびこの文言が言及した状況によって予想と大きく異なる決算が生じる状況を記載します。そして、セーフ・ハーバー文言の作成では、リスク要因に定型的な文言や直近のセーフ・ハーバー文言の単純なコピーをしてはならないとしています。もちろん、将来の業績に影響を与えるであろう要因をリストアップする経営者の誠実な姿勢は反映されなければなりません。また、読者がリスク要因を調べる場合に、SEC への届出書類に記載したリスク要因を参照するように求めてはならないとし、それが許されるのは口頭での場合のみであると明記しています。

「財務諸表」では、売上高から純利益までの計算の流れを投資家が把握できるだけの十分な項目を用意し、発行済株式残高を常に同じ書式で表示します。さらに、当該四半期、前年同期、年初来累計と前年の年初来累計の数字を記載する損益計算書をすべて記載します。混乱を避けるために、数値の監査の有無も表示すべきです。特に年度末の数値では、リリースで発表された数値が未監査で、SEC に届け出る 10-K ファイリングで数値が変わる可能性がある場合は、この点に特に注意が必要です。また、各公開会社の（潜在株式調整前および調整後）発行済株式残高数も記載します。

「カンファレンス・コール/ウェブキャスト」では、日付と時刻（たとえば東部時間とか）、電話番号、（もしあれば）アクセスコード、ウェブキャストの URL を記載します。SEC は、カンファレンス・コールまたはウェブキャストの告知は（特に決算説明の場合）、リーズナブルな期間を置いて事前告知するこ

とを推奨しています。数日であればリーズナブルな期間と見なされます。また、決算発表のリリースで次の四半期決算リリースとカンファレンス・コールの予定日や時刻の発表も検討するように求めています。

そして、「最後に」、プレスリリースのトップにある日付が間違っていないことを確認し、発表前に単語や数値などすべてをチェックすることとあります。たとえば、財務諸表の数値と文章や見出しの数値が異なっていないかどうかをチェックします。あるいは、直近四半期や直近年次のリリースと記載内容を比較し、記載漏れがないかどうかをチェックすることが大切です。

この NIRI のガイドラインを見ると、株主・投資家に向けた決算プレスリリースの質的向上を目指す IR 現場の責任感と自覚が見て取れます。米企業が行う四半期ごとの業績説明会のほとんどはカンファレンス・コール（電話会議）で、当日に発表されるプレスリリースがベースです。

▼ 日本企業の英文プレスリリース

日本企業の広報について、海外メディアがよく指摘しているのは次のようなポイントです。まず、優れた面では「現場感覚」です。欧米企業の広報部門が専門職化しているのに対し、日本では一度現場を経験してから広報担当となることが多く、そのため商品やサービスの本当の良さが説明でき、それが説得力のある発信力につながっているというのです。

他方、物足りない面も指摘されています。まず「受け身」の姿勢についてです。ほとんどの企業広報はニュースリリースの配信で自分たちの仕事が終了した、と理解しているという点を指摘します。リリースを配信した後に、メディアにコンタクトして、リリースの文面だけでは伝わりにくい事柄や微妙な点を電話などでフォローする動きがないのではないか、というのです。

次は「自社の発信情報をコントロールする姿勢の欠落」についてです。たとえば、業績が悪化した際に決算情報を発信するだけという企業が少なくありません。そのためでしょうか、決算情報がネガティブな報道記事となって紙面に載ることがあります。業績が悪化しているとき、その要因や分析、対応する経営の戦略、次期業績の試算などについて記者会見などで丁寧に説明する企業は

限られているようです。

　また「グローバル感覚の欠落」もよく言われています。今日のように企業情報に国境がない時代に、いくつかの日本企業は自社に関する情報を国内だけにとどめたいと考えているのではないか、と語る外国人ジャーナリストは少なくありません。そして、日本企業の広報活動の対象が特定のメディアに傾きがちになっている、との指摘もあります。費用対効果の効用という面はあるにしても、特定のメディアに偏ることから生まれるリスクの可能性を軽視しているのではないか、というのです。

　さらに、海外メディアとのコンタクトについて、企業の広報担当者にいくつかの誤解があるという指摘も見られます。その第1は、日本にいる海外メディアへのコンタクトは英語に限られると思い込んでいる傾向です。実際は日本語でほぼ問題ありません。次に海外メディアは取材先に厳しい姿勢でコンタクトしているという受け止め方も根強いようです。そして、取材が知名度が高いとかブランドのある企業や商品に取材が集中していると思われている点です。日本企業に取材した記事を海外メディアで追うと、決してそうではないと言っていいでしょう。

　多くの海外ビジネスメディアにとって、第1四半期と第3四半期の企業情報が、第2四半期（半期）と第4四半期（年次）の情報量に比べ、極端に少ないことがメディアとしての課題です。多くの海外投資家は企業業績を3カ月ごとにチェックするのが常識ですが、第1四半期と第3四半期の発表が決算情報のみの場合、内容の充実した報道や記事が掲載できず、株主や投資家などに十分な情報が届かないことになりかねません。

　また決算以外の情報、たとえば買収や配当、生産ラインの増設、提携などは日本語による発表は行っていても、英語での発表は行っていない企業が少なくありません。日本の上場企業の外国人持ち株比率は30％を上回り、東京証券取引所の売買金額の約6割が外国人投資家によるものです。それだけに、海外メディアが日本企業の動向を追うだけの動機があるのです。

　海外メディアへのコンタクトは日本語で問題ないと書きましたが、「英語情報の充実」の観点からは、日本語のニュースリリースから英訳を作成するよりも、最初から英語のリリースを作成する方が英文の記事を手早く効率的に書く

ことにつながります。日本語のニュースリリースの後に英語のリリースを出しても、多くの場合、すでに速報性が失われているため記事として採用されないことがあります。また、英文のリリースを作成しても、ビジネスワイヤなどの配信専門業者を使って海外に発信することもせず、自社ウェブの掲載にとどまる企業も多くあります。

　プレスリリースの書き方にも問題が見受けられます。決算発表にしても、日本語と英語で、その構成は大きく異なります。英文リリースの書き方は、前出の「NIRI の四半期決算発表のガイドライン」や SEC のプレーン・イングリッシュ・ハンドブックなど、参考になるテキストはいくらでもあります。京セラやオムロンなど、英語による発表に注力する企業のリリースをチェックするのも１つの手でしょう。企業の広報担当者が英文リリースを書くのが苦手な場合は、専門の情報ベンダーに相談するなど手段はほかにもあります。

　大手企業でも、海外広報の担当者が１人というケースは意外と多いのです。数十社に上る海外メディアに対応しているため、海外メディアが問合せを行うにも順番待ちが生じます。海外メディアならではの特性はあっても、企業情報を取材するという点では国内メディアとの差はありません。

　この数年、プレスリリースの発信で SNS（ソーシャル・ネットワーク・システム）を利用する例が増加しています。モバイル端末やスマートフォンの普及で、ニュースリリースを直接、株主や投資家、社員、取引先などに広く伝える動きが加速しているのです。

● プレーン・イングリッシュ（平明な英語）で書く

　アニュアルレポートや決算のプレスリリースで、企業情報に精通する法律や会計の専門家たち、そして経営者や IR 担当者自身も業界用語や社内用語、一般に理解できない専門用語を使うことが多く、結果として投資家を証券市場から遠ざけてきました。

　米国は、長年にわたって「平明な英語（plain English、プレーン・イングリッシュ）」による企業情報に取り組み、その努力は 1998 年のプレーン・イングリッシュに関する米証券取引委員会（SEC）の規則に結実しました。

　1994 年 10 月、SEC のレビット委員長（当時）は個人投資家が占める地歩、情

表 3-14　SEC：プレーン・イングリッシュ・ルール（平明な英語規則）（1998 年 1 月）

米国証券取引委員会（SEC）は、投資家にわかりやすい目論見書とするため、平明な英語を使用した情報開示を義務づける規則（プレーン・イングリッシュ・ルール）を 1998 年 1 月に制定した
○主な論点 ・もし目論見書がわかりやすい形で情報を提供していなければ、投資家は完全かつ公正な情報開示による利益を受けられない ・目論見書は、もっと単純、明快かつ有用で、もっと多くの人に読まれるべきである ・平明な英語を用いることは、重要な情報が欠けるということではなく、訴訟のリスクを増すものでもないという立場が採られた
○主な内容
目論見書の表紙、裏表紙、サマリー（要約）項目およびリスクファクター（リスク要因）項目の構成、用語および書式については、平易な英語を用いなければならない ① 　短い文とすること ② 　確定的、具体的、かつ日常的な言葉を用いること ③ 　能動態を用いること ④ 　難解な内容については、可能な場合には、表形式あるいは個条書きとすること ⑤ 　法律的専門用語またはきわめて技術的なビジネス用語を用いないこと ⑥ 　二重・多重否定を用いないこと

（http://www.simpsonthacher.com/content/publications/pub423.pdf など各種資料から作成）

報弱者の立場、リスク商品の説明責任、証券投資知識の不足に言及し、「個人投資家が各種の市場情報へのアクセスなどの点で（機関投資家のような）他の市場参加者に比べ不利にならないように配慮しなくてはならない。投資信託を例にとれば、個人投資家がリスクを十分に掌握できないまま投信を買うことがあってはならない」と語りました。

　この発言を受け、SEC は 2 つの行動に乗り出しました。1 つが証券教育活動で、もう 1 つが投資信託の目論見書の平明な表現です。各社の情報開示が、訴訟を懸念し専門的で曖昧、わかりにくい従来の文体に単純明快な表現を求めたのです。さっそくフィデリティなど大手投信 7 社と投資信託の目論見書の要約を 1 枚で作成する合意ができ、サンプルづくりに着手しました。これが 3 年後、すべての目論見書に適用される平明な英語（プレーン・イングリッシュ）規則につながる動きとなったのです。1998 年 1 月、SEC は一般企業の目論見書に対して、投資家にわかりやすい平明な英語を義務づける規則（プレーン・イングリッシュ・ルール）を制定したのです（表 3-14）。

同年8月、SEC は「プレーン・イングリッシュ・ハンドブック」と題する冊子を刊行しました。冊子は、これまでの目論見書が抱える「共通的な問題」として、「長い文章」「受動態」「弱変化動詞」「余計な単語」「法律と金融の専門用語」「特別に定義された用語の多用」「抽象的な単語」「不必要な詳細」「読みにくいデザインとレイアウト」など9つの項目を取り上げています。

　高名な投資家ウォーレン・バフェット氏は寄稿した序文で、「レビット委員長が先頭に立って開示文書での『プレーン・イングリッシュ』の使用を推進していることは、私にとって大いなる朗報です。なぜなら、私は40年以上にわたって上場企業が提出する資料を読んできましたが、この間、資料に書かれていることがわからないとか、それどころか、有益なことは何も書かれていないと判断せざるを得なかったことが、しばしばあったからです。企業や法律事務所が、このハンドブックに書かれているアドバイスに従ってくだされば、私の人生は荷がはるかに軽くなるだろうと思います」と書いています。

　「プレーン・イングリッシュ」が SEC の規則となったことで、企業情報を市場に発信する責任を担う IR 担当者をはじめ、IR 業界もこの問題に本格的に取り組んでいます。全米 IR 協会（NIRI）の研修では「プレーン・イングリッシュ」の講習が欠かせないテーマになりました。10-Q（四半期報告書）、8-K（臨時報告書）、10-K（年次報告書）など規制当局に対する基本的な届出書類や「財務分析」の講義と並んで、「IR 向きに書く」という講義が継続的に展開されているのです。

　研修では「効果的なプレスリリースの基本」をはじめ、「カンファレンス・コールの文章起こしのコツ」「スピーチ、アニュアルレポート、報告書の書き方」などの題目で、各社の IR 担当者はプレーン・イングリッシュを磨いています。プレーン・イングリッシュが企業情報の基礎として位置づけられ、欠かせない実務となっているのがわかります。

5　アニュアルレポート

▼ 2つのアニュアルレポート

　企業が投資家や株主向けに作成する冊子の中で、アニュアルレポート（年次

報告書）ほど力の入るものはないでしょう。日本企業は1960年代、海外の資本市場で資金調達を始め、英文のアニュアルレポートを発行してきています。そのとき、多くの日本企業が学んだのは米国企業のアニュアルレポートでした。

　ここで気をつけておきたいことがあります。それは米企業の年次報告書には2つのアニュアルレポートがあるということです。1つは年1回、証券取引委員会（SEC）に届け出る様式10-Kです。これは日本の有価証券報告書に相当します。もう1つは各社が自ら作成し、株主に配布する冊子の年次報告書です（**表3-15**）。日本なら株主総会の招集通知で送付される事業報告に相当すると言っていいでしょう。毎年、GE（ゼネラル・エレクトリック）やディズニー、IBMなどトップ企業のアニュアルレポートは注目の的になるのは、この株主向けアニュアルレポートです。

　こちらは、SECに届け出る様式10-Kが求めるビジネスの概要やリスク情報、MD&A（経営者による財政状態および経営成績の検討と分析）、財務諸表と注記、監査法人の監査証明などに加えて、株主へのメッセージ/手紙、財務ハイライト、取締役・マネジメントの紹介、株主情報、各部門の事業や活動などを自社の判断で掲載しています。特に決まった書式もなく、自由に編集できる余地があるのです。株主に訴えたいテーマの特集も可能です。それだけに、IR担当者はアニュアルレポートの制作に大きな予算と時間、そして大変な手間をかけてきました。

◯ アニュアルレポートを作成する

　アニュアルレポートのページを開くと、まず財務ハイライトや社長・会長など経営者のメッセージが目に入ります。財務ハイライトは最低でも直近5年間の売上や利益など自社がKPI（主要な業績指標）と位置づける1株当たり利益の推移をグラフで表示する例が多く見られます。直近11年の数字が載っていれば、読者への訴求力は格段に強くなります。というのも、会社の業績や傾向は10年を超す長期のトレンドでわかることが少なくないからです。なお、上場間もない企業なら直近3年はカバーしておきたいところです。

　売上高や純利益など損益の数字から、売上高営業利益率や株主資本利益率（ROE）、負債資本比率（D/E Ratio）、配当性向などの指標の数字はもちろん、1株当たり利益（EPS）、純資産、配当金について1株当たりのデータも掲載し

表3-15　米企業：アニュアルレポートの概要：

[自社が選択する記載項目：株主向けアニュアルレポート]

財務ハイライト	どのアニュアルレポートでも、最も読まれるセクション。ハイライト数字は企業パフォーマンスの手短かなサマリーである。小さな表、グラフに数字が記載される
株主への手紙	取締役会議長や最高経営責任者（CEO）、その両者によるレター。企業が抱える問題点や課題、また成功など当該年の出来事に関し、分析し、1つひとつをレビューする。多くの場合、企業経営者の哲学と経営スタイルを反映し、次年度の企業の方向を示す
企業メッセージ	このメッセージを企業広告と見なすアナリストや企業幹部、株主もいるが、有益だと思う人たちもいる。しかし、ほとんどのメッセージが自社をどう見てほしいのかを示し、株主に写真やイラスト、文章を使って思いのまま自社を説明できる。自社のビジネスラインや市場、ミッション、経営哲学、企業文化、戦略の展開もカバーできる
マネジメント・レポート	ここで、取締役会議長と最高財務責任者（CFO）が、アニュアルレポートに掲載されている財務情報と有効性に責任を持ち、SECなどの法的規則に準じていることを明言する。掲載される議論が、業務効率や財務報告の信頼、連邦法の順守など社内統制システムの存在を証明する
取締役・マネジメント紹介	このリストで、取締役会とトップマネジメント・チームの名前とタイトルがわかる。写真を添付する企業もある
株主情報	基本情報をカバーする。企業の本社、株式を取引する証券取引所、翌年の株主総会の場所と日時、そして株主向けの全般的なサービス情報。株主情報は、たいていアニュアルレポートのバックページの裏に書き込まれている

[SECが要求する記載項目：様式10-K]

監査法人レポート	独立監査法人による見解のサマリーは、財務報告が完璧であるかどうか、合理的であるかどうか、決算期時点での決算方法（GAAP）に合致しているかどうかを示す
経営者による財政状態および経営成績の検討と分析（MD&A）	簡潔で詳細なレポートで、企業業績を論じ、分析する。業務や、その業務を行うための資金調達に関する流動性や資本ソースをカバーする
財務諸表と注釈	企業の財務業績や近年の財務で未加工の数字を示す。SECは利益報告、財務状況報告、キャッシュフロー報告と、3つの報告を求めている（株主資本報告は、ここに掲載しない）。こうした報告は、説明や追加的な詳細や財務情報をもたらす、総合的な関連の注釈を記載している
財務データ	5年超にわたる企業の財務状況と業績を要約。当該期間の比較ができるデータには、収益（売上）、総収益、純利益、1株当たり利益、1株当たり配当、ROE（株主資本利益率）などの財務指標、発行済み株式数、1株当たりの株価がある

（IBM, how to read annual reports; guide to annual reports: anatomyなどを参考に作成）

ます。

　取締役会議長や最高経営責任者（CEO）による「株主へのメッセージ/レター」の内容は、企業が抱える問題点や課題、また成功した案件など当該年の出来事を総括し、レビューするものです。経営の哲学と経営スタイルを確認して、次年度の経営の方向も示されます。

　「取締役・マネジメント紹介」では、取締役会のメンバーや経営トップの顔ぶれをそれぞれタイトルと名前を掲載します。短い経歴や写真を添付すれば、文字通りの紹介です。人柄が出る表情のある写真が好感度を高めます。そして、チームの一体感を前面に出すなら、マネジメントチームとして全員一緒の写真が雰囲気を伝えてくれます。

　そして、この１年の業績について書かれたページが続きます。各部門の事業展開では、鋭い読者ならよくできたことばかりでなく、何をやり残したかの具体的な記述に注目します。また今期のビジネス・チャンスについても語ってあるかどうか、さらには長期の経営計画など戦略が説明されているかどうかは、株主として押さえておきたいところです。そして、初めての読者のためにも自社の商品や製品の動向をていねいに説明し、事業について目に見える系統図があれば、理解はさらに高まるでしょう。

　会社の組織や仕組みについては、いわゆるコーポレートガバナンスという項目で語られています。ここでも会社の意思決定の仕組みを説明する図の掲載があります。もちろん、各社それぞれに異なる仕組みがあります。わかりやすい系統図できるかどうか、これは担当者の腕の見せどころです。なにしろ株主、株主総会、そして取締役会、会計監査人、監査役会、経営会議などに始まり、内部統制委員会、指名委員会やら報酬委員会、また外部監査人、そして子会社や社外弁護士など社の内外にわたる多くの関係者を対象にしているからです。

　そして財務諸表です。多くはSECや金融庁に届け出るアニュアルレポートや有価証券報告書に掲載している財務諸表の大要を示しています。経営陣による財務分析で、MD&A（経営成績と財務状態のレビューおよび分析）を書き込

み、連結貸借対照表、連結損益計算書、連結包括利益計算書、連結株主資本等変動計算書、連結キャッシュフロー計算書を掲載します。もちろん、監査の有無についても同様です。

● アニュアルレポートの読者

こうしたニュアルレポートを多くの企業が作成しています。アニュアルレポートの読者はまず株主、そして投資家です。有力な投資家ウォーレン・バフェットも銘柄選択の条件として、第1に「グッド・アニュアルレポート」を挙げるほどです。アニュアルレポートを徹底して読み込む投資家として知られ、とりわけMD&A（経営者による財務状態および経営成績の分析）やキャッシュフロー（CF）計算書を入念に熟読するとのことです。

読者は、それだけではありません。社員、顧客、メディア（ビジネスメディア以外のメディアも対象です）、また取引業者や監督官庁、就職希望者なども読者です。もちろん、同業他社も忘れてはいけません。

今から25年ほど前の1995年。仏大手自動車メーカー、ルノーのL・シュバイツェル会長（当時）からトヨタ自動車に「おたくのアニュアルレポートを数百部欲しい」との申し入れがあったそうです。いったいどうしたのでしょうか。実は、その年のトヨタのアニュアルレポートには、円高にトヨタのコスト削減がいかに進められたか、詳細に書かれていました。シュバイツェル会長がルノー幹部社員にトヨタのアニュアルレポートを配布し、「徹底研究」を求めたと言われています。

また、社員や従業員にアニュアルレポートを配布することの意義も大きいものがあります。国外でのビジネスが占める比率が高い企業なら、なおさら働くモティベーション（動機づけ）に効用があるのです。もう1つ、米企業の場合は読者として、議会でも地域社会でもオピニオン・リーダーに届けている点もつけ加えておきましょう。IR担当者は、一段と広い立場でアニュアルレポートを捉えることを求められているのです。

　ところで同じ投資家でも、機関投資家と個人投資家では、多くの点で企業情報に対する見方もいろいろ異なっています。たとえば、アニュアルレポートの読者として機関投資家は、記載されたわずかな脚注も見逃さずに読み込む専門家です。これに対し、個人投資家はどうでしょうか。財務ハイライト、写真、会長など経営陣のメッセージに高い関心を寄せる傾向があります。しかし、それでも時間にしてせいぜい「3〜5分」でしょう。どちらにしても、アニュアルレポートでは、「企業組織や仕組みに関する記述」「商品や製品の記述」がポイントとなります。

▼ アニュアルレポートはIR担当者が書く

　何度もアニュアルレポートを繰り返して読む読者は、アナリストなど例外的な人たちです。まして、これまでのアニュアルレポートを取り出す人など、まずいません。その意味で、最もよく読んでいるのはIR担当者です。ですから、作成するアニュアルレポートは、それだけで自社のプロファイルを十分理解できるものでなければ、読者フレンドリーとは言えません。前年のアニュアルレポートは忘れましょう。

　どの企業でもIR予算の制約があります。これに対応するには、まず社外に頼る部分を少なくすることです。以前は外注だった原稿も社内で準備します。米企業のIR担当者なら、アニュアルレポートやプレスリリース、カンファレンス・コールなどの原稿を自分の手で書く力量がなければ、IR担当者の資質を疑われる時代です。

　アニュアルレポートの成否は文章表現の発信力に大きく左右されます。そして、アニュアルレポートの執筆者はIR担当者です。その場合は、まず自社のプロファイルの説明と1年間の事業活動のあらましをシンプルに理路整然なスタイルで一度書いてみます。これを5年、10年と続けて自社の歩みをたどると、1つの成長ストーリーが出来上がります。アニュアルレポートの作成が、日々の経営をコンセプトにまとめる作業と言われるのもわかる気がします。

　コンテンツでは、経営者のメッセージが重要です。他方でアニュアルレポートは、読み通すには長すぎるという声も聞こえてきます。知っておくべき情報よりもコンプライアンスの部分が大きいため、どうしても関心を持ちにくいというのです。とりわけ、紋切り型の文章になりがちなコーポレートガバナンス

やリスクマネジメントの項目は課題が大きいようです。したがって、書き込まれた業界用語や専門用語をチェックしましょう。そして文章の減量を考え、例年同じ記載となっている部分が多い場合は、新たな事柄や前年からの変更点をハイライトする方法を見つけるようにします。

　リスク情報の一般的な説明を並べて次々に書き込んでいくのは、再考の余地があります。自社に固有の主要なリスクを要約し、こうしたリスクをマネージする戦略に力点を置くべきです。重要でもないリスクを論じても役に立たず、かえってリスク情報の質を落とす結果となることに気をつけたいところです。発信している重要なメッセージや開示情報が目立たなくなり、中途半端になっている可能性があります。シンプルなアニュアルレポートの作成は、記述の優先順位を明快にすることが重要です。

　出来のいいアニュアルレポートには、企業の現状と将来の見通しについて投資家の理解を促すストーリーがあります。企業とその将来について、投資家が知らなければならないことは何でも学べるワン・オン・ワン（個別面談）で語るような主要な疑問がすべてカバーする記事が、CEOとのインタビューなどの形式で載っています。バッド・ニュースも無視したり隠したりしません。これを正面から取り上げます。そしてシンプルで信頼できるストーリーを、わかりやすい言葉で読みやすく、写真やチャート、グラフィックを利用しながら視覚的に伝わる編集をしています。その企業や業界をまったく知らない投資家に、とても役に立ちます。

　これに対して、不満の残るアニュアルレポートは読む気になれない紋切り型の編集で、冗長な言い回しにあふれ、各部門の原稿の寄せ集めとなっている例が少なくありません。バッド・ニュースには逃げを打ち、重複した記載や業界用語ばかりです。また、デザインをわきまえた写真やチャートなどの掲載も見当たりません。

　また、常に締め切りのプレッシャーがあることも無視できません。「いい工程表が鍵を握る」「スケジュールを守ることが、優れたアニュアルレポートを用意する」とは、ベテランのIR関係者が一致して口にするアドバイスです。事前に周到な準備を重ねた製作日程の作成と進捗チェックが、優れたアニュアル

表3-16　アニュアルレポート評価：担当者マトリックス（例）　　　●は関連

	評価（点）	IR	財務CFO・	経営企画CEO・	営業	法務
・表紙		●				
・目次		●				
・事業概要・連結財務ハイライト			●			
・株主の皆様へ（トップメッセージ）		●		●		●
・CSR（企業の社会的責任）		●		●		●
・コーポレートガバナンス		●		●		●
・沿革		●		●		●
・取締役、監査役および執行役員						●
・経営陣による財務分析（マネジメントレポート）		●	●	●		

（全米IR協会（NIRI）文書アーカイブから作成）

レポートに結びつくのです。

　編集後に加筆や訂正が入るかもしれない可能性もあります。こうしたことを考えると、その対策は早めに準備を始めることです。特に文章が長い記載項目について議論は早めがいいでしょう。

　IR担当者の業務は、企業情報を株主や投資家、アナリストや金融メディアに発信し、彼らの見方を最高経営責任者（CEO）や最高財務責任者（CFO）などの経営トップにフィードバックすることです。同時に、自社の内部管理者や顧問弁護士、それに各部門責任者などからもインプットがある立場です。それだけに、アニュアルレポートの執筆者としてIR担当者が適任と言えるでしょう。

　そして、どんな仕事も一区切りつけば、もう一度その進行や社内の関係部署とのやり取りの巧拙を見直して次回の準備につなげる作業が求められます。アニュアルレポートの目次を縦に、関連する部署の名前、社外のIR支援会社などを横に書き込んだエクセルシートの「アニュアルレポート評価：担当部署マトリックス」を用意します（表3-16）。これで関係者の全体図ができます。たとえば、それぞれ現在の関係部署を●印で記入し、さらに1～5点で評価するのです。できれば、関係した部署の全員が参加する機会に、評価表に書き込んでもらい、今回の結果と反省点や次回の企画を話し合うのがいいでしょう。

▼ 米国企業「10-K ラップ」の時代

　1990 年代に急速に普及したインターネットに対応して、IBM の 1995 年版
アニュアルレポートのように自社ウェブサイトでチャート・ビルダー（株価チャートの作成ソフト）やオーディオ版「株主へのレター」などインタラクティブ
（双方向）の機能が備わるものも登場しました。またインテルや AT&T などの
企業では、オンライン・アニュアルレポートとしてプリントのしやすい PDF 版
の掲載が始まり、続いて、E ブックが登場します。さらに、1990 年代の後半に
なると「10-K ラップ」が大きな流れになります。

　SEC に届け出る「10-K」の掲載内容から、財務諸表の開示が適正に作成され
ていることを示す経営者のサイン入り宣誓書や監査法人の証明書などを省き、
簡易な包装の表紙でラップ（表装）した「10-K ラップ」が急増したのです。以
前のような株主向けアニュアルレポートの製作を止め、インターネットの各社
サイトに「10-K ラップ」が掲載されだしたのです。ここで節約された製作費
と発送費が、自社ウェブサイトの構築への予算に回ります。「10-K ラップ」の
アニュアルレポートを PDF 版でウェブサイトに掲載するのが、オンライン・
アニュアルレポートだというのです。

　「10-K ラップ」にシフトする動きの背景には、2007 年 7 月、SEC が採択した
「通知とアクセス」規則があります（施行は 09 年 1 月）。ここで株主向けのアニュアルレポートについて、それまで株主に文書で届けていた株主総会の議決権
行使文書関係の文書を自社サイトに掲載し、別途、株主にウェブサイト上で閲
覧できるとの通知を郵送することが認められたのです。つまり、株主向けアニュアルレポートもプリント版でなく、サイト上に掲載すればよいとなったので
す。もちろん、株主からアニュアルレポートなど議決権行使関係書類の冊子の
配達を求める特別の要求があれば、プリント版のアニュアルレポートは送付さ
れます。

▼ 新たなオンライン・アニュアルレポートの登場

　2009 年、マイクロソフトの自社サイトにアニュアルレポートに特化した画面
を HTML で独自に編集したオンライン・アニュアルレポートが登場します。こ
のアニュアルレポートはデジタル編集の力量を問うものでもありました。たと
えば、CEO や研究開発の担当者などが自ら語りかけるビデオ動画です。その高

い訴求力を発揮する映像情報で、これまで動きのなかったネット・コンテンツは一気に時代遅れの感じを与える効果をもたらしました。しかも、10-Kに掲載されていないことも「ノン・マテリアル（重要でない）」情報である限り、オンライン・アニュアルレポートに盛り込むことができます。

　こうしたオンライン・アニュアルレポートのコンテンツは多彩で、プリント版やPDF版とは大違いです。オンラインの視覚を意識した情報発信力も魅力です。ビデオ動画に加えて、オーディオや双方向チャートなどマルチメディア、そしてダウンロード可能なエクセルも掲載できます。多言語の表記も可能です。コミュニケーション・コンサルタント大手のニーナ・アイズマンは米国の代表企業を網羅するフォーチュン500社のウェブサイトを調査して、オンライン・アニュアルレポートの特徴として次の5つの点を指摘しています。

①すでにウェブサイトのコンテンツとして定着
②スマートフォンやiPadのようなモバイルの登場で、暮らしのいろいろな場面でアクセスが可能に
③ビデオ動画での経営幹部の様子や話しぶりから、そのパーソナリティが伝わる。事務所や工場へのバーチャル訪問で、働く社員や自社商品を利用するお客さんの様子も知ることもできる。ビデオ動画は見た人の記憶に強く残る効果もある
④ソーシャルメディアによる拡散効果。フェイスブックやツイッター、ユーチューブなどのソーシャルメディア・サイトとリンクし、多くのアクセスする人たちを獲得すれば、さらにフォロワーの関心を引きつける
⑤社会的責任。社会・環境・経済分野での自社のコミットメントやパフォーマンスをチャート、ビデオ動画、社外の文献などのコンテンツを掲載

　ニューヨーク証券取引所の株式指数ダウ工業株30種に採用された30社による2017年版を見ると、14社がオンライン・アニュアルレポートを作成しています。そのうち8社が10-Kラップを、6社が従来タイプ/要約版のアニュアルレポートを自社のIRサイトに掲載しています。

表3-17　アニュアルレポート：株主に役立つ10のポイント

1	より詳細な内容へコンタクトできるように、ウェブサイトのアドレスは必然的な場所（たとえば裏表紙）に配置され、明快で視認性が良いこと。またオンラインでのリンクや、必要に応じて他の出版物のリストも掲載する
2	表紙には、そのAR（アニュアルレポート）がいつの年度のものであるか（たとえば2005年3月31日）の日付を明示
3	背表紙には会社名と、対象となる時期をすぐ参照できるような年度末を入れる
4	個々のページがコピーされたときのために、会社名と年度を全ページに配置
5	どのセクションを見ているか明確にしておく
6	テキストとテーブル（表組み）で明確に本年度を他の年度と区別する
7	投資家が気づかないかもしれないため、株主総会の招集通知と決議通知をアニュアルレポートに一体化させないこと。もしどうしても一体化させる場合は、その旨を明示する
8	開示文書と役員のメッセージは、その所有権と責任の所在を示すため、サイン（と同時に相応する人物写真）を掲載すべきである
9	財務セクションは、色を変えたり明確な枠組みを用意するなど、読者がその他のセクションと区別しやすいよう差別化する
10	暗い色の使用を控える。読みにくく、コピーが困難になる可能性がある

（英国IR協会「アニュアルレポート・ベストプラクティスガイドライン」）

● 英国IR協会のIRベストガイドライン：アニュアルレポート

　最近は多くの日本企業もアニュアルレポートを作成しています。ところが、英文アニュアルレポートの読み方を解説する書籍はあっても、作成のマニュアル書籍はなかなか見当たりません。どのような内容やデザインが読者にアピールするのか、頼りになる作成のガイドラインを求める声は根強いものがあります。

　英国IR協会（IRS）は、2006年に「アニュアルレポート」のベストガイドラインを設定しています。このガイドラインは毎年、更新を重ねてきました。

　IRSのベストガイドラインはアニュアルレポートの表紙（Front cover）や画像（Imagery）、レイアウト（Layout）の作成に当たって、次のように語っています（**表3-17**）。

　まず、アニュアルレポートの表紙は、①事業の強みやメッセージを表現するイメージやフレーズを用い、②そのテーマはアニュアルレポートの文章全体を通して強調されること、とあります。次に、写真やチャート、概略図など視覚

的な画像の使用について、①キー・メッセージを伝えるための強力な手段であるが、正しくバランスを取ることも重要である、②全体として画像はアニュアルレポートの内容やキー・メッセージに関連させる、③画像が多すぎると、そのアニュアルレポートが複雑となり、少なすぎると文字ばかりになって読者を引き込めない、④写真は文章との関連性を説明するためにキャプションをつける、⑤グラフや表、チャートは、数字を表現するために可能であれば使い、何を表しているのかを明示する、と言います。そしてレイアウトについて、①すべての株主が、アニュアルレポートを詳細に見る時間があるわけではない。②情報にアクセスしやすくする箇条書き、短いパラグラフ、文章のハイライト、視覚的な素材、グラフなどを掲載する、③ほとんどの株主は、アニュアルレポートを斜め読みするので、読者の関心をキー・メッセージに引きつけるため、重要な情報は標識や文の引用、囲んだり、色文字にしたりする、④フォントは読みやすい大きさとし、コンパクトな文章で、コラムのスタイルでレイアウトする、というのです。

　従来は財務情報の報告が中心だった英企業のアニュアルレポートは、2014年6月にFRC（英国財務報告評議会）の戦略報告書ガイダンスに沿って、「戦略レポート」を作成し、①ビジネスモデルと戦略、②市場評価、③サプライチェーン、④パフォーマンス、⑤セグメント分析、⑥ESG（環境、社会、ガバナンス）、サステナビリティ、⑦リスクについて記述するように求められました。これを受け、英企業のアニュアルレポートは、「戦略レポート」と「ガバナンスレポート」、そして「財務情報」という3つのセクションで構成されるスタイルが広がります。「ガバナンスレポート」は、文字通りコーポレートガバナンスについて報告するもので、そこには報酬報告書も含まれています。「財務情報」には「財務諸表と注記」などが含まれています（**表3-18**）。

　日本企業の作成するアニュアルレポートは2000年以降、3〜5年にわたる中期経営計画を公表する企業が増えたことに合わせて、中期経営計画の紹介が中心となる例が少なくありません。また後述するように、2015年6月に東証によるコーポレートガバナンス・コードが導入されました。そこには、内外の株主・投資家はもちろん顧客、従業員、地域社会などから信頼を高め、透明・公正な経営判断を促す狙いがあり、日本企業のアニュアルレポートにも多くの非

表3-18　英企業のアニュアルレポート（Annual Report and Account）：主な目次

Ⅰ　戦略報告書	監査委員会レポート
2018サマリー（財務・非財務KPI）	リスク委員会レポート
会長メッセージ	報酬委員会レポート
CEOメッセージ	年次報レポート
市場環境	報酬（図表）
当社のステークホルダー	報酬に関する年次レポート
当社のビジネスモデル	年次取締役レポート
当社の戦略	Ⅲ　財務情報
当社のパフォーマンス測定	独立監査人の監査報告
当社の主なリスク	連結損益計算書
部門別業績レビュー	包括利益計算書
CFOの財務レビュー	連結資本変動表
企業責任	キャッシュフロー計算書
Ⅱ　ガバナンス	財務諸表・注記
会長あいさつ	Ⅳ　その他の会社情報
ガバナンス（図表）	直近10年のサマリー（図表）
取締役・執行役紹介	用語解説
コーポレートガバナンス報告	株主情報
指名委員会レポート	株主コミュニケーションのコンタクト

（英企業のアニュアルレポートを多数参考にして作成）

財務情報の掲載が広がっていきます。

▼ 「統合報告書」に向かう

　先ほど英国での統合報告の定着で、非財務情報がアニュアルレポートに多く掲載される傾向が広がっている、と言いました。どの国でも、一般に企業が作成し刊行する文書は、法律や規則によって作成されるものもあれば、また自社で独自に作成するものもあり、実に数が多いのです。アニュアルレポート、ガバナンス報告書、サステナブル報告書など内容は多様ですが、重複や同類の文書も少なくありません。ときには、自社の事業そのものとは遊離した内容を指摘する向きもあります。そんな事情はどの国でもほぼ同じです。

　日本企業の場合、こうした非財務情報の報告は、多くが長年にわたり国際的な認知度の高いガイドラインに沿って作成されています（**表3-19**）。たとえば、「GRIスタンダード2016」の業種別開示項目や「IIRC/国際統合報告フレームワーク」「ISO2600」です。中には、アニュアルレポートに「GRIスタンダード

表 3-19 主な非財務情報の「指針や基準」

名称	概要
GRI スタンダード	「グローバル・レポーティング・イニシアティブ（GRI）が 2016 年に策定した組織のサステナビリティ（持続可能性）に関する報告書の基準
IIRF フレームワーク	国際統合報告評議会（IIRC）が 2013 年に策定した総合報告書の原則や開示するべき情報についての枠組み
ISO26000	国際標準化機構（ISO）が 2010 年に策定した CSR に関する国際的なガイダンス規格
SABS スタンダート	米サステナビリティ会計基準審議会（SASB）が 2018 年に最終版を公表した 11 産業 77 業種の環境・社会の非財務情報開示基準
SDG コンパス	2015 年に国連で採択された「持続可な開発目標」（SDGs）に関する企業の行動指針。目標の設定や経営への反映などの指針がある
TCFD 提言	温暖化対策の推進に関する指標。金融安定理事会（FSB）が設立した気候関連財務情報開示タスクフォース（TCFD）が 2017 年に提言
価値協創ガイダンス	2017 年に経済産業省が策定。ESG など非財務情報の開示、投資家などとの対話に関するガイダンス

（各種資料から作成）

2016」の項目との対照表を掲載する企業もあります。国内では環境省の「環境報告書ガイドライン」、経済産業省の「価値創造のための統合的開示・対話ガイダンス」や「SDGs 経営ガイド」がよく参考にされています。

　2010 年 8 月、国際統合報告評議会（IIRC、International Intergrated Report Council）が発足しました。その発足は 2 つの団体が中心でした。1 つは、サステナビリティ・レポーティングの国際的ガイドラインの普及を目指す団体グローバル・レポーティング・イニシアティブ（GRI）、もう 1 つは 2004 年に英国チャールズ皇太子のイニシアティブの下に持続可能性課題に対応する意思決定と報告システムの開発を目的とするプロジェクト A4S です。

　IIRC が掲げる目標は、財務情報と ESG（環境・社会・ガバナンス）などの非財務情報を明快で簡潔に、また一貫した体裁で開示することです。つまり自社

全体の過去・将来のパフォーマンス情報を、財務と非財務の両面から明らかにしようというのです。これが統合報告です。実現すれば、国境を越えて多くの企業情報が比較可能になります。そのために、組織全体の過去・将来のパフォーマンス情報に対して、より網羅的で理解しやすい包含的な統合報告書の枠組みを用意する具体的な作業を提起したのです

　2013 年 12 月、IIRC は統合報告のフレームワークを公表しました。その中で、統合報告を「統合的思考に基づいたプロセスであり、それは、長期にわたる企業価値創造についての組織による定期的な統合報告書や、価値創造に関連したさまざまなコミュニケーションの形をとる」としました。ここで言う統合的思考とは、「組織のさまざまな事業単位および機能単位と組織が利用し影響を与える資本との関係についての、組織による動的な考察」であり、「統合的思考は、短期・中期・長期の価値創造を考慮した、統合的な意思決定および行動を導く」というものです。
　そして「短期・中期・長期の価値創造」のプロセスで、「あらゆる組織の成功は、多様な形態の「資本」に支えられているというのです。前出のフレームワークは、その「資本」が、①財務資本、②製造資本、③知的資本、④人的資本、⑤社会・関係資本、⑥自然資本という 6 つの資本から構成されるものと説明します（**表 3-20**）。

　こうした統合的思考に出発する「統合報告」の作成は、これまでの経営戦略やガバナンス、業績や将来の展望の見方、社員や従業員の働き方、研究開発をはじめ、地域社会などステークホルダーも視野に入れた自社のプロファイルに財務・非財務の両面から迫るアプローチです。つまり、統合報告書は財務と非財務の両面から企業パフォーマンスの把握を目指すものなのです。IIRC は「統合報告書の第一の効用は企業の実態、企業価値の課題、企業戦略などに関してこれまで以上に全体的な視点を用意できること」と言われています。

　この「統合報告」の動きに IRS（英国 IR 協会）も「アニュアルレポート・ガイドライン 2013」で「統合報告書」を取り上げ、「統合報告はこれまで以上に明確になってきており、今後、企業報告のベストプラクティスになり、投資家

表3-20　統合報告：基本概念：6つの資本

	6つの資本（capital）	要点	例
1	財務資本 (financial capital)	①製品を生産し、サービスの提供に利用可能な資金、②借入、株式、寄付などの資金調達で得る資金、③事業活動や投資で生み出された資金	現金、預金
2	製造資本 (manufactured capital)	製品の生産またはサービス提供に当たって組織が利用できる製造物（自然物とは区別される	建物、設備、道路・港湾などの社会インフラ
3	知的資本 (intellectual capital)	組織的な、知識ベースの無形資産	知的資産（特許、ライセンスなど）、組織的資本（暗黙知、システム、手順など）
4	人的資本	人々の能力、経験およびイノベーションへの意欲	ガバナンスの仕組み、戦略を理解・開発・実行する能力、プロセス/商品/サービスの改善に求められるロイヤリティや意欲
5	社会・関係資本 (social and relationship capital)	コミュニティやステークホルダーとの関係、さらに個別的・集合的幸福を高めるために情報を共有する能力	共有された規範、主要なステークホルダーとの関係
6	自然資本 (natural capital)	組織の過去、現在、将来の成功の基礎となるモノ・サービスを提供するすべての再生可能、再生不可能な環境資源	空気、水、土地、生物多様性、生態系の健全性

（IIRC「国際統合報告フレームワーク」など各種資料から作成）

にビジネスに対する全体的かつ関連した視点を提供する」と位置づけ、「統合報告の基本的なコンセプトは、短・中・長期にわたる価値の創造と維持について熟考すること」と指摘し、「統合報告を達成するためには、統合的思考が開発されねばならない」と結んでいます。

◉ 統合報告を作成する

では、どのようにして統合的思考に出発する統合報告を作成していけばいい

のでしょうか。まず、前出の6つの資本に関連して自社の現状や課題を可視化し、説明するだけでも大きな仕事です。経営企画や財務・会計・法務・総務・人事など社内で関連する部署が参加する「プロジェクト」レベルの取り組みが求められます。

　そもそもステークホルダーが具体的に誰なのか、どのように自社を見ているのかよくわからない、という声を聞くことがあります。そんな場合、第1ステップとして読者の想定を行い、社外のステークホルダーの関心を知り、IR担当者などが想定している論点と突き合わせてマテリアリティ（重要性）を特定し、新たな経営情報の構築することから始めてみましょう（**表3-21**）。

　まず、第1ステップでステークホルダーが指摘する重要性（マテリアリティ）と自社が思う論点を対照した後に、第2ステップで重要性のマトリックスを作成し、戦略や目標を見直すのがおおまかなプロセスです。
　ポイントとなるのは、①非財務情報を取り込んだ総合的な経営情報は実際に役立つ内容なのかどうか、②この新たな経営情報は戦略の目標にリンクしているのかどうか、です。刊行した後は、①統合報告がステークホルダーとの体系的な双方向コミュニケーション・プログラムによる成果であることの確認、そして②社員や関係部署向けに統合報告の報告会を行い、経営に、こうしたプロセスで得られた経営情報が経営幹部に自社の価値創造に対して新たな視角をもたらし、経営判断に資しているかどうかを問う仕事が待っています。

　では今、日本企業の統合報告書がどれほど作成されているのでしょうか。大手監査法人の調査によると、統合報告書を発行する日本の企業数は2013年で95社。それが5年後の2018年末には414社と4倍を超す増加ぶりです。日経225構成銘柄で148社（66％）の企業が発行し、東証1部上場企業（2,128社）の時価総額382兆円のうち324兆円（58％）を占めています。

　実際、上場各社に統合報告書を活用する用途を問うと（回答243社）、「投資家、アナリストとのエンゲージメントに利用」（90.1％）がトップで、作成する理由を問うと「自社の『見えざる価値』を表現することによって、投資家、ア

表 3-21　統合報告書の作成に向けて

○第1ステップ：新たな経営情報の構築

〔読者の想定を行う〕
① 読者の想定を行う
② 投資家を含むステークホルダーとの体系的な双方向コミュニケーション・プログラムを用意する
〔デスクトップで情報収集〕
③ コールセンターなどでに寄せられた顧客の声や、株主総会向けに作成した想定問答集、株主通信に添付したアンケートの回答集計をベースに論点のリストを網羅的に作成する（約30〜70問）
④ パソコンで社外情報を収集する。（業界レポート、メディア、政府省庁や規制当局の出版物、GRIや会計士協会、研究機関、大学、NPO団体などのレポート）
⑤ 同時に競合他社の情報や業界のメガトレンド情報を収集する
〔論点リストの作成と主要ステークホルダーの特定〕
⑥ 論点リストを20〜30問に絞り込む
⑦ 論点ごとに関係する主要ステークホルダーを特定し、そのリストを作成する
⑧ 論点と主要ステークホルダーのマトリックス表を作成し、経営幹部に報告する
〔主要なステークホルダーにアンケート調査〕
⑨ 主要なステークホルダーにアンケート調査し、長期的な成功を左右すると思われる論点を重要度の順に3段階、5段階評価のマークシート式アンケートを実施するアンケート結果から、主要ステークホルダーが考える各論点への重要度を整理する
⑩ 論点リストとステークホルダー向けアンケート結果についてXY図表を作成する

○第2ステップ：戦略の見直し

〔重要性（マテリアリティ）のマトリックス作成〕
⑪ XY図表から重要性（マテリアリティ）のマトリックスを作成する
〔価値創造〕
⑫ 価値創造は財務資本を提供する株主・投資家には経済的パフォーマンス。人的資本は従業員の人材開発、社会・関係資本は顧客の関心の高い環境問題というように、互いに関連している
〔リスク情報の改善〕
⑬ 価値創造とリスクを取り上げ、戦略は短期・中期・長期で見て状況の変化に柔軟性があるかを問う
〔重要性と戦略〕
⑭ ステークホルダーが指摘する重要性を取り込んで、戦略や目標の見直しを行う

（各種資料を参考に作成）

ナリストに企業価値の理解を深めてもらうため」（91.8％）、「長期指向の投資家との有用なコミュニケーションツールとなるため」（84.4％）という回答が返ってきました（日本IR協議会「IR活動の実態調査2019」）。その背景に企業の情報開示をめぐる機関投資家のアプローチの大きな変化があります。

そうした動きの起点となったのが、2006年に国連のアナン事務総長（当時）が提唱したPRI（Principles for Responsible Investment、責任投資原則）です。その提唱は、資産運用の世界に大きな影響をもたらしました。というのも、PRIは持続可能な社会の実現に向けて解決すべき課題をESG（環境、社会、ガバナンス）の3要素に整理し、この3要素に配慮した投資を行うと宣言し、①機関投資家の、②投資分析や運用の意思決定プロセスにESGの観点を組み込み、③ESGの課題について投資先に適切な情報開示を求めるなど6つの原則を示していたからです。

　PRIに賛同する署名機関は世界各地に広がり、年々増えています。2019年12月の時点で、米国（549社）、英国（466社）、フランス（230社）、オーストラリア（187社）、日本（83社）など総計2,800社を超えます。この1年間にPRI署名機関が577社も増加する勢いです。当然、企業のESG情報の開示を求める動きも高まります。わが国でも、2015年に年金積立金管理運用独立行政法人（GPIF）が署名し、今はアセットオーナー23社、運用機関47社などが加わっています。

　そして、国内でも大きな動きがありました。それは2つの「伊藤レポート」です。はじめの「伊藤レポート」は、2014年8月に公表された経済産業省の「『持続的成長への競争力とインセンティブ～企業と投資家の望ましい関係構築～』プロジェクト」（座長：伊藤邦雄一橋大学教授（当時））の最終報告書です。この「伊藤レポート」は、ROE（自己資本利益率）の目標水準を8％と掲げて、各方面から大きな反響を呼びました。そして、「社内外で異なる指標を持つダブルスタンダード経営は、企業価値・資本効率の向上という視点の欠如・希薄化を生む」という指摘も各社に大きな問いを投げかけました。もう1つの「伊藤レポート」は、2017年10月に公表された経済産業省の「持続的成長に向けた長期投資（ESG・無形資産投資）研究会報告書」です。これが「伊藤レポート2.0」です。企業価値向上に向けた企業と投資家との対話を促進する内容です。この結果、まるで背中を押されるように、統合報告書が投資家との対話のツールとして採用する例が広がったのです。

6 │ IR サイト

▼ ウェブサイトの基本コンテンツ

　投資は情報そのものです。企業も自社のウェブサイトで多くの IR サービスを展開できる時代となりました。当初、日本企業のウェブサイトは決算短信や有価証券報告書など法的な届出文書を PDF で掲載するばかりでした。自社のビジョンを語り、広く市場に自社の理解を求め、市場の疑問や質問に答える IR サイトはどのようにすれば可能なのでしょうか。

　では、新たに IR サイトを立ち上げる、あるいは改訂するときに難しいことは何でしょう。多くの担当者は、「とにかくトップページの内容やデザインを固めるのが大変」と言っています。IR サイトは、株主や投資家など社外に対する企業の顔ともいうべきメディアです。各部門の担当者や役員、そして経営者に至るまで多くの人間が口を挟みたくなるのも無理もありません。「大事な情報を、なるべくトップに」「見やすさが重要」「見てがっかりさせてはいけない」などと、あれこれ意見が寄せられます。どの企業でも一度は体験する「通過儀礼」と言っていいかもしれません。それだけに、社内のコンセンサスを得るのは大変な作業です。

　そこで IR 部門の担当者は、どのような情報をサイト上に掲載するべきか、基本方針と基本的なコンテンツを固めておきましょう。それをたたき台として議論してもらえば、話が二転三転することも少なくなるでしょうし、「わが社の IR サイトはどうあるべきか」という問題意識を共有することにもつながりやすくなります。

　方向が固まれば、実際の IR サイトを構築する作業に入ります。**表 3-22** に「IR サイトの基本コンテンツ」を書き出しました。10 の大項目、46 の小項目の構成です。この中で、多くの手間がかかるのは、①経営者のメッセージ、②原稿の転用、③決算説明会、④ ESG（環境・社会・ガバナンス）、⑤利用条件の5つです。

1. 経営者のメッセージ

　IR サイトに経営者のメッセージはぜひとも掲載したいコンテンツです。ただ、

表3-22　IRサイトの基本コンテンツ　～10の大項目、40の小項目～

①トップページ		④経営戦略/ESG		⑥ IRライブラリー	
1	経営者のメッセージ	16	経営戦略	29	ディスクロージャー資料①（有価証券報告書、四半期報告書、事業報告、決算短信など）
2	株価の動き	17	経営リスクの開示	30	ディスクロージャー資料②（アニュアルレポート、CSR報告書、株主通信など）
3	ニュースリリース	18	ESG①（環境・社会）	⑦情報開示方針（フェア・ディスクロージャー）	
4	更新日	19	ESG②（ガバナンス）	31	IRの基本方針
5	英語/日本語エントランス	④プレゼンテーション		32	沈黙期間
6	サイト内検索	20	決算説明会/株主総会などの動画・音声配信（リプレイ）	⑧株式・社債情報	
7	個人情報保護（クッキー）	21	上記の質疑応答（動画・音声）	33	株式基本情報
8	ソーシャルメディア対応	22	プレゼン配布資料	34	株主還元
9	サイトマップ	23	アーカイブ	⑨コンタクト	
10	免責（Safe Harbor Rule）	24	IRイベントの予定表	35	質問受付（住所・メールアドレス、電話番号）
②個人投資家向け		25	アナリスト・カバレッジ	36	IRメール配信
11	独自コンテンツ（コーポレートストーリーなど）	⑤財務データ		⑩ユーザビリティ	
12	よくある質問にお答えして（FAQ）	26	決算・業績ハイライト	37	プリンタブルフォーマット
13	株式手続事務	27	財務データ	38	文字サイズ調整
14	業界の用語集	28	財務格付	39	パン屑ナビ
15	証券の用語集			40	音声読み上げ

オリジナルの内容を載せるのは容易ではありません。それだけ、社内の調整が何かと求められます。「オリジナルの内容にしたために、各部署でチェックがかかり、大変だった」「社内だけでなく、社外のライターも参加したので、関係者間のやりとりに手間取った」といったこともあるでしょう。そこで、いったん検討したものの「経営トップのメッセージをオリジナルで掲載するのは無理です」「社長のコメントは多くの部署のチェック、さらに本人の了承もいるためとてもできません」という周囲の声に押され、結局は会社案内やアニュアルレポートに載った文章を転載して済ませる担当者も多いのです。企業によっては、その転載すら「承認の手続が煩雑でうんざりさせられる」と言われています。

2. 原稿の転用

社内手続に手間ばかりかかって、サイトに掲載できないのは明らかに問題です。そこで、IR担当者が仕切ることで、この問題をクリアする企業もあります。「すでに活字になっている文章は承認済みなのだから、それをウェブサイトに載せることに新たな承認は不要で、私が決めればいい」というわけです。

そして、経営者のメッセージには、その経営者の写真やサインを添えてアップしてください。写真の構図が上半身なら手のひらが見えるといいでしょう。これがあるかないかで、メッセージの訴求力に大きな違いが出るのです。それは経営者の写真だけではありません。たとえば、企業サイトのどのページに社員が働くいろいろな場面を掲載すれば、経営者の力量や企業文化を知ってもらうチャンスとなります。

3. 決算説明会

決算の説明会資料は最も注目度の高いページです。決算発表後にアナリスト向け説明会を動画や音声で掲載するサイトでは、説明に立つ経営トップが登場する動画や音声と説明資料のパワーポイントが連動しています。質疑応答（Q&A）では、アナリストが自分の所属する証券会社、自分の名前を名乗って質問することも参加者の常識となりました。質疑応答の内容は、IRサイトにアクセスするユーザーが知りたい情報です。当日出席できなかったアナリストも含めて、後で確認するためにも大変役に立つコンテンツです。これを文章に書

き起こして掲載してあれば、その効果は数倍に及びます。またこの中で、FAQ（頻出する質問）の項目を利用して掲載できるものもあります。IR担当者の知恵の出しどころです。

　ここで重要なのは、財務データのページです。そのコンテンツの定番は、決算短信や事業報告書、有価証券報告書などの法定開示文書です。有価証券報告書やアニュアルレポートは全文一括のPDF、各章をそれぞれ分冊にしたPDFを容量表示で掲載します。最近は、業績の推移などをわかりやすく説明する「財務ハイライト」を双方向で操作するなど工夫をこらした例も見かけます。

4. ESG（環境・社会・ガバナンス）

　ESG（環境・社会・ガバナンス）は、IR情報の大きな柱です。多くの投資家が求める非財務情報です。ここで重要なことは、自社のESG情報の発信はIR部門が自覚的に、積極的に動くことから始まるという点です。また、114ページで触れたように、国連が提唱するPRI（責任投資原則）は投資を運用する機関投資家の意思決定プロセスにESGの観点を組み込むように求めていますので、気候変動や貧困、人種や社会の不平等、環境など企業の課題は、投資家にとっても重要な問題であるとの認識があります。

　投資家は企業がESG分野で何をするのか、どのように行うのか、なぜ行うのかなど、各社が個別に考えるESG要因に関心があります。というのも、ESG要因となる①環境（E）：気候変動、エネルギー、持続可能性、②社会（S）：人権、多様性、消費者保護、動物福祉、③ガバナンス（G）：管理構造、従業員関係、役員報酬、従業員報酬などは、自らの投資対象に関連するリスクを理解するツールでもあるからです。

　では、さっそくESG情報ページを作成してみましょう。そのとき、①IRサイトのナビゲーションにESGリンクを張る、②ESGサマリー・ページの作成という2つのアプローチがあります。

①IRサイトのナビゲーションにESGリンクを張る
　まず、IRサイトにESGコンテンツの新しいページを作成します。これは、す

でにサステナビリティレポートやCSRレポートなどのサイトに掲載されている ESG コンテンツにリンクがあるかどうかは関係ありません。ユーザーが ESG 情報にシンプルにアクセスできる仕掛けを用意するのです。ESG 情報のリンクサイトがたくさんあるとか、アーカイブに関連レポートがある場合は、ドロップダウンメニューを作成します。これで ESG 関連のサイトに簡単に誘導できます。

② ESG サマリー・ページの作成

　これはすべての ESG 情報を、企業の経営戦略の立場からシンプルに整理するサマリー・ページの作成です。自社の ESG 情報のすべてがわかるトップページで、ESG 情報を深く理解してもらうのです。そのために、ESG 格付機関や機関投資家が必要な情報を簡単に見つけられるようなサイトデザインに仕上げてください。

　たとえば、ドイツ化学大手BASFのIRサイトにアクセスすると、「パフォーマンス指標のインタラクティブ・オーバービュー」で、グリーンガス排出や空気や水などの汚染、安全・健康などに関する数値やグラフを入手し、「サステナブル投資」ではIR部門で専門の担当者による詳細な説明を追うことができます。もちろん、さらに知りたい場合のために、担当者のメールアドレスや電話番号も載っています。

　IRサイトに、こうした ESG ページを作成すると、投資家を意識した ESG メッセージの発信もスムーズになり、財務上の統計とビジュアル資料の掲載でサイトの充実感は高まるでしょう。

　今日、投資家から自社のESGの取り組みに信頼を得ることは、とても重要です。ESGの取り組みを評価してもらうベストの方法は、自社の取り組みをIRサイトでプレゼンすることです。IRサイトでESGをトップレベルのナビゲーション・ターゲットとして位置づけるデザインで、ESG情報に確実にリンクするのがポイントです。

5. 利用条件

「サイトの著作権」や「免責条項」「準拠法・管轄裁所」「業績予測・投資情報

に関する注意」などの利用条件については、IRサイトだけで収まる事柄でないので、IR担当者はあらかじめサイト上のどこに明記されているかを確かめておきましょう。

　では、IRサイトで「これは、何とかならないか」と、投資家やアナリストから真っ先に声が上がるのは何でしょう。それは、連絡先が見当たらないサイトです。メールアドレスは載せない、社名と住所のみ、郵便番号も部署名もない、電話番号も掲載されていないものです。株主・投資家の声に耳を傾ける姿勢はどこに行ったのでしょう。連絡先を記載しないサイトは、問合せに対して乗り気ではない、と思われても仕方がないかもしれません。というのも、こうしたIRサイトの多くは、そのコンテンツの更新やメンテナンスが今ひとつという傾向があるからです。

　IRサイトに掲載された「問合せメールアドレス」へ届いたメールの質問に、通常は24時間以内か翌日中に返事をします。これは、簡単なようでなかなか大変な仕事です。返信メールのために、あらかじめ想定質問のリストが用意できていれば、その対応はスムーズです。

　また、クリックするとリンク先のページが消失していて"404 Not Found"と表示されるIRサイトも見かけます。"デッドリンク"とも呼ばれますが、どうしたのでしょう。"ネガティブなプレゼンテーション"を1日24時間、連続して行っている事実によほど鈍感なのに違いありません。各社のIRサイト情報は投資家の信頼があって生きてくるものです。優れたIRサイトは緊張感が画面にあふれています。

🔻 英文サイトの注意点

　日本の証券市場にとって外国人投資家を無視することなどできません。上場する日本企業の株主として29.1％保有し（2019年3月）、その売買シェアは売買代金の70％超（東証）と投資家別では最大で、株価形成に大きな影響力を持っています。となると、英語表記のIRサイト（英文サイト）が果たす役割も重要となるはずですが、日本語のサイトと比べると、英文サイトが見劣りする企業が多く見受けられます。

　英文サイトを構築する上で、担当者が突き当たる点が3つあります。英文の

株価表示と英語の表記、コンテンツです。まず、英文での株価表示です。日本語版の IR サイトの場合、直近の株価を掲載する企業も増えていますが、英文サイトになると見当たらない例が少なくありません。

　英米の取引所に上場している場合、その株価を自社の日本語サイトはもちろん、英文版の IR サイトで掲載するのは当然です。しかし中には、機関投資家は Quick やブルームバーグなどの金融情報端末で株価を追っているから、何も株価情報を掲載しなくても問題はないだろうとの意見が出る場合もあります。株価情報は株主・投資家が最も気にする情報です。これが IR サイトに載っていないとは首をかしげたくなる話です。

　もう1つは英文の表記です。あるべき冠詞がない、首をかしげてしまう和製英語、単数と複数の取り違い、意味の通らない文章などの例には事欠きません。また「何を言いたいのか不明な長文の説明に閉口する」との指摘も聞こえてきます。英文サイトにこうした箇所がいくつも出てくると、海外の投資家や英文情報を頼りにする人たちから、この企業の生産管理はいったい大丈夫なのか、その経理情報は信用できるか、など不信感を誘発しかねません。こうした声に対して「何を言っているのか」と不快に思われるかもしれませんが、「怪しい英語」の英文サイトを放置している事実を見つけたら、すぐに英文チェックの仕組みを見直しに着手しましょう。今、多くの企業の IR サイトは CMS（コンテンツ・マネジメント・システム）で運用されています。気がつけば、すぐに直しができます。これはウェブサイトの強みです。

　さらに、英文 IR サイトのコンテンツ不足も課題です。IR サイトにアクセスするアナリストや金融メディアのジャーナリストが期待するのは、「少なくとも3年分の企業説明会（プレゼン）資料」「複数の市場やマーケットシェアに関する情報」「決算発表、株主総会、今後の株式配当、IR デイなどイベントの月日」「年次報告、半期報告のアーカイブ」「達成方法の記載の有無は別として財務上のターゲット」「直近のニュースリリース」「成長ドライバーと将来のパフォーマンス」「IR 部門と IR 担当者のコンタクト」「金融債務に関する情報」などのコンテンツだと言われています。

　日本 IR 協議会の「IR 活動の実態調査 2018」によれば、日本語版と英文版の

サイトで情報開示に大きな違いがあることは明白です（**表3-23**）。もともと海外投資家向けに作成され、近年になって日本語版も多くの企業で作成してきた経緯のあるアニュアルレポートは英文版サイトでの掲載社数が日本語版サイトを上回っていますが、その他では、日本版のコンテンツに見劣りしていると言っていいでしょう。

　ちょっと前のことですが、カナダのIRコンサル会社が調査した各国別の英文IRサイトのランキングが話題になったことがあります。トップはドイツ、次はスウェーデン、3位が英国で、これにスイス、イタリアが続きます。米国は7位でした。英語が母国語でない国の企業の英文サイトは、上位10のうち7つを占めています。日本は11位でした。それだけ、日本企業の英文IRサイトには課題と向上の余地がたくさんあるとも言えます。もちろん、すでに紹介したSECの「プレーン・イングリッシュ・ハンドブック」は大いに参考になります。

　2015年6月、金融庁と東証が導入したコーポレートガバナンス・コードは企業各社に「英語での情報開示を進めるべきだ」と明言しています。この数年、金融庁のTDnetに英文開示の決算短信や招集通知を届け出る上場企業も増えています。

　企業IR支援大手プロネクサス・グループの集計によると、英文の決算短信を届け出る企業は2013年に370社でしたが、2015年530社、2017年658社、2018年723社と増加し、2019年は10月時点で766社です。業種別では医薬品や保険、空運で半数近くが作成し、これに運輸関連や精密機器、電気・ガスなどが続きます。国内を中心とする食料品やサービスも多く作成しています。また、株主総会の英文招集通知でも、2015年の468社が2016年は789社、2017年は921社と2年でほぼ倍増し、さらに2018年には990社、そして2019年の7月時点で1,019社と増加しています。

　これはTDnetでの数字ですが、関係者によればTDnetに届け出ていない企業も相当数あり、英文短信や英文招集通知を作成する企業はそれぞれ1,400社を超えると言われています。

表3-23　日本企業：IRサイトで開示している主な開示情報（回答社数970社）

		○和文サイト		○英文サイト	
		社数	%	社数	%
経営戦略・経営理念	経営トップのメッセージ	872	89.9	560	57.7
	中期経営計画	607	62.6	394	40.6
情報開示・コーポレートガバナンス	ディスクロージャーポリシー	541	55.8	291	30.0
	コーポレートガバナンス情報（コーポレートガバナンス報告書など）	780	80.4	373	38.5
	CSR,ESG情報	554	57.1	347	35.8
	リスクに関する説明	453	47.7	257	26.5
	個人情報取り扱い方針	696	71.8	324	33.4
企業情報	ニュースリリース	902	93.0	403	41.5
IR情報・財務情報	有価証券報告書などの法定開示資料	930	95.5	189	19.5
	決算短信	964	99.4	492	50.7
	説明資料（決算説明資料、事業説明会資料等）＊動画や音声を含む	852	87.8	451	46.5
	株主向け報告書・株主通信（旧事業報告書）	786	81.0	151	15.6
	統合レポート、アニュアルレポート	341	35.2	372	38.4
	IRカレンダー（説明会などの予定通知）	814	83.9	397	40.9
	その他の財務情報（月次情報など）	294	33.2	200	20.6
株式・株主総会情報	株価情報	682	72.3	246	25.4
	株主総会の公開（招集通知、議案、質疑応答、資料など）	628	64.2	198	20.2
問合せ関連	IR部門の問合せ先（eメールアドレスなど）	744	76.7	354	36.5

（日本IR協議会「IR活動の実態調査2018」から作成）

● 英国IR協会のベストウェブサイト・ガイドライン

　英国IR協会（IRS）は「IRベストプラクティス」のガイドラインとして、「IRサイトガイドライン」も用意しています。こちらは2001年から始まり、2006年に始まったアニュアルレポート向けのガイドラインよりも先行しています。2010年10月には英国で、すべてのウェブサイトは誰からもアクセス可能であることを求める平等法が施行されました。もちろん視聴覚障害、認知症、

運動障害の人たちもその対象に含まれます。これを受け、ガイドラインは 2011 年に大きな改訂があり、2013 年 4 月に英国で施行されたクッキー法（ウェブ閲覧履歴監視ファイルをユーザーのコンピュータにインストールする際、事前にユーザーからの同意を得ることを義務づけた法律）に関する留意点が追加されています。

　現在のガイドラインは、16 項目にわたる「主要な方針」に始まり、「ベストプラクティスの留意点」「コンテンツ」「ニュー・テクノロジー」「フィードバック」の 5 つで構成されています（**表 3-24**）。

　「主要な方針」の 16 項目では、「自社の株主に対するウェブサイトから始める。個人投資家向けと機関投資家向けで異なるスタイルが求められる」「コーポレート・サイトは、ライブラリーやアーカイブとしてではなく、強力なコミュニケーション手段であるとともに、ブランドストーリーを表現するものとして考える」というような基本的な方針が語られ、さらに「企業が事業を営む業界内でのカンパニーストーリー、戦略と役割を伝え、投資を促進する」と、IR サイトが目指す到達点を示しています。

　そして「コーポレート・サイトは企業情報の重要な情報源に位置づける」とあり、今日の企業情報の出発点を確認しています。ガイドラインは、投資家の関心を呼ぶために、サイトの定期的な更新と動画の活用を挙げています。これに、「定期的にサイトのコンテンツを見直す」「同業他社のウェブサイトをレビューし、どこが優れているかを検証し、デザインやコンテンツの基準づくりをする」「ウェブサイトに説得力を持たせるために、定性・定量の両面からの情報を提供する」が続くなど、現場に密着したガイドラインはチェックリストとして役に立ちます。

　またコンテンツでは具体的に、経営者インタビューなど投資家と経営者とのコミュニケーションを充実させることに活用することを推奨しています。

　例年 11 月、英国 IR 協会（IRS）のベストプラクティス賞の発表は欧州各国の IR 関係者にとって大きなイベントです。受賞する企業を追うと、ドイツの化学大手 BASF は毎回名前が載っています。この数年も「最も効果的なサステナビリティ・コミュニケーション賞」（2016 年）、「ベスト・デジタル・コミュ

表3-24　英国IR協会：ウェブサイト・ガイドラインの「主要な方針」

1	自社の株主に対するウェブサイトから始める。個人投資家向けと機関投資家向けで異なるスタイルが求められる
2	コーポレート・サイトは、ライブラリーやアーカイブとしてではなく、強力なコミュニケーション手段であるとともに、ブランドストーリーを表現するものとして考える
3	コーポレート・サイトでは、その企業が属する事業セクターにおけるカンパニー・ストーリー/戦略/役割を伝え、投資を促進する
4	コーポレート・サイトを企業情報の重要な情報源と位置づける
5	URLからナビゲーション、ソフトウェアの使用に至るまで、ウェブサイトのすべての構成要素は、シンプルにしておく。すべての投資家がわかりやすいラベルと標識（signpost）を通して、投資家向けコンテンツへ簡単にアクセスできるようにする
6	ナビゲーションやコンテンツ、デザインは一般的なスタイルを採用すること。一般的でないスタイルが効果的な場合もあるが、熟考の上で実施すること
7	さまざまな法規制を守った上で、ウェブサイトを明瞭かつオープンな状態にしておく
8	コミュニケーションの重要な手段として、企業サイトを活用する。サイトには、最新の企業活動を載せ、定期的に投資家へ適切な情報を与える。このことは、関心や相互の影響を深める助けとなる
9	定期的にサイトのコンテンツを見直す。サイトへの情報掲載はタイムリーに行い、必要な場合は、情報の期日を提供する。それによって、投資家は情報が必要なものかどうかを判断できる
10	ユーザーに会社説明会や株主総会へのアクセスを促すため、音声または映像のウェブキャスティングを使用する。これらを記録したアーカイブも用意する
11	ウェブキャスティングおよび動画（ビデオ）を、通常の財務開示カレンダーとは別の投資家コミュニケーション手段と位置づける。たとえば、事業拠点への訪問、店舗見学、時事問題に対する経営者の考え方などが含まれる
12	同業他社のウェブサイトをレビューし、どこが優れているかを検証し、デザインやコンテンツの基準づくりをする
13	ウェブサイトに説得力を持たせるために、定性・定量の両面からの情報を提供する
14	ウェブサイトはアクセスのしやすさを重視する。視聴覚・認知・運動障害のある人々も含め、すべてのユーザーが情報やサービスに平等にアクセスできるように設計しなければならない
15	パフォーマンス測定を行い、ウェブサイトの向上に向けてフィードバックツールを活用する
16	サイトの設計では、一貫性のあるグリッド構造を持ったシンプルなフレームワークを用意する。これにより、コンテンツと機能へのさまざまな変更に対して、柔軟に対応できる

（英国IR協会「IRベストプラクティス・ガイドライン2015」から）

ニケーション活用賞」（2017年）、「最も効果的なESGインテグレーション賞」
（2018年）、「投資提案のベスト・コミュニケーション賞」（2019年）などを受賞
しています。

　BASFのIR活動に学ぶことはたくさんあります。もちろんBASFのIRサイ
トは、充実したコンテンツや優れたユーザビリティ（使いやすさ）も高く評価
されているのですが、何より印象的なのは、BASFのIRサイトはBASFを知
らない人の気持ちを捉える磁力のような魅力がある点です。

　これについて、IRサイトの担当者が個人向けIRも担当していることが大き
いとする指摘もあります。「IRサイトに専任担当者を置いている企業は少ない。
特に米大手企業ではほとんど例がない。こうしたスタッフの配置は、単に職責
を果たす以上のものがあり、彼らを抜きにして効果的なサイトの成立は不可
能」と、あるウェブコンサルタントも評しています。

⬇ 投資家やアナリスト「IRサイトに不満あり！」

　ところで、IRサイト情報にアクセスする投資家やアナリストの不満や注文
を聞くと、①「直近のウェブ・カンファレンスやプレゼンテーション」、②「ア
ーカイブ情報」、③「ナビゲーション」の3つが必ず出てきます。では、その不
満や注文はどんなものでしょうか。

①「直近のウェブ・カンファレンスやプレゼンテーション」

　これは四半期決算の電話会議の中継からIRデイや証券会社が主催するセミ
ナーまで、カバーする範囲が広いのですが、たとえば「決算説明会のウェブキ
ャスト」へのアクセスで、ユーザー登録を強制していないかというのです。確
かにアクセスの登録フォームに記入された名前や勤務先、役職などを知ること
は有用かもしれませんが、ここではユーザーの時間感覚を大事にしてください。
投資家やアナリストは、最初に個人情報を入力する必要がある場合、ウェブキ
ャストをまったく見ないケースもあるからです。何事も、まず自社が情報開示
にオープンである姿勢を示すことが大事です。

②「アーカイブ情報」

「アーカイブ情報」で、四半期決算のウェブキャスト（動画や音声配信）を関

連資料（決算説明資料のPDFなど）とは別の場所に掲載していませんか。こんな場合は、決算説明会の関係資料をすべて一覧にした表形式のアーカイブ情報を用意します。そこにプレスリリースや決算説明の配布資料、トランスクリプト、Excelデータなどを掲載するのです。スマホでも同様のデザインにしておきましょう。

③「ナビゲーション」

クリックして次ページが立ち上がるまでのスピードが思いのほか時間がかかり、イライラする人が実に多いのです。「待ち時間、ゼロ！」を合言葉にしましょう。そして、IRサイトのトップページは、IR関連のどのコンテンツにも最大2回のクリックやスクロールでリンクするデザインにします。もちろん、投資家やアナリストが重要な情報やツールを探すためにIRサイトをあちこちナビゲートする事態を避けるためです。

IRサイトに対する「今ひとつ」という不満は、まだまだあります。そのうち2つを紹介しましょう。1つは、「IR部門のコンタクト先」です。2017年、S&P100採用の米国の代表的企業100社のIRサイトを調べたところ、掲載されているコンタクト先の半数がIR部門の責任者（IRO）の名前、そのメールアドレスや電話番号が掲載されており、残る半数は一般的なコンタクト先（会社の住所・電話番号、IR部署のメールアドレスなど）だったのです。

これはIR関係者の間でちょっと話題になりました。この調査に次のようなコメントが引用されていました。

米企業のIROは、多くの場合、決算説明の電話会議では司会を務め、その名前は説明資料に記載され、音声も聞こえてきます。「私が誰かはすぐにわかります。IRサイトに名前を掲載しない理由などありません」というのです。

日本企業のIRサイトで、氏名や直接のコンタクト先情報を掲載しない理由は「個人投資家による大量の問合せを防ぎたいから」との声があります。他方、個人投資家からの問合せは、「およそ議決権行使や配当の期間の問合せが大半で、FAQ（頻出する質問）を利用する対応で大きな負担にならない」という企業もあります。そんなとき、NIRIの年次大会で、パネラーの米国人投資家が、「日

本の会社のIRサイトにアクセスしてもIR部門や担当者のメールアドレスが見当たらず、コンタクトをやめた」と語っていた場面を思い出します。

　また、「当社の概要」をIRサイトに掲載したいところです。というのも、多くのIRサイトは法定届出書類（有価証券報告書、決算短信）や決算説明会などプレゼンテーションのアーカイブ、IRニュースなどのコンテンツが中心で、アナリストが関心を持つ企業業績に対する見方や戦略、リスク管理などアニュアルレポートで記載されているような企業情報がIRサイトに載っている例は、意外にも少ないからです。

　これは、多くの場合企業ウェブサイトの「当社について」の「当社の概要」に掲載されています。これをIRサイトにも掲載すると、ユーザビリティが高まるのです。

　こうしたIRサイトの対応は、全面的なサイト改訂を伴わない、すぐできるものばかりです。もちろん、テクノロジーの進展の取り入れながら投資家やアナリストの指摘に耳を傾け、その満足度を高めるために、IRサイトを定期的に全面的に見直すことは言うまでもありません。

🔽 IRサイトのトレンド

　IRサイトへの市場関係者のアクセスは、米金融データ大手による調査（2016年5月）によると、毎日が24％、週1回が41％でした。みなさん、各社のIRサイトをよく知っている人たちです。では、いったい彼らはIRサイトをどう考えているのでしょうか（**表3-25**）。

　確かに見たところ、どんな会社のIRサイトも掲載される項目に大した違いはありません。しかし、アクセスした投資家の反応は違います。米IRコンサルタント大手の調査（2016年6月、回答353人）によると、グローバル投資家の75％が「サイトがデザイン的に貧弱だと、その企業への関心は落ちる」、64％が「各社のサイトの質は投資対象としての企業評価に影響がある」と言っています。2017年2月には、米国の大手IR会社の調査が「投資家はサイトにアクセスした瞬間に、その出来は直観的にわかる」と指摘しています。

表 3-25　IR サイトのトレンド

```
・直観的にユーザーに応える
・質問に応える
・アクセスやダウンロード時間の短縮
・インフォグラフィックの活用
・ヒューマン・イメージ（人物の見えるページ）
　（顧客、多彩な社員・従業員、経営者、地域社会など）
・画像（動画・写真）の訴求力
・一般的なコンタクトより、担当者コンタクト
```

（筆者作成）

　そんな話に触れて、2017 年の全米 IR 協会（NIRI）年次大会でパネラーとなった英国の企業ウェブサイト評価会社ボーエン・クレッグスの幹部が「自社サイトにアクセスする投資家の不満に着目した対応がポイント」だと語ります。

　「まず“情報の入手時間の短縮”です。企業サイトにアクセスする投資家やアナリストは忙しいのです。単に情報の入手ばかりでなく、入手した情報の裏トリのアクセス作業も多いのです。それだけに、求める情報データ入手の速さが各社評価の決め手となります。ですから、データ入手では即時入手がベストです。それがサイトの評価につながるのです」（ボーエン・クレッグスの幹部）。

　つまり、「時間の節約」です。これまでも求める情報の入手に手間や時間がかかるサイトは論外でした。それが、今やアクセスの待ち時間に猶予はないに等しいのです。四半期の決算発表や説明会などプレゼンの動画や音声の配信では、参加者との質疑応答がポイントです。そしてプレゼンや質疑応答のテキストが掲載されていれば、その後の仕事も手際良く時間も節約できます。「最短時間で求める情報を入手する。これがサイト評価の出発点。要はスピード感です」（同）。

　そのために IR サイトに大きな動きが出てきました。それが、「質問したければ、どの IR サイトのページからでも、いつでもどうぞ」というページ・デザインです。たとえば、スイスの食品大手ネスレの IR サイトが挙げられます。どのページにも掲載される「Ask Nestlé（ネスレに質問）」で、誰でも質問をメールできます。イタリアの石油大手 ENI も、どのページの最上部に「Ask Now（今ご質問を）」と題する書き込み欄を用意しています。これに書き込むと、い

くつかの関連する語句がポップアップされる、時間を節約するデザインです。自社情報をオープンにする「Ask」を掲げる 2 社が、世界の大手企業を対象にした英国のサイト評価会社の「ワールド・コーポレート・ウェブサイト・ランキング」のトップと 3 位を占めたのもうなずける話です。

　こうした「Ask」(質問)のトレンドは「経営陣へのアクセス」に広がっています。英鉱業大手アングロ・アメリカンは経営陣の写真入り紹介サイトに「Talk to us(私どもにお話しください)」と穏やかな表記のメール書き込み欄を掲載し、取締役 1 人ひとりの紹介サイトでも同じメール送付を促している。これも「経営陣へのアクセス」です。いつでも「Ask」を待ち受けているのです。

　そんな例を日本企業に見たことがありません。何かスキャンダルに陥った場合、「真摯に説明責任を果たす」と語る経営者の企業サイトにとって「経営陣へのアクセス」などはまだまだのようです。決算発表で動画と配布資料を同時に掲載する例は増えています。しかし、それがウェブサイトのどこに載っているのか不明な場合も少なくありません。ましてテキスト掲載は限られます。そもそも決算発表や説明会の月日を事前公表しない企業が多いのです。

　デザインではインフォグラフィック(infographics)の利用です。ビジネスモデルの説明など、多くの記述情報は数値で表現しにくい情報です。これをグラフやチャート、さらにアイコンをイラストに組み合わせ、視覚的にわかりやすく、的確な表現に仕上げる例が増えています。

7 ソーシャルメディア

▼ ソーシャルメディアで投資家に迫る

　インターネット時代を迎え、情報拡散のスピードや広がりは飛躍的に展開しました。どこでもいつでもウェブサイトにアクセスできる環境にあって、この数年のソーシャルメディアの急速な浸透ぶりは目覚ましいものがあります(表3-26)。そこには企業の情報発信に根本的な見直しを迫る勢いがあります。

表3-26 主なソーシャルメディア

ウィキペディア	ja.wikipedia.org/
	インターネット上のユーザーが共同でつくり上げる百科事典
ユーチューブ	www.youtube.com
	動画共有サービス。ユーザーが撮影したビデオ映像や、作成した動画ファイルなどをインターネット上で公開できる機能を提供するサイト
フェイスブック	www.facebook.com/
	会員制交流サイト。ソーシャル・ネットワーキング・サービス（SNS）大手
リンクトイン	www.linkedin.com/
	ビジネス上の人脈開拓を目的とするSNS
フリッカー	www.flickr.com/
	ネット上で写真を共有するサイト
インスタグラム	www.instagram.com/
	ネット上で写真を共有するサイト
スライドシェア	www.slideshare.net/
	プレゼンテーション説明資料（パワーポイント）の共有サイト
ツイッター	twitter.com/
	英文で半角280字（日本語なら全角140文字）未満の短文によるミニブログで、ネットで友人や不特定多数に情報発信ができる。写真なども貼りつけられる

（各種資料から作成）

　ソーシャルメディアといえば、先行したウィキペディアの存在が大きいです。掲載記事は5,000万を超え、英語版はもちろん日本語版、スペイン語やドイツ語版、フランス語、そして中国語版など主要な言語での記載にアクセスできます。欧米企業のIR広報担当者は自社に関する記載を定期的にチェックしています。

　そして、英文で280文字以内（日本語なら140文字以内）の書き込み・発信が可能なツイッターでは、決算発表や株主総会などのショートメモに続いて写真を添付し、ほぼ同時的な情報発信を実現する例もあり、多くの企業がソーシャルメディアを通じて、さらに大勢の株主や投資家にリーチするビデオ動画やプレゼンテーションの作成に注力しています。

表 3-27　企業ウェブサイトをめぐる市場監督当局の動き

2000 年 10 月	米証券取引委員会（SEC）、公平開示規則（レギュレーション FD）を施行。非公開情報が対象、すでに公開された情報は適用外 ○インターネットを使った公表モデルを発表
2008 年 8 月	SEC、企業ウェブサイト・ガイダンスを発表
2013 年 4 月	SEC、ソーシャルメディアを使った重要な企業情報の公表を認める。ただし、事前に発表の告知を行っておくこと
2013 年 5 月	オーストラリア証券取引所（ASX）、上場会社に「自社について定期的にコメントしている投資家ブログ、チャットサイト、その他のソーシャルメディアをモニターする」規制を施行

（各種資料から作成）

　2012 年、スタンフォード大学とミシガン大学の研究者がによる論文は、「ツイッターは、株式市場に向けた企業情報の伝播に効果が高い」と指摘し、IR 関係者のツイッターなどソーシャルメディアへの注目が一段と高まりました。

　ところで、2000 年 10 月に米証券取引委員会（SEC）が施行した公平開示規則（レギュレーション FD）は、アナリストや機関投資家など特定の人たちに対する重要情報の優先開示を禁止し、企業は誰に対しても「同時に、同じ内容を、広範に」公開しなければならないとしています（表 3-27）。その FD 規則の施行に当たって、SEC は重要情報の公表モデルを示して、重要情報は SEC への届け出とともにプレスリリースで開示するとしていました。インターネットの進展で、プレスリリースと同様に自社のウェブサイトを利用する機運が高まったこともあり、SEC は 2008 年 8 月、「企業ウェブサイト・ガイダンス」を発表し、①自社のウェブサイトが認知された配信チャネルであること、②自社のウェブサイトへの掲載情報が証券市場が利用できるほど一般に広く伝播していること、③投資家と市場が掲載情報に反応するだけの十分な待機時間があることの 3 点に留意し、企業サイトやブログでの開示も法的に有効な情報開示ツールと認めました。2013 年 4 月、SEC はソーシャルメディアを利用した重要な IR 情報の発信を認めました。

● ソーシャルメディアで発信する経営トップ
　今ネット情報はデスクトップやラップトップの PC とスマホを含むモバイル

で拡散しています。まさに、PC、モバイル、スマホの3スクリーン・メディアの時代です。英IR調査会社インヴェスティスによれば、2013年3月〜2015年5月までの企業サイトへのアクセスは全体で5％増でした。しかし、モバイルからのものが68％増なのに対し、デスクトップからのものは5％減でした。企業サイトへのアクセスでモバイルが主流となる新たな現実の登場です。

そして、ネット動向の分析で名高いアナリストのM・ミーカーによれば、大人の1日当たりのネット利用時間は、2014年にモバイル（2.6時間）がデスクトップ（2.4時間）を上回り、2018年にはモバイル（3.6時間）、デスクトップ（2.0時間）となり、モバイルが大きな地歩を占めるに至ったと言われます。

こうしたトレンドを受けて、最近は企業のCEO（最高経営責任者）によるツイッターなどSNSの書き込みが市場関係者から注目されています。その好例は2018年8月、米電気自動車（EV）メーカー、テスラのマスクCEOによるツイートやブログが引き起こした「マスク騒動」です。8月7日、マスクCEOが「1株420ドルで、テスラの非上場化を考えている。資金は確保した」とツイートしたことが発端です。MBO（経営者による自社買収）が実現すれば720億ドル（当時の為替レートで約8兆円）もの巨大ディールです。しかし24日、マスクCEOはブログでアイデアを撤回します。すると、9月27日に米証券取引委員会（SEC）が、虚偽で誤解を招く投稿だとして、マスクCEOを証券詐欺の疑いで提訴しました。その2日後に制裁金などで両者は和解したのです。

ここで見過ごせないのは、マスクCEOの発言がソーシャルメディアによるものという点です。2013年4月にSECは、企業やその経営幹部がSNSを使用して重要な情報を発信するのは、公平開示規則に準じるとした見解を明らかにしています。ただしその場合、事前にその旨を投資家に通知しなければいけません。テスラも同年11月に、①重要情報をブログやソーシャルメディアなどで発表する、②マスクのツイッターをフォローするようにとSECに届け出ています。つまり、マスクのツイッターもテスラのブログも情報開示の公認チャネルなのです。

ところで、英米企業の経営トップがどのくらい、ツイッターなどソーシャルメディアを利用しているのでしょう。2019年1月、米調査会社ブランズウィッ

クは米国・英国・欧州・アジアの主要な機関投資家や証券会社のアナリストを対象に「デジタル/ソーシャルメディアの利用」（回答 318 人）を調査した結果報告（調査は 2018 年 10 月〜11 月）を発表し、「投資家やアナリストはデジタル/ソーシャルメディア経由で CEO の語る話を知りたがっている」と指摘しました（**表 3-28**）。投資家の半数が、CEO が言っていることを知るためにソーシャルメディアを利用しているというのです。2018 年比で 21 ポイントもの増加です。さらに、セルサイド・アナリストの 59 ％が「CEO とつながりを保つためにデジタルを使用している」というのです。

　そしてソーシャルメディアについて、「今や、投資家やセルサイド・アナリストによるソーシャルメディアなどデジタル利用は、世界のどこでも見られる光景であり、投資家の 98 ％が企業調査でデジタルソースを利用し、さらに、ほとんどの投資家（88 ％）がオンラインで入手した情報に基づいて判断している」と語っています。2015 年の調査ではデジタルソースからの投資決定は 41 ％で、3 年で倍増です。

　そればかりではありません。投資家やアナリストの情報源について話は続きます。最も頼りにするデジタル情報源は「サーチエンジン」です。問題の調査に 81 ％、投資の判断に 63 ％が「サーチエンジン」を挙げています。また、「ブログの利用」も高い数字で、問題の調査に 73 ％、投資の判断に 61 ％とあります。サーチエンジンもブログも、ソーシャルメディアのプラットフォームが本格的に登場する前から一般に広く利用されてきました。それだけ、長年にわたる経験から情報源としての評価が高いと言えるでしょう。

　もちろん、ソーシャルメディア・プラットフォームも投資家にとって重要なツールです。投資家やアナリストの 63 ％がリンクトインを、55 ％がツイッターを利用しています。

　ここで見逃せないのがウィキペディアです。投資家の 56 ％はウィキペディアを使用して調査をしているとありました。長い歴史があり、同じキーワードを多言語で確認できるなど、更新頻度の高いデジタル百科事典への信頼は高いものがあります。

　また情報源として、金融ポッドキャストを使用していると投資家の 48 ％が回答し、実際の投資決定を行うために 38 ％が利用しています。これは、サーチエンジン（65 ％）やブログ（61 ％）に続いて最も使用されるプラットフォーム

表3-28　投資家・アナリストが利用する主なソーシャルメディア（回答318人）

	問題の調査に	投資や推奨の判断に
サーチエンジン	81％	65％
ブログ	73％	61％
ポッドキャスト	48％	38％
ツイッター	55％	35％
ウィキペディア	56％	32％
リンクトイン	63％	26％
ユーチューブ	43％	18％
フェイスブック	33％	16％
スライドシェア	23％	13％
インスタグラム	16％	7％
メッセージ・アプリ（What's Up）	57％	47％

（「ブランズウィック・デジタル投資家調査2019」から）

として際立っています。ポッドキャストの使用は英国で最も人気があり、投資家の66％がポッドキャストを聞いていると、報告は指摘しています。

　では、企業のCEOたちは、どんなソーシャルメディアで発信しているでしょうか。同じブランズウィックが2019年6月に発表したレポートは、米国S&P500と英国FTSE350の採用企業のCEO790人によるSNS経由の発信を調査（英米の社員4,000人、金融メディアの読者400人の回答）しています。レポートによれば、ほぼ半数（48％）のCEOがツイッター、フェイスブック、インスタグラム、リンクトインなどのSNSを利用し、評価でトップ50のCEOは2つ以上のソーシャルメディアを使っているというのです。

　そして、社員の大半は「SNSによるCEOの発信が自社の全体的な効率を高め（米英とも、それぞれ66％）、評判（米国71％、英国72％）にプラスの影響を与える」と考え、また「CEOが自社の危機や緊急事態でどのように対応するかをSNSで発信するのはとても重要」という金融メディアの読者は60％に達します。

　しかも、CEOに対して「ソーシャルメディアで自社の財政や戦略を語ってく

れる」「企業の公（おおやけ）の顔として一般の人たちや投資資家との直接的な情報発信を行う」ような期待も高まっていると指摘しています。

　経営トップは、SNS メディアで社内の社員はもちろん、社外の市場関係者や一般メディアに向けて、広く発信する時代となったと言えます。何と言ってもCEO の発信は情報源として、これ以上のものはありません。多くの企業が国境を越え、雇用し顧客を開拓・対応する時代です。参考になるのは、米小売り大手ウォルマートのダグ・マクミロン CEO のソーシャルメディア発信です。フェイスブック、リンクトイン、インスタグラムなどで、多くの写真や動画のコンテンツを交え、仕事とプライベートを伝えて高い評価を得ています。ウォルマートは 1 兆円超の IT 投資で、小売り業界でのデジタルシフトの波を牽引するだけに、マクミロン CEO の発信力は高いものがあります。

　こうした CEO によるソーシャルメディアの利用がある一方で、これに足踏みする向きも少なくありません。その大きな理由は次の 3 つです。
　①多忙な CEO のスケジュール
　②ソーシャルメディアを利用する ROI（投資利益率）が不明
　③ソーシャルメディアのベストプラクティスがわからない
　どれも IR 活動など企業の情報発信ではお決まりの言葉ばかりでしょう。昨日と変わらない今日を明日も繰り返す「ノーアクション、ノーエラー」の取り組みでは、ソーシャルプラットフォームが大きな影響力を持つ情報拡散の現実から目をそらしているに等しいからです。

● ソーシャルメディア IR に取り組む

　モバイルからのアクセスで各社の IR サイトは、株主・投資家（ストックホルダー）やアナリストばかりでなく、自社に関心を持つ人たち（ステークホルダー）も情報発信の対象とすることになります。もちろん、ソーシャルメディアの有用性に議論の余地はありません。この結果、今までのように決算発表や決算説明会などイベント中心のコンテンツばかりでなく、ツイッターやフェイスブックなどで社内の日々の暮らしを伝えるコンテンツが登場したのです。企業の IR サイトに誰もが知るソーシャルメディアのアイコンが載る時代です。

　2014 年の全米 IR 協会（NIRI）の年次大会で、米不動産大手 Zillow がソーシ

ャルメディアを使って質問を受けるアナリスト向け決算説明会の模様を紹介しました。同社は自社のIRサイトに、ソーシャルメディアを使った情報開示方針を掲載しています。また米エンジニア大手JCIもツイッターを使い、「沈黙期間の告知」や「投資家向けプレゼン」「決算説明会」に臨むCFO（最高財務責任者）の動きを追った事例を紹介し、この方面での実績をアピールしています。欧州でもドイツ化学大手BASFは、IRに関連する業務別に自社のソーシャルメディアでの公式アカウント・リストを掲載しています。これによって誰でも、"なりすまし"アカウントの発信情報からBASF自身による発信情報を峻別できるというわけです。

　こうした動きの中で見逃せないのが、ソーシャルメディア・ポリシー（ソーシャルメディア指針）です。多くはソーシャルメディアの利用ガイドラインや自社ソーシャルメディアへの対応ガイドラインなどを盛り込み、毎日の業務を担当するウェブ関係者の拠り所となるものです。もちろん、ソーシャルメディア・ポリシーで十分とは言えないものもあります。

　ソーシャルメディアの情報は、真偽が確認されることもなくウェブ空間にたちまち広がる場合があります。すると顧客やメディア、監督官庁からの問合せの電話やメールが殺到します。その応対に社員は追われ、社内は動揺し、対応について考える時間もなく、他方で顧客の不安は募っていきます。まして企業サイトに関連した情報がなければ、根拠のないまま風評は広がります。新聞記事やテレビの報道となれば、事態はさらに拡大する中で、企業はどう対処したらいいのでしょう。

　1つの回答は、普段から自社サイトに充実したコンテンツを掲載し続けることです。その上で、問題が起きたら自社の発表をニュース配信のようにSNSで発信します。そこに、自社サイトに掲載した問題に関する自社の明快なメッセージとのリンクを用意し、アクセスを促すのです。問題の解答が載っているなら、リンク先は「よくある質問」でもいいでしょう。今度はこのメッセージ情報がSNS空間を拡散します。そのためにも、ソーシャルメディアに自社の公式アカウントを開設することがポイントです。

　もう1つは、自社などのソーシャルメディアで何が起こっているのかをウォッチするモニタリングです。ソーシャルメディアに流れる企業情報が肯定的か

否定的か、各社ごとに追うソフトも登場しています。企業はそのような分析を
もとに、風評に対する防止策を準備することになりますし、こうしたモニタリ
ングを行っている企業は増えています。

　ソーシャルメディア IR のオピニオン・リーダーで知られる D・ピープスは、
これからソーシャルメディア IR に取り掛かる企業は、まず「優れた IR サイト
を構築して IR のベストプラクティスを追及」し、次に「IR サイトにソーシャ
ルメディアとのリンク」を用意し、「ツイッターを企業発表のニュース配信の
ように利用する」とアドバイスしています。そして「モニターを怠らず、自社
サイトの向上を図る」とつけ加えます。すべては「優れた IR サイトの構築」
から出発するのです。

IR情報を届ける
相手を知ろう

IR情報の相手は誰か。
それぞれに企業情報の見方も違う

1 | アナリスト

▼ アナリストの役割（セルサイドとバイサイド）

　証券市場では、よくセルサイド（sell side）とかバイサイド（buy side）という言い回しを聞きます。その響きから、たとえば株式や債券の取引で株式を売る側をセルサイド、買う側をバイサイドと思うかもしれませんが違うのです。セルサイドとは証券会社のことで、バイサイドとは証券会社から株式や債券を売買する資産運用会社のことです。運用会社といえば、年金や投資信託の運用会社などが思い浮かびます。

　ですから、証券会社で働いているアナリストはセルサイド・アナリストです。その仕事は、まず各企業の業容を分析し、今期、来期、あるいはもっと長期の業績予想値をはじき出します。次に、その企業が「買い」か「売り」か、あるいは「ホールド」（継続保有）」なのかを見極めた投資推奨を用意します。これが基本的なアナリストレポートの内容です。

　バイサイドの運用担当者（ファンドマネジャー）は、投資対象の企業を自分で訪問し、調査することもありますが、限界があります。この点で、セルサイドのアナリスト・レポートは有効です。バイサイドの資産の運用会社でもアナリストが働いています。こちらのアナリストが書く個別企業のレポートは、同じ社内の運用担当者のためのものです。また、多くの証券会社から届けられるセルサイド・アナリストの企業レポートを読んで要約するのもバイサイド・アナリストの仕事です。

　セルサイド・アナリストは企業と金融証券市場を結ぶ情報の専門家です。そのレポートには、企業の業績予想と投資推奨を車の両輪とする合理的なストーリーがあると言っていいでしょう。その合理性がアナリストに対する運用担当者の評価につながっています。

　そして、セルサイドのアナリストレポートを読むポイントは3つあります。株式格付、目標株価、業績予想です。もちろん、レポートで展開されている論旨が、合理的で説得力があるかどうかがレポート評価の出発点です。株式格付は日系証券会社で5段階、外資系で3段階に分かれています。株式格付の変更に市場が反応する場面は少なくありません。特に有力アナリストによるレポー

図 4-1　アナリストや投資家が求める IR 情報

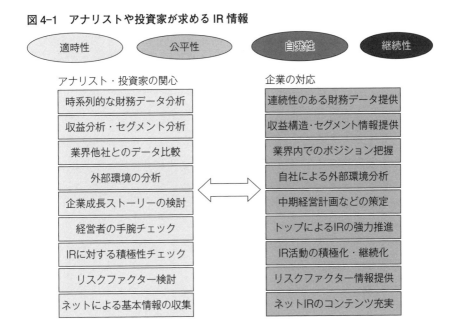

トで株式格付が変更になると、その影響はより大きなものになりかねません。

　企業として、アナリスト（もちろん株主・投資家も）の関心に応えることが
IR 部門の仕事です。その概要を**図 4-1** にまとめてみました。

　まず、アナリストの関心である時系列の財務データの分析には連続性のある
財務データを提供します。たとえば、ニチレイの財務データダウンロードのサ
イトで連結財務諸表データをクリックすると、1992 年以来のデータがエクセル
で表示されます。収益性分析やセグメント分析には、収益構造の理解を促すた
めにもセグメント情報の提供が欠かせません。アニュアルレポートや決算説明
会での配布資料で説明を尽くしても、再三再四、繰り返される質問です。

　業界他社とのデータ比較や外部環境の分析は、アナリストにとっても期待の
大きな項目です。どのアナリストも担当する業界や担当企業の急速な展開ぶり
に追いつこうと真面目に、そして熱心にアプローチするテーマです。とりわけ
国内市場が横ばいで海外市場に成長を求める業界では、海外各地での現地事情

や事業の成否を決める要因に関心が集まります。自社の成長ストーリーが中期経営計画などで策定されていれば、その内容と見通しの根拠を説明します。すでに発表されていれば、その進捗ぶりや達成のための見通しも想定質問集に用意します。

　IR に対する積極性チェックは、経営陣の IR 姿勢に対するチェックと言えます。アナリストにフレンドリーかどうかを知りたいというわけです。経営者の手腕もアナリストの関心です。その手腕をどのように具体的なメッセージでアナリストの理解を得るか、IR 担当者の"手腕"がモノを言うのでしょう。意外な感じがするかもしれませんが、創業者社長の後継者問題などは経営手腕が問われる場面です。

　そして、どんなときも IR 関係者は、情報開示は「適時・公平・自発・継続」をキーワードに仕事を進めるのです。

　それはそれとして、アナリストが企業を調査するときに、どのようなアプローチをするのでしょうか。**表 4-1** は、アナリスト・機関投資家の想定質問を 9 つの項目で具体的にまとめたチェックリストです。IR 担当者なら、この 9 つの大項目、28 の中項目に沿って情報やデータの整理をしておきましょう。それぞれの小項目は、それぞれの担当者がケース・バイ・ケースで用意します。そして、初めて面談するアナリストや機関投資家には、いきなり一問一答でなく、ディスカッション・スタイルで臨むのがいいでしょう。

　ところで、各証券会社のアナリストレポートはどのようにしてバイサイドの運用担当者に届くのでしょうか。今、レポートが完成すると、瞬時に運用会社のファンドマネジャーに届ける専業ビジネスがあります。米国では 1983 年創業のファーストコール（1986 年トムソンが買収）、日本では 1995 年設立のアイフィス・ジャパン（2015 年東証一部上場）の名前をよく見かけます。こうして、運用会社のファンドマネジャーやアナリストはもちろん、上場各社の IR 部門も利用して、自社や競合他社に関連する調査レポート、業界レポートを入手しているのです。

　それだけではありません。日本語版レポートの英文版も 24 時間以内に出来

表4-1　アナリスト・機関投資家の問題意識

1. 貴社の展開事業
    ○提供する製品・商品・サービスの特徴
    ○マーケットの存在意義と消費者の特徴
    ○ビジネス・スキーム（儲ける構造）の詳細

2. 業界動向と競合状況
    ○マーケットが創出された歴史的背景
    ○マクロ経済とマーケットの相関関係
    ○コンペティターと業界シェアの動向

3. 貴社の特徴・強み
    ○歴史的・風土的な貴社の特徴
    ○コンペティターに対して持つ強み
    ○品目・消費者（年齢別）地域ごとのシェア

4. 各部門ごとの販売状況
    ○中長期的な経営計画（3〜5年程度）
    ○理想的なセグメント別の売上構成比
    ○計画の前提となる出店計画設備投資

5. 各部門ごとの収益状況
    ○営業方針と販売実績の推移
    ○数量・価格別での売上分析
    ○研究開発・生産体制の現状

6. 現状認識している課題
    ○新製品・ノウハウ取得など開発面
    ○エリア拡大・競合対策など営業面
    ○社内組織・コスト管理など経営面

7. 将来的な経営戦略
    ○中長期的な経営計画（3〜5年程度）
    ○理想的なセグメント別の売上構成比
    ○計画の前提となる出店計画設備投資・人

8. 想定されるリスクファクター
    ○マーケットが頭打ちとなる要因
    ○競合状況の変化と業界シェアの見通し
    ○陳腐化・先行投資などに伴ったリスク
    ○新規参入や新コンペティターの可能性

9. 企業グループ
    ○主な関連会社とグループ内における役割
    ○グループ各社の損益状況と今後の見通し
    ○中長期的に想定している企業グループ像

上がります。決算発表に続くアナリスト向け説明会でも、これと思う経営幹部の発言を「ショートメモ」として、すぐに配信されています。

　さらに、ウェブサイトで機関投資家向け調査レポートを閲覧や検索ができるサービスもあります。セルサイド・アナリストの業績予想値はトムソン・ワン・アナリティクス（Thomson One Analytics、ファーストコール）をはじめ、ファクトセット（Fact Set）、ザックス（Zacks）など金融市場情報のサイトで閲覧できます。米ブルームバーグや日本経済新聞社系のQUICKの金融端末でも同様の情報にアクセスできます。

各社の IR 担当者は、こうしたアナリストの電話やメールの取材に応じ、ミーティングを重ねているのです。IR 活動で大きな部分を占める仕事です。このとき、アナリストや投資家による電話やミーティング、決算説明会などでの問合せや質問は、すべて箇条書きでリストアップします。質問の日時に質問の内容を書き込んでいきます。もちろん、本人や所属する証券会社や運用会社の名前も控えます。このエクセル仕様のワークシートで、いつでもアナリストの質問トレンドの推移や直近の関心のありかを確認できます。決算説明会や海外ロードショーに向け、IR 部門が経営トップに行うプレゼン資料の作成にとても役に立ちます。

◯ 日米で違う業績予想のやり方

　IR 活動の重要な業務として、アナリストに向けた業績ガイダンスがあります。日本企業は決算短信で次の中間決算、本決算時の売上高、純利益、1 株当たり利益（EPS）などの予想数値を示すのが通例です。ほとんどの場合、具体的な数字が載っています。

　この予想数字は何よりも企業が発信しているだけに、アナリストに限らず官庁をはじめ、経済研究所などによる企業の業績予想の出発点となります。市販の「四季報」（東洋経済新報社）には、この会社予想と同書編集部の予想数値が並んでいます。セルサイドのアナリストレポートを入手することなどおぼつかない個人投資家にとって、気軽に書店で入手できる複数の予想数字は貴重です。そして多くの機関投資家も、アナリストも証券会社の社員も、この「四季報」を手の届くところにいつも置いて参照しているのです。

　これに対して、米上場企業が証券取引委員会（SEC）に届け出る四半期報告書（10-Q）や年次報告書（10-K）には、売上や利益の業績予想数値を書き込むような特定の書式が用意されているわけではありません。全米 IR 協会（NIRI）の調査」によると、回答企業の 90 ％が「何らかのガイダンス」を行い、91 ％が「財務ガイダンス」、57 ％が「非財務情報ガイダンス」を行っていると言われています。

　では、どこで、どのようにしてガイダンスを行っているのでしょうか。回答企業の 3 分の 1 は SEC に届け出た 10-Q（四半期報告書）や 10-K（年次報告書）でそれなりに言及していると言うのですが、圧倒的にビジネスワイヤや

PRニューズワイヤなど有料プレスリリース（77％）、四半期電話会議（カンファレンス・コール）やウェブサイトでの回答（76%）が多いのです。（複数回答）。実務的には、四半期電話会議や投資家向けプレゼン（41％）を開催するタイミングでプレスリリースを発信し、自社のウェブサイトに電話会議の模様をアップロードして、オンデマンドで音声発信しているとのことです。

　主要な「財務ガイダンス」では、どれも幅を持たせた「レンジ」がほとんどです。たとえば、あるIT大手の決算発表での予想数字で、第3四半期の売上は「1,470億ドル、プラス・マイナス6億ドル」、売上総利益率は「65％、プラス・マイナス2ポイント」という例がありました。これは決して例外ではありません。そうした業績ガイダンスでの注目は1株当たり利益（EPS）です。米国のセルサイド・アナリストは、企業の四半期ごとのEPSを予想するのが仕事と言い切っていいかもしれません。もちろん企業が発する業績ガイダンスが、アナリストの株式投資格付や目標株価などにもたらすインパクトは、思いのほか大きいものがあります。

　こうしてウォールストリートのアナリストが次の四半期業績、翌年の業績、株価格付の予想をすると、予想値のコンセンサスの出番となります。中でも有力なファーストコールの場合、それぞれのアナリストの数値はトムソン・ファイナンシャルのデータベースに集められ、次の四半期、翌年の業績に関するアナリストの過去3カ月にわたる予想に基づくコンセンサス評価がまとまると、同社のファーストコールで明らかにされる仕組みです。

　このファーストコールのコンセンサス数字が、長年にわたってウォールストリートによる企業業績のベース予想とされてきました。もし企業の発表数値がコンセンサスを上回れば、株価は上がり、コンセンサスを下回ると株価は下がる場面を、これまで市場は繰り返し見てきました。全米IR協会（NIRI）が主催するセミナーやイベントでも「ファーストコールの"コンセンサス"」はよく取り上げられるテーマでした。市場の企業業績に対する具体的な予想数値が示され、IR担当者がコンセンサスの数字に敏感になるのも当然です。

　企業業績の発表時、EPSの実績値が予想平均値に数セント届かなければ、株価が大きく下落することもよくあります。そのため企業のIR担当者は、アナリストのEPS予想が高すぎると思えば必死にアナリストに接触し、その値を下げようとする場面もあるようです。

表4-2　アナリストが企業サイトに求める10項目

1	財務報告書、アニュアルレポート、四半期報告書
2	アーカイブ（アニュアルレポート、四半期報告書、プレスリリース） 特に多くの種類の文書を網羅するアーカイブ集
3	財務カレンダー
4	プレゼンテーション（四半期決算プレゼン、投資家ミーティングなど）
5	直近のプレスリリースやプレス関連は、サイトだけでなくトップページでも ダイレクトに見つけやすく掲載する
6	株主に関する情報
7	ダウンロードの時間 （スローなウェブサイトはアクセスする人たちをイライラさせる）
8	財務目標と達成度
9	コンタクト情報、担当者コンタクトの情報
10	当該企業の債務と債券発行プログラム

（ハルワーソン＆ハルワーソンの資料から作成）

　今、日常的にアナリストが企業情報で最も多くアクセスするのは、各社のウェブサイトです。スウェーデンの大手コンサルタント、ハルワーソン＆ハルワーソン（H&H）は「ウェブサイトは、資本市場が求める情報の要求に応えきれていない企業が多い」（H&H）との警鐘を鳴らしてきました。特に財務情報に対する要求に応えていないというのです。アナリストや投資家、ジャーナリストへのアンケートから、アナリストが企業サイトに求める度合いの順番に**表4-2**のように10項目にまとめています。

▼　アナリストの業績予想を評価する

　例年、「春分の日」前後から4月にかけて発表される日経ベリタスや米誌インスティテューショナル・インベスターの「人気アナリストランキング」は、人気投票によるアナリストのランキングで市場の関心も高く、IR関係者の間でも話題になります。しかし、アナリストのパフォーマンスを客観的に測定した数値に基づくランキングなどはないのでしょうか。

　そうした客観的データによるセルサイド・アナリストの評価として、スターマインの「アナリスト賞」を取り上げます。というのは、その評価基準が(1)各

146

アナリストが買い推奨、売り推奨したパフォーマンスを業種別ベンチマークに対して比べる、⑵各アナリストの業績予想が同業のアナリストに比べてどれほど正確か、の2つの定量的スコアに基づいているからです。つまり、アナリストの「買い推奨/売り推奨」と「業績予想の正確性」を拠り所に、そのパフォーマンスを客観的に測定しているのです。

最近まで「トムソン・ロイター・スターマイン・アナリスト賞」というタイトルでしたが、2019年は「リフィニティブ・スターマイン・アナリスト賞」と改称しています。米州は米国、カナダ、南米で、欧州は英国&アイルランド、ドイツ、フランス、北欧、スペイン&ポルトガル、そしてアジアは香港&中国、シンガポール、韓国、インド、日本のほか、オセアニアのオーストラリア&ニュージーランドなど14地域・国別に、①業績予想総合賞、②株式推奨総合賞の2部門でそれぞれ10人、③業種別銘柄推奨賞、④業種別業績予想賞の2部門でそれぞれ3人のアナリストを表彰しています。

今、多くのアナリストの評価にスターマインのパフォーマンス検証を参考にする証券会社も少なくありません。従来のような社内での評価やファンドマネジャーによる人気ランキングに頼っていたセルサイド・アナリストの評価システムに変化が生まれているのです。

▼ アナリストが評価する企業・IR部門
～日本証券アナリスト協会「ディスクロージャー優良企業選定」から～

日本証券アナリスト協会のディスクロージャー研究会は1995年以来、毎年、「企業情報開示の向上」を目的に「証券アナリストによるディスクロージャー優良企業選定」を発表しています。2019年で25回目です。証券アナリストが企業のディスクロージャーの質や量、タイミングなどの優劣を判断するための客観的な評価基準を策定し、これによって表彰企業が選定され、同時に各業種別の企業ランキングも明らかになります。

2019年は、東証一部の上場株式時価総額の上位企業を基準に17業種276社が評価の対象です。参加したアナリストは「証券アナリストの経験年数3年以上かつ当該業種担当を概ね2年以上のアナリストで、過去1年間における当該企業の接触回数の要件（4回以上）を満たしている者」で、延べ469人でした。

表 4-3　ディスクロージャー優良企業選定（2019）における評価基準の構成

○業種別の評価基準（共通項目）

1	経営陣の IR 姿勢、IR 部門の機能、IR の基本スタンス
2	説明会、インタビュー、説明資料などにおける開示
3	フェア・ディスクロージャー
4	コーポレート・ガバナンスに関連する情報の開示
5	各業種の状況に即した自主的な情報開示

（日本証券アナリスト協会「証券アナリストによるディスクロージャー優良企業選定（2019 年度版）」から作成）

しかも、評価項目や参加したアナリストの名前が業種別に掲載されているだけに、その結果は IR 関係者の大きな関心の的です。評価に参加するアナリストが最も多い業種は「電気・精密機器」の 73 人、次いで「通信・インターネット」の 53 人、さらに「自動車・同部品・タイヤ」の 34 人、「医薬品」の 32 人と続きます。

　その評価基準は対象企業の活動を、①「経営陣の IR 姿勢、IR 部門の機能、IR の基本スタンス」、②「説明会、インタビュー、説明資料などにおける開示」、③「フェア・ディスクロージャー」、④「コーポレート・ガバナンスに関連する情報の開示」、⑤「各業種の状況に即した自主的な情報開示」という 5 つの大項目で構成されています（**表4-3**）。それぞれの大項目では詳細にわたる評価項目が用意されています。もちろん、業種によって一定の範囲でそれぞれ違いがあります。

　表4-4 は、2019 年のディスクロージャー優良企業選定の発表資料から、各業種別ランキング上位 3 社を取り出したものです。第 1 位と第 2 位が前回と同じ社名の業界に気づきます。8 業種もあります。住宅・不動産の大東建託、大和ハウス工業、食品のアサヒグループホールディングス、キリンホールディングス、化学・繊維の三井化学、住友化学、電機・精密の電子部品部門の日本電産、TDK、エネルギーの石油・鉱業部門の JXTG ホールディングス、コスモエネルギーホールディングス、運輸の日本航空、ANA ホールディングス、保険・証券の東京海上ホールディングス、SOMPO ホールディングスです。この 16 社が

表4-4 ディスクロージャー優良企業選定（2019）業種別上位3社

（ ）内は前回の数　　　　　　　　　　　　　　　　　　（ ）内は前回の順位

〔業種〕	評価実施の アナリスト数	1位	2位	3位
建設・住宅・不動産	23（26）	大東建託（1）	大和ハウス工業（2）	長谷工コーポレーション（3）
食品	21（17）	アサヒグループホールディングス（1）	キリンホールディングス（2）	不二製油グループ本社（3）
化学・繊維	24（26）	三井化学（1）	住友化学（2）	日産化学（未実施）
トイレタリー・化粧品 （本年度より評価対象業種となったため前回データはなし）	20	花王	資生堂	ポーラ・オルビスホールディングス
医薬品	32（24）	塩野義製薬（1）	第一三共（6）	中外製薬（3）
鉄鋼・非鉄金属	18（20）	住友金属鉱山（1）	古河電気工業（4）	日立金属（7） DOWA ホールディングス（8）
電気・精密機器（全体）	73（60）	ソニー（3）	日本電産（2）	オムロン（1）
（産業・民生エレクトロニクス部門）		ソニー（2）	オムロン（1）	日立製作所（3）
（電子部品部門）		日本電産（1）	TDK（2）	京セラ（5）
（精密機器部門）		富士フイルムホールディングス（2）	コニカミノルタ（4）	東京エレクトロン（1）
自動車・同部品・タイヤ	34（30）	SUBARU（1）	豊田合成（6）	デンソー（5）
エネルギー（全体）	17（21）	JXTG ホールディングス（2）	中部電力（6） 東京瓦斯（1）	
（電力・ガス部門）		中部電力（4） 東京瓦斯（1）		大阪瓦斯（6）
（石油・鉱業部門）		JXTG ホールディングス（1）	コスモエネルギーホールディングス（2）	出光興産（3）
運輸	21（20）	日本航空（1）	ANA ホールディングス（2）	東急（4）
通信・インターネット	53（45）	GMO ペイメントゲートウェイ（未実施）	日本電信電話（1）	KDDI（2）

商社	17（18）	三井物産（1）	住友商事（3） 三菱商事（2）	
小売業	29（35）	パン・パシフィック・インターナショナルホールディングス（3）	丸井グループ（1）	ファミリーマート（6）
銀行	25（28）	三井住友フィナンシャルグループ（2）	三菱 UFJ フィナンシャル・グループ（1）	三井住友トラスト・ホールディングス（5）
保険・証券	18（21）	東京海上ホールディングス（1）	SOMPO ホールディングス（2）	MS&AD インシュアランスグループホールディングス（3）
コンピューターソフト	18（17）	野村総合研究所（1）	伊藤忠テクノソリューションズ（4）	日本ユニシス（3）
広告・メディア・エンタテインメント	26（27）	オリエンタルランド（2）	リクルートホールディングス（3）	博報堂 DY ホールディングス（5）

○新興市場銘柄	60（59）	SHIFT	ティーケービー	ユーザベース
○個人投資家向け 情報提供	15（15）	三菱 UFJ フィナンシャル・グループ	日本電産	三井物産

（日本証券アナリスト協会「証券アナリストによるディスクロージャー優良企業選定
（2018/2019 年度版）」から作成）

各業界の IR 活動のリーダー企業と言えるでしょう。

　各業種の上位３社やさらに注目に値する企業は、評文で具体的に取り上げられ、アナリストの立場から各社の IR 活動ぶりにコンパクトなコメントがあります。IR 関係者にとって、どれも見逃せないものばかりです。

　評価基準の構成で、IR 部門に関連する項目に「経営陣の IR 姿勢」があります。これを追うと、全体 17 業種のうちで 7 業種に IR 部門に言及があります（**表4-5**）。その配点は自動車・同部品・タイヤが 10 点、化学・繊維が 8 点、鉄鋼・非鉄金属が 7 点、食品や医薬品、運輸が 6 点、トイレタリー・化粧品が 5 点で

表4-5 ディスクロージャー優良企業選定（2019）「経営陣のIR姿勢」の項目でIR部門に言及する業種

〔業種〕	配点	評価ポイント
食品	6	全体として経営陣のIR姿勢をあなたはどう評価するか（情報集積の支援、IR部門への権限移譲など）
化学・繊維	8	全体として経営陣のIR姿勢をあなたはどう評価するか（IRの重要性の認識、十分な人員配置、IR部門への権限移譲、情報集積の支援など）
トイレタリー・化粧品	5	全体として経営陣のIR姿勢をあなたはどう評価するか（十分な人員配置、IR部門への権限移譲、情報集積の支援など）
医薬品	6	全体として経営陣のIR姿勢をあなたはどう評価するか（十分な人員配置、IR部門への権限移譲、情報集積の支援など）
鉄鋼・非鉄金属	7	IR部門への経営資源の配分が充実しているか（十分な人員配置、IR部門への権限移譲、情報集積の支援など）
自動車・同部品・タイヤ	10	全体として経営陣のIR姿勢をあなたはどう評価するか（経営トップの参加、IRの重要性の認識、十分な人員配置、IR部門への権限移譲、情報集積の支援など）
運輸	6	全体として経営陣のIR姿勢をあなたはどう評価するか（十分な人員配置、IR部門への権限移譲、情報集積の支援など）

（日本証券アナリスト協会「証券アナリストによるディスクロージャー優良企業選定（2019年度版）」から作成）

す。どの業種の評価ポイントにも「情報集積の支援」「IR部門への権限移譲」があり、6業種で「十分な人員配置」を取り上げています。

さらにもう1つ、「IR部門の機能」も評価の対象です（**表4-6**）。注意したいのは、業種によって配点が5点（建設・住宅・不動産、医薬品）から10点（電気・精密機器）、12点（小売業、広告・メディア・エンタテインメント）、13点（商社）、16点（コンピューターソフト）まで大きな開きがあることです。

商社の場合、配点は「IR部門に十分な情報がタイムリーに集積され、担当者と有益なディスカッションができるか」（8点）、「IR部門が積極的に各事業本部のトップや事業部門全般について語れる人へのインタビューなどをアレンジ

表4-6 ディスクロージャー優良企業選定 (2019)「IR部門の機能」：配点と評価基準

〔業種〕	配点		
建設・住宅・不動産	5		IR部門に十分かつ正確な情報が蓄積され、IR担当者と有益なディスカッションができるか
食品	8	6	①IR担当者が経営者の代弁者として十分に機能しているか
		2	②IR部門が各事業部のトップや事業部門全般について語れる人へのインタビューなどを、積極的にアレンジしてくれるか
化学・繊維	8		IR部門に十分かつ正確な情報がタイムリーに集積され、IR担当者と有益なディスカッションができるか
トイレタリー・化粧品	5		IR部門が十分に機能しているか（アクセスの容易性、ディスカッションの有益性、情報の集積度など）
医薬品	5		IR部門が十分に機能しているか（アクセスの容易性、ディスカッションの有益性、情報の集積度など）
鉄鋼・非鉄金属	6		IR部門に十分な情報が集積され、アナリストが要望する情報を提供しているか。また、担当交代時に十分な引き継ぎがなされているか
電気・精密機器	10		IR部門に十分な情報が集積され、アナリストが要望する情報を提供し、担当者と有益なディスカッションができるか
自動車・同部品・タイヤ	8	4	①IR部門への十分かつ正確な情報の集積度、アクセスの容易性、IR部門以外へのアレンジ機能は十分か
		4	②アナリストが要望する情報提供、担当者との有益なディスカッションの実施、IR改善の努力は十分か
エネルギー	8		IR部門に十分な情報が集積され、IR担当者などと有益なディスカッションができるか。あるいはIR部門以外へのインタビューなどは容易か
運輸	8		IR部門に十分かつ正確な情報が集積され、かつアナリストや投資家のニーズを十分理解した上で、担当者と有益なディスカッションができるか
通信・インターネット	8		IR部門に十分な情報が集積され、IR担当者と有益なディスカッションができるか
商社	13	8	①IR部門に十分な情報がタイムリーに集積され、IR担当者と有益なディスカッションができるか
		5	②IR部門が積極的に各事業部のトップや事業部門全般について語れる人へのインタビューなどをアレンジしてくれるか

小売業	12	3	①IR部門とのコミュニケーションの容易性はどうか
		6	②IR部門に、グループ会社を含む十分な情報がタイムリーに集積され、IR部門が経営陣の代弁者として有益なディスカッションができるか
		3	③投資家やアナリストの依頼に応じ、IR部門以外のセクション（店舗、物流センター、海外拠点など）へのインタビューなどについて積極的に対応しているか
銀行	6		IR部門に十分な情報が集積され、IR担当者と有益なディスカッションができるか。投資家の期待や懸念を理解し、それに応えているか
保険・証券	9	7	①IR部門に十分な情報が集積され、IR担当者と有益なディスカッションができるか
		2	②IR部門が投資家の意見を経営陣にフィードバックする機能を果たしているか
コンピューターソフト	16	8	①IR部門に十分な情報が集積され、IR担当者と有益なディスカッションができるか
		8	②有益な主要事業に関する説明会・技術説明会などを開催しているか。あわせて、IR部門以外のセクションへのインタビューなどについて積極的に対応しているか
広告・メディア・エンタテインメント	12		IR部門に十分な情報が集積され、IR担当者と有益なディスカッションができているか
新興市場銘柄	10		IR部門が経営陣と情報を共有することにより、経営の代弁者として十分に機能しているか

（日本証券アナリスト協会「証券アナリストによるディスクロージャー優良企業選定（2019年度版）」から作成）

してくれるか」（5点）とあり、合計13点です。この業種で1位となった三井物産の評文には、「IR部門に十分な情報がタイムリーに集積され、IR担当者と有益なディスカッションができること」および「IR部門が積極的に各事業部のトップや事業部門全般について語れる人へのインタビューなどをアレンジしてくれること」がともに最も高い評価となり、そして「IR部門が主導し、経営陣と市場とのコミュニケーションを活性化させ、企業経営改善につなげているとの声があった」と触れています。

　また、小売業で第1位のパン・パシフィック・インターナショナルホールデ

ィングスの評文には「IR 部門とのコミュニケーションが容易であること」「IR 部門に、グループ会社を含む十分な情報がタイムリーに集積され、同部門が経営陣の代弁者として有益なディスカッションができること」「投資家やアナリストの依頼に応じ、同部門以外のセクション（店舗、海外拠点など）へのインタビューなどについて積極的に対応していること」がともに最も高い評価になった、と言及されています。

このように、アナリストの高い IR 評価をもたらす企業には、経営陣のポジティブな IR 姿勢、充実した IR 部門の存在があります。IR 担当者が集まる研修イベントで、アナリストの仕事ぶりをもっと知りたいという声が出るのも当然です。

▼ "やってはいけない"セルサイド・アナリスト対応

表4-2で「アナリストが企業サイトに求める 10 項目」を紹介しました。ウェブサイト対応に続いて、毎日でのやり取りはどうすればいいのでしょう。

NIRI の機関誌「IR アップデート」（2011 年 9 月）に載った「セルサイド・アナリストへの情報開示」という記事に、アナリストとのやりとりで IR 担当者が「やってはならない 7 つのセルサイド・アナリスト対応」が書かれています（**表 4-7**）。その大要を書き出してみました。

1 コールバックしない

セルサイド・アナリストが IR 担当者にコンタクトできなかった場合、メッセージを残したのに、何の返事もなかったとします。これは、つまりノーコメントということか、それとも折り返しても、特に語るようなことはないという意味なのでしょうか。とにかく、アナリストに電話や E メールで折り返しのコンタクトをしないとしたら、それだけで IR 担当者として失格です。

「その日のうち、あるいは翌日中にコールバックがなくても、その企業に関して全面的な見方ができないというわけではないが、まともな IR 担当者なら、どんなときでもクオリティの高い自社情報を発信してくるもの」（大手調査会社のシニア・アナリスト）です。

どちらにしても、この次からこんな企業には電話しないと決めるアナリストは意外に多いのです。セルサイド・アナリストの経験がある IR 担当者も次の

表4-7　IR担当者がやってはならない「7つのセルサイド・アナリスト対応」

1	コールバックしない
2	出しゃばりすぎる
3	投資家ベースの過剰管理
4	情報に手心を加える
5	部門別開示の変更で説明不足
6	株式を売り込む
7	用事もないのに電話する

(『IRアップデート』NIRI 2011年9月号から)

ように指摘します。

　「IR関係者に最もわかってほしいのは、セルサイド・アナリストがタイムリーに素早く正確な情報を入手したいときの、気ぜわしい気持ちです。私はアナリストに自分の携帯番号を教えています。もし電話があれば、同じ日に折り返します。そうしないと次回、彼らから電話はきませんから」

2　出しゃばりすぎる

　アナリストが経営幹部と交わす直接の話に、IR担当者が障害となってはいけません。株式購入の投資判断を行うアナリストは、公開企業の経営幹部の面識を得たり、話をしたりする機会を持たないままでは、その結論は出せません。この点をIR担当者は見落としてはならないのです。

　大手調査会社のアナリストは、「もし私が担当する企業の本社があるマイアミに出張するなら、出かける2週間前に、その予定を同社のIRコンタクトに伝えます。このようにして、社内のしかるべき経営幹部と面談が用意されるわけです」と語ります。もちろん、こうしたアクセスはアナリストや企業の双方にとって重要です。

3　投資家ベースの過剰管理

　IR担当者が各投資家の株式購入余力をベースに、IR対応の時間配分を行う理由は理解できます。企業によっては、ヘッジファンドやアクティビスト株主などの投資家との議論を避けたい気持ちが働くからです。しかし、アナリストの株式に対する見方によって時間配分をするのではなく、自社を理解しようとするアナリストの努力を見極めて時間配分するべきです。証券会社と自社の説

155

明会ロードショーを計画するときは、証券会社の取引で上位顧客のヘッジファンドを優先すべきとの話があっても、自社の優先順位は長期の株主・投資家にある点は譲ってはならないポイントと言えます。

4　情報に手心を加える

リスク情報やバッド・ニュースに手を加えて、アナリストを小学生のように扱うことも、やってはならないことです。アナリストが調査する情報源には限りがありません。結局、彼らは真実にたどりつくのです。もちろん、情報を隠したり曲げたりすれば、真実が明らかになった時点で投資家の不満を招くことになります。事前の予想が芳しくない案件に対しても、率直で正直なIR担当者の対応は市場から高く評価されることにつながります。

「どんなことでも、率直に問題点のプラスとマイナスの両面を取り上げれば、IR担当者が語るストーリーの評価はもっと高くなります。事態のいいときにコンタクトの密度を上げ、悪くなるとわが身を隠したりするのではなく、アナリストとの相互のコミュニケーションは、いいときも悪いときも同じであるべきです。特に悪いときは、いったい何がどうなっているのかをアナリストがわかるように、もっと配慮するべきです」(有力アナリスト)。

5　開示変更の説明不足

部門別会計の構成や事業マトリックスが変更となると、アナリストは大変です。経理部門やIR担当者に他意はないにしても、アナリストの描く事業トレンドが曖昧になりかねず、業績判断も難しくなりかねません。もしも、こうした変更があれば、変更後の基準で新たに1年前や2年前の過去データを見直す新たな資料を用意すべきでしょう。

また、米国の上場企業は証券取引委員会(SEC)向け文書をプレーン・イングリッシュ(平明な英語)で書き込んでいます。平明な英語が、自社を左右する重要な要因に関する議論を内容のあるものに大きく役立っている点も忘れてはなりません(これは日本語でも同様です)。

6　株式を売り込む

言うまでもなく、IR担当者の仕事は自社の株式を売り込むことではなく、情報開示を通じて、自社に関してさらに優れた理解を求めることにあります。

7　用事もないのに電話する

IR担当者には2つのタイプがあります。自分の発信情報をどのように説明す

るかを知っている人たちと、そうでない人たちです。IR担当者が開示情報に通じていなければ、アナリストにとってそんな連中と話をするなど問題外です。

ところで、機関投資家で新たにバイサイド・アナリストとなり、最初に行う仕事は何でしょう。それは、まず数人のセルサイド・アナリストに電話をかけ、カバーしている企業のプロファイルやそのIRコンタクトに対する彼らの意見を求めることです。どのセルサイド・アナリストも自分がカバーする各社のIRコンタクトについて、「素晴らしい情報源」から「まったく時間のムダ」まで、それなりの意見があるものです。それだけに、「バイサイドや市場に自分のストーリーを発信するためにも、IR担当者はセルサイド・アナリストをコミュニケーション・チャネルとして必要としている」ことになります。

では、セルサイド・アナリストが求めるIRコンタクトとはどんなものでしょう。それは、CEOと同じくらい企業の優先事項、戦略などハイレベルの情報に通じたIR担当者とのコンタクトです。こうしたIR担当者はアナリストにとって大いに役に立ち、企業にとっても有用な人材なのです。

● 日本版フェア・ディスクロージャー・ルール（FDルール）の導入

日本でも、2018年4月から投資家間の情報の公正性を確保するための、上場会社による公平な情報開示に関わるルール（フェア・ディスクロージャー・ルール、以下「FDルール」）が施行されました。FDルールは、「上場会社やその役員・従業員などが公表前の重要な情報を投資家や証券会社などに提供した場合、意図的な伝達の場合は同時に、意図的でない伝達の場合は速やかに、当該情報を公表する」ものです。機関投資家や個人投資家などすべての市場参加者の間で、企業の未公表の重要な情報の入手に格差を生むことなく公平な情報開示を行い、不正を許さない市場に対する信頼を担保する狙いがあります。

前出（132ページ以下を参照）のように、米国で2000年10月に公平開示規則（レギュレーションFD）が施行され、続いてEUも2004年の「市場濫用指令」（MAD）で、「発行者は、発行者に直接関係する内部情報をできるだけ速やかに公衆に開示しなければならない」という原則的な規定を設けます。有価証券の発行者が内部情報を第三者に開示する場合、「意図的な伝達の場合は同

時に、意図的でない伝達の場合は速やかに、当該内部情報を完全に、かつ効果的に公衆に開示しなければならない」として、米国と同様のルールを用意しました。それは 2016 年から施行された「市場阻害行為規則」（MAR）でもほぼそのまま引き継がれています。

　FD ルールの導入には次の３つの積極的な意義があると言えます。①発行者側の情報開示ルールを整備・明確化することで、発行者による早期の情報開示を促進し、ひいては投資家との対話を促進する、②アナリストによる、より客観的で正確な分析および推奨が行われるための環境を整備する、③発行者による情報開示のタイミングを公平にすることで、いわゆる「早耳情報」に基づく短期的なトレーディングを行うのではなく、中長期的な視点に立って投資を行うという投資家の意識変革を促す、というのです。

　FD ルールは、企業が証券会社のアナリストらに未公表の重要な内部情報を伝えた場合、速やかな公表を義務づけています（**図 4-2**）。これにより情報を伝えた企業も、これに直接関係する役員や IR 担当者も規制の対象です。違反すれば処分も視野に入り、行政的な手続によって報告・資料の徴取、検査、公表の指示・命令（対応しない場合、刑事罰（6 カ月以下の懲役もしくは 50 万円以下の罰金またはこれらの併科）といった制裁が待っています。

　では、未公表の重要な内部情報とは何でしょうか。インサイダー取引規制や適時開示規則の対象となっている株式発行、業績予想の修正などに加えて、未公表の確定的な情報で、公表されれば有価証券の価額に重要な影響を及ぼす蓋然（がいぜん）性のあるものも含める、とあります。法的な開示義務がなくても株価に影響する情報は、業界によっても、また企業によっても微妙に違います。

　そんな中で、特に企業サイドで取り扱いが難しいのは業績予想の修正でしょう。ある研究によれば、年度決算日を過ぎ、予定決算発表日の１カ月ほど前ぐらいから「駆け込み修正」する企業が相当数あり、新しい予想が当期実績値と同じ例も多いようです。直前の業績予想から利益で 3 割以上ぶれると開示が義務づけられているのが、そうした行動に結びつく理由と言われていますが、今

図 4-2　FD ルールとその概要

○ FD ルール

> 企業が、未公表の決算情報などの重要な情報を証券アナリストなどに提供した場合、速やかに他の投資家にも公平に情報提供することを求めるもの

○ FD ルールの概要

> ➤ 上場会社などが公表されていない重要な情報をその業務に関して証券会社、投資家などに伝達する場合
> ・意図的な伝達の場合は同時に
> ・意図的でない伝達の場合は速やかに
> 当該情報をホームページなどで公表
> ➤ 情報受領者が上場会社などに対して、守秘義務および投資判断に利用しない義務を負う場合、当該情報の公表は不要

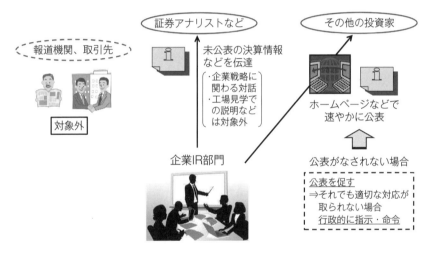

（出所）未来投資会議構造改革徹底推進会合「企業関連制度改革・産業構造改革─長期投資と大胆な再編の促進」会合（第5回）「資料4-1金融庁提出資料①」（2017年3月10日）から作成

後は、義務はなくても公表を考えることになりそうです。

　2018 年 4 月に「FD ルール」が施行されてから、「FD ルール」に抵触したとして公表した企業は、少なくとも 2018 年に 26 社、2019 年は 18 社（10 月時点）ほどで、多くが東証の TD ネットや自社のウェブサイトを利用して公表しています。

🔻 MiFID Ⅱ（第 2 次金融商品市場指令）の影響

　大手の証券会社には、機関投資家と企業を結ぶコーポレート・アクセスという部門があります。機関投資家と企業幹部の個別面談の設定は、この部門がアレンジを担当します。2013 年の初め、英国の監督官庁（FSA）のレポートなどで、いくつかの機関投資家は証券会社に支払う株式売買手数料のうち、こうした個別面談の対価として年間数千万ポンド（数十億円）を支払っていたこと、中には企業トップとのミーティングに、1 時間に 2 万ドル（約 200 万円）を証券会社に支払うヘッジファンドの事例や、経営者との面談アレンジの対価として証券会社に、資産運用者が顧客の口座から多額の金銭を支払った事例が取りざたされ、資産運用業界を揺るがす大きな問題となりました。

　当時、こうした面談の対価として、証券会社に株式手数料に含め顧客の資金から支払う例もあり、どの顧客の口座から払うかは運用担当者の判断次第でした。証券会社に支払う手数料は、売買注文の執行とアナリストの調査サービスの対価ですが、たとえ経営者との面談が調査サービスの 1 つだとしても、透明性や顧客との利害相反で疑問が生じる不透明性を問われたのでした。

　それが、2018 年 1 月 EU の第 2 次金融商品指令（MiFID Ⅱ）の施行で、EU 域内の運用機関は証券会社に対して、発注手数料とは別にアナリストの調査サービスの対価を払い、それぞれ別々に開示することになりました。顧客の負担か、自社負担かも開示の対象です。当然証券会社のセルサイド・アナリスト調査レポートに対する選別や出費は厳しくなると見られ、業種別で 5 位までの評価を得ないとアナリストとして生き残れないとか、欧米のトップ 10 証券会社のリサーチ費用は最大 30 ％削減されるという予測も出るほどでした。

　MiFID Ⅱの施行を前に、企業の IR 関係者からは「投資家と企業のミーティングが減少することはないか」「企業情報が細る懸念はないのか」など困惑が広がる一方で、セルサイド・アナリストは調査レポートの差別化を図るだろうと予想する向きもありました。

　MiFID Ⅱの施行後の 2018 年 9 月、英 IR 大手シティゲイト・デュー・ロジャーソンが発表した IRO（IR 責任者）向け調査（北米・欧州・その他地域から回答 221 人）によると、大手企業の 26 ％、小企業の 57 ％で、アナリスト・カバ

レッジは減少したと言われています。確かに、1年前に比べて企業の財務決算を掲載するだけの「ストレート・レポート」や、企業の現状をなぞった「メンテナンス・レポート」は減少しています。他方、好感度の高い「テーマ・レポート」や業界の「In DepthReport（徹底レポート）」が増えました。

　見逃せないのは、資産運用担当者が企業のアナリスト調査を兼任するケースが着実に増えている点です。こうした傾向をIROの30％が指摘しています。増えているというのは時価総額の小さな企業のIR担当者（23％）で、大きな企業は減少し、中企業は35％が増えたというのです。

　こうしたMiFIDⅡについて、英国IR協会は「EUの新たな規則は証券会社と運用機関の問題であり、企業のIR活動に変更を求めるものではない」と明言しています。「自社の経営内容を自ら的確に投資家に伝え、市場で正当な評価を得る」ことこそ、IR活動の基本だというのです。

🔽 IRデイ/アナリスト・デイの開催に向けて

　2010年以来、日立製作所は毎年6月にHitachi IR Dayを開催しています。これは決算発表後のアナリスト向け説明会とは別のイベントです。財務担当役員をはじめ電力システム・エネルギー、インフラ、鉄道、都市開発、オートモーティブ、ヘルスケアなどの責任者から、アナリストや投資家、マスコミにその戦略を説明しているのです。朝9時から午後4時を過ぎるまでアジェンダはびっしりです。

　最初のIR Dayを手掛けた経営トップは、「情報通信システム、インフラシステム、鉄道システムといったカンパニーのトップが機関投資家や証券アナリスト、メディアに事業の見通しや成長戦略、利益目標などを自分の言葉で説明する」（川村隆「私の履歴書」日本経済新聞　2015年5月28日）と語っています。

　この日立が始めたIR Dayスタイルの説明会は、その後、パナソニック（Panasonic IR Day）やソニー（Sony IR Day）、NTT（NTT IR DAY）、丸井（MARUI IR DAY）、ヤフー（IR Day）など大きな広がりを見せています。

　日本企業の「IRデイ」は、欧米企業では長年にわたりアナリスト・デイ、あるいはインベスター・デイ、キャピタルマーケット・デイという名前で行われてきたIRイベントです。なぜ「IRデイ」が広がっているのでしょう。

まず「IR デイ」は公開のミーティングです。プレゼンテーションは、CEO など経営幹部は投資家やアナリストなどを前に行われます。会場の投資家とアナリストが投げかける質問と経営幹部の回答に、世界中が（同時ライブストリーミングを通じて）耳を傾けています。企業はインベスター・デイで、自社の健全性、文化、ビジョンに関して、説得力に富んだストーリーを語ります。そしてライブのＱ＆Ａは、経営トップにとってやりがいのあるパフォーマンスです。インベスター・デイは「グッド・ニュースがいっぱい」というタイプのイベントではありません。それだけにベストのパフォーマンスに値するのです。

　前出のシティ・ゲイト・デュー・ロージャーションの調査によれば、77 ％の企業がキャピタルマーケット・デイを開催しており、一度も開催したことがない企業は 23 ％です。開催する頻度を求めると「毎年 1 回」が 22 ％、「2 年に 1 回」が 20 ％、「3 年に 1 回」が 9 ％、そして「アドホック」が 24 ％でした。また「来年キャピタルマーケット・デイなどのイベントを開催する回数を増やす計画がある」という回答は 28 ％で、特に欧州企業では 38 ％に達し、この動きは広がっていると指摘しています。
　調査は「これまでキャピタルマーケット・デイは時価総額の大きい企業がよく主催するイベントあったが、今や中・小規模の時価総額の企業もその価値を知る時代となった」と指摘し、「現在、年 1 回開催の企業は 5 社に 1 社だが、今後この数字は大きくなる」と語っています。こうしたトレンドを見ると、今後キャピタル・デイ（日本の IR デイ）は欧米の先例もあり、ますます増えていくと見込まれます。

　当日のプレゼンでは、多くの日本企業では CEO、CFO の 2 人が語り、さらに各部門本部長も登場しています。そのため開催前に、経営幹部を対象に FD ルールに関連して、うっかり情報開示のリスクを確認するカジュアルな講習を行い、当日のプレゼン資料は事前に法務のチェックを受け、財務や広報のレビューも済ませておきましょう。
　表 4-8 は、欧米企業で行っている IR デイの開催に向けたタイムラインと具体的なチェックリストです。

表4-8　IRデイ開催に向けた準備：タイムラインとチェックリスト

9～12カ月前
- □ IRデイ開催と予算の決定
- □ 開催月日の候補
　　競合他社・業界イベント・カレンダー、天候災害の可能性
- □ 開催地・場所の候補
　　ホテル vs. 本社/研究所/工場
- □ 製品展示・施設ツアーを入れるかどうかを決める
- □ マネジメントのスケジュールに入れる
- □ 招待者リストの整備

4～6カ月前
- □ 認識度調査の実施
　　社内・社外の課題認識のギャップを知り、イベントに期待する点を明らかにし、
　　適任のスピーカーを知る
- □ イベントの予定日を発表する
- □ 社内の進行プランと当日のアジェンダの作成
- □ マネジメントのキー・メッセージの準備
- □ パワーポイント・プレゼンテーションの作成開始
- □ ソーシャルメディアの利用について決定する
- □ ケイタリング（食事を出前して給仕もするサービス）について方針を決める
　　　　　　　　　　　（前夜のディナー？朝食/ランチ）
- □ 交通アレンジメント（ホテル、出迎えバスなど）
- □ お土産品（サービス品）/記念品の検討

3カ月前
- □ 認識度調査での結果
　　これを検討し、主要なコンセプト・達成目標・メッセージの決定
- □ 出席・参加登録向けウェブサイトの立ち上げ
- □ 正式な招待状の発送
- □ イベント開催のプレスリリース発信
- □ お土産品（サービス品）/記念品の決定
- □ AV機材の用意
- □ 決算発表などでIRデイについて触れる
- □ プレゼンテーションの第1原案の校了、マネジメントと検討

1～2カ月前
- □ マネジメントのQ&A（想定質問）作成
　　厄介な問題について、各自が意見を出し合うブレーンストーミングを行い
　　Q&A集を充実させる
- □ プレゼンのリハーサル、公平開示規則の研修を必要とする人物を特定する
- □ 招待状の返事状況をチェックし、参加不明の方にEメールや電話で確認

2週間前
  □　財務面や業績予想など入念にプレゼン資料とQ&Aを確認

1週間前
  □　プレゼン資料の最終確認
  □　プレゼン資料について法務部、財務部の最終確認
  □　当日発表予定のプレスリリース原稿の作成
  □　当日のプレゼン資料（揃い）を各スピーカーに届ける
  □　公平開示規則に関して社内関係者に注意喚起する

1〜3日前
  □　当日のプレゼン資料を印刷（電子コピーでバックアップする）
  □　プレゼン会場で数度のリハーサル、プレゼンのコーチング
  □　ウェブキャスティングのテスト（IRサイトでのアクセスを確認）

当日：午前
  □　プレスリリースの発信

イベント後
  ・認識度調査の実施
　　　　イベントの達成度を計測し、出席者に不明感のある分野を確認する
  ・投資家フォローアップ
  ・重要な出席者に、個人的な“Thank You”メールを送付する
  ・マネジメントや取締役会に出席者のフィードバックを報告する
  ・プレゼンのスライドやトランスクリプション（スピーチのテキスト文）を最低12カ
　　月、アーカイブに掲載する

　IRデイのプラニングは、イベント開催の9〜12カ月前にキックオフするのが
いいでしょう。開催の日時は、決算発表や沈黙期間（quiet period）などIRス
ケジュール上の不都合や経営幹部のスケジュール、業界イベントをチェックし、
さらに自社の次回決算発表の予定を考慮して決めることになります。
　4〜6カ月前には、事前に参加者がIRデイに何を期待するかを知るために、
認識度調査を行います。IRデイの日時・会場を発表し、当日のアジェンダを作
成し、マネジメントのキー・メッセージの準備や交通のアレンジメントなどロ
ジスティックでの手配も済ませます。3カ月前になると、認識度調査の結果を
得て、社内での議論とすり合わせる作業が待っています。IRデイ開催の招待状
は、自社をカバーしているセルサイド・アナリスト、機関投資家の株主に送り
届けます。そして、可能性の高いセルサイド・アナリストや機関投資家にも招

待状を送ります。顧客や業界の専門家など、市場関係者でない社外の第三者を招待する場合もあるでしょう。

　1～2カ月前には、マネジメント向けの想定問答集（Q&A）の作成に着手します。このとき、厄介な問題点があれば、関係者の各自が意見を出し合うブレーンストーミングを行って回答の内容を充実していきます。

　2週間前にはプレゼン資料とQ&Aを揃え、1週間前には当日のプレゼン資料（揃い）を各スピーカーに届けます。1～3日前に時間をとってプレゼン会場でリハーサルを何回か行い、ときにプレゼンで専門家のコーチングを用意します。これで当日を迎えます。

　IR デイが終わると、重要な出席者に IR 担当者の名前で、個人的な"Thank You"メールを送付しましょう。そして投資家のフォローアップ、認識度調査のアンケートを行い、マネジメントや取締役会で出席者からのフィードバックを報告します。

　もちろん、プレゼンしたスライドやトランスクリプション（スピーチのテキスト文）などを自社のウェブサイトに掲載します。欧米企業の IR デイ/アナリスト・デイの模様は9割がインターネット配信しているとされ、ほとんどが音声配信です。

　IR デイ/アナリスト・デイは、欧米ですでに一般化したイベントです。日本でもアナリストや投資家に対するキー・ツールとなり、今後も開催する企業は増えると見込まれます。

● アナリスト向けイベント評価のアンケート

　どんな IR イベントでも、終了すればパフォーマンス評価など何らかのフィードバック集計を行います。

　まず**表4-9**の「アナリスト向けイベント―評価アンケート」のうち、例の1（ABC 社）を取り上げてみましょう。米国企業向けのアンケートです。米国では、1日をかけた「アナリスト・カンファレンス」で、CEO をはじめ、商品開発や戦略について関係する経営幹部が次々に説明し、最後に CFO が登場するパターンが多いこともあり、アンケートでは登壇した「スピーカーを1～5で評価する」スタイルはおなじみです。注意したいのは、「司会者」を含めて評価の対象にしている点です。また、「1～5で評価する」だけでなく、必ず「コメン

表 4-9 「アナリスト向けイベント―評価アンケート・フォーム」（3 例）

○例の 1（ABC 社）

みなさんのご意見は当社にとってきわめて貴重です。以下の質問表にご回答いただき、受付デスクに					
氏名（オプション）	会社名（オプション）				
スピーカーを 1～5 で評価する					
	とても良い(5)				とても悪い(1)
司会者	5	4	3	2	1
（コメント）					
氏名（会長＆ CEO）	5	4	3	2	1
（コメント）					
氏名（上級副社長）	5	4	3	2	1
（コメント）					
氏名（上級副社長）	5	4	3	2	1
（コメント）					
氏名（課長）	5	4	3	2	1
（コメント）					
氏名（CFO）	5	4	3	2	1
（コメント）					

○例の 2（DEF 社）

1	ミーティング全体で見て、満足度を 1～5 で評価する					
		とても良い (5)				とても悪い (1)
	受付	5	4	3	2	1
	ミーティング会場	5	4	3	2	1
	ディナー	5	4	3	2	1
	ランチ	5	4	3	2	1
	展示 (1)	5	4	3	2	1
	展示 (2)	5	4	3	2	1
2	今回のミーティングは（当社の）ビジョン、主要な優先事項や機会、差別化要因に関して明快な理解をもたらしましたか。収穫は何でしたか					
	（コメント）					
3	今回のミーティングでは何が最も良かったでしょうか					
	（コメント）					
4	今回のミーティングで何が最もダメでしたか					
	（コメント）					
5	今回のミーティングでカバーして欲しかったものは何でしたか					
	（コメント）					
6	投資対象として（当社が）好きですか/嫌いですか					
	（コメント）					
7	（当社に）どんな懸念材料がありますか					
	（コメント）					
8	IR の向上に向けて（当社は）何ができるでしょうか					
	（コメント）					

〇例の3（XYZ社）

［会社名］

アナリスト・カンファレンス

［年月日］
評価フォーム

みなさまのご意見はとても貴重です。下記の質問に若干のお時間を頂戴いたしたく、お願いするものです。本カンファレンスの終了時に受付デスクでお返しいただければ幸いです。粗品を差し上げます。

（差し支えなければ、御社名、お名前の記入をお願いします）

お名前 ＿＿＿＿＿＿＿＿＿＿＿＿＿＿　　ご所属＿＿＿＿＿＿＿＿＿＿

御社名 ＿＿＿＿＿＿＿＿＿＿＿＿＿＿

本日スピーカー各人について、1（わかりにくかった）～5（大変わかりやすかった）で採点してください。

	Excellent				Poor
司会者					
氏名、タイトル	5	4	3	2	1
コメント＿＿＿＿＿＿＿＿＿＿＿＿＿＿＿＿＿＿＿＿＿					
氏名、会長＆CEO	5	4	3	2	1
コメント＿＿＿＿＿＿＿＿＿＿＿＿＿＿＿＿＿＿＿＿＿					
氏名、上席副社長、製品本部担当	5	4	3	2	1
コメント＿＿＿＿＿＿＿＿＿＿＿＿＿＿＿＿＿＿＿＿＿					
氏名–CFO	5	4	3	2	1
コメント＿＿＿＿＿＿＿＿＿＿＿＿＿＿＿＿＿＿＿＿＿					

ご協力ありがとうございました

ト」を書き込むスペースを用意しています。

　次は、例の2（DEF社）のアンケートです。

　このアンケートは、回答者の名前や所属先を書き込む欄がありません。そして、2つの部分に分かれています。最初に「受付」が評価の対象に上がっています。そしてミーティング会場がきます。ランチやディナーも評価されて、展示があれば、その展示(1)とか展示(2)も1～5で評価されます。

　これに7つの具体的な質問が並び、コメントを求めています。最初の4つの質問は、「今回のミーティングは（当社の）ビジョン、主要な優先事項や機会、差別化要因に関して明快な理解をもたらしましたか。収穫は何でしたか」「今回のミーティングでは何が最も良かったでしょうか」「今回のミーティングで

何が最もダメでしたか」「今回のミーティングでカバーして欲しかったものは何でしたか」とあり、実にストレートな質問です。また、「投資対象として（当社が）好きですか/嫌いですか」という質問も見られました。

　しかし、ここには株価の「割安」とか「割高」を問う「株価水準」などに関連する質問は見当たりません。「（当社に）どんな懸念材料がありますか」や「IR の向上に向けて（当社は）何ができるでしょうか」の質問に対する回答から、今後の活動にヒントがあるかもしれません。また「その他、ご意見・ご要望があればお聞かせください」というコメント欄はありません。

　一般にアンケート集計では、「その他」の欄に多様で長文のコメントが寄せられがちです。それだけに、短時間に集計できるように回答を難なく集約できる質問を用意するのがコツです。思い当たる IR 担当者は多いでしょう。

　3 番目は、例の 3（XYZ 社）です。「カンファレンスの終了時に受付デスクでお返しいただければ幸いです。粗品を差し上げます」とあって、まるで日本でのアンケートのようです。控えめなアンケート内容で参考になります。

2 ｜ 機関投資家

▼ 米企業：効率を追う四半期決算の電話会議

　米国企業の四半期決算発表は、まず証券取引委員会（SEC）に所定様式 10－Q（四半期報告書）を届け、その後、時間を置かずにビジネスワイヤなどを経由するプレスリリース、そしてアナリストなど市場関係者向けに電話会議（カンファレンス・コール）による決算説明会となります。

　2010 年の 1 月 14 日、半導体最大手のインテルは 2009 年第 4 四半期決算を発表しました。その日午後 2 時 30 分（太平洋時間）から始まったカンファレンス・コールの冒頭で、同社の IR 責任者（IRO）が「当社はこのカンファレンス・コールに先立ち、午後 1 時 15 分に決算発表し、午後 1 時 30 分、前回と同様、CFO のコメントをウェブサイトに掲載しました」と語り、CEO のポール・オテリーニ社長、ステイシー・スミス CFO による説明が始まりました。

　カンファレンス・コールが始まる前に発表されたコメントは 8 ページで、そ

こに記載されていたのはまず要約、そして収益や売上総利益、支出、その他の収益項目、貸借対照表とキャッシュフローでした。さらに、2010年第1四半期の見通しで収益と売上総利益、2010年通期の見通しで売上総利益や支出、課税水準などに言及し、最後は10項目にわたるリスク要因でした。

　このインテルのイキな計らいにアナリストは好意的です。というのも、こうしたコメントはカンファレンス・コールが始まってから開示されるのが通例だからです。このやり方では、アナリストが進行中に思いついた質問を経営陣にぶつけることができず、少なからざる不満が残ることも稀ではありません。1時間も前に入手できれば、カンファレンスでの質問の内容はさらに充実します。それは回答するインテルの経営にとっても同様です。

　インテルは前回、第3四半期決算のカンファレンス・コールでもこうしたCFOコメントを用意しました。それだけに、今回も引き続き事前にCFOコメントがウェブ掲載されるかどうかを、関係者は注目していました。このときから、経営陣に対するアナリストの質問は1人1問となり、今回は18人のアナリストが質問したのです。これは以前の倍の人数です。

　インテルの決算発表はこれで終わりません。1月28日に同社のウェブサイトに、このカンファレンス・コールのプレゼンを4分半、質疑応答を6分半の動画ビデオがアップロードされたのです。この好感度の高い映像でわかるのは、説明する力量です。

　このインテルが決算説明のカンファレンス・コールの新たなアプローチに、各社も続きました。そして、5年が過ぎた2015年6月、IR支援大手アイプリオの「決算のプレスリリースの新たな動き」と題する調査レポートは、「電話会議では、経営トップによる説明時間はもっと短く、質疑応答の時間を長くしてもらいたい」という声に対応する各社の取り組みをいくつか紹介しています。

　たとえば、動画のネット配信最大手ネットフリックスの電話会議です。決算説明の電話会議が始まる2時間前に、業績の概要を説明する「投資家向け四半期レター」をウェブサイトにアップロードしているのです。もちろん誰でもアクセスすれば読めます。そして、電話会議の時間をすべて質疑応答に充てています。その時間は40〜45分に及んでいました。また石油・ガス大手デボン・エナジーも、電話会議の前夜にプレスリリースや経営幹部の説明原稿をアップロ

ードしています。こうすれば、事前に決算説明の概要が入手できるのです。

これまで電話会議では、自社に関する基本情報に多くの質問に時間がとられていました。それが減り、経営の戦略などをめぐるやり取りが増えるなど、質疑の内容も向上します。

▼ 機関投資家とのワン・オン・ワン（個別面談）
　　〜やるべきこと、やってはいけないこと〜

IR活動では、独特の言い回しがあります。その代表的な例がワン・オン・ワン（One-on-One、個別面談）であり、ロードショー（Road Show、投資家訪問目的の出張）です。機関投資家とのワン・オン・ワン（個別面談）とか、ノンディール・ロードショー（NDR、資金調達に関係ない投資家訪問の出張）という使い方をします。ノンディール・ロードショーとは、M&Aや資金調達のディール絡みで機関投資家と面談するのではなく、定期的に行っているロードショーの意味です。

例年6月の全米IR協会（NIRI）の年次大会でも大いに話題になるテーマです。あるとき、その分科会で世界有数の海底掘削会社トランソシーンと、情報インフラ大手EMCのIR担当者が「ワン・オン・ワン」について語ったことがあります。その内容を手元のノートに従って書き出してみましょう（**表4-10**）。

ここで、2人は「ワン・オン・ワン」を時系列に、①最初の企画、②面談スケジュールの作成、③事前準備、④面談中のこと—IRO（IR責任者）の役割、⑤事後のことと順番に取り上げ、それぞれのチェックポイントを語っています。

まず、①「最初の企画」です。そこでは、何よりも先に「自社に投資家の関心はあるか」を問います。これがキックオフのキーワードです。それには「自社をカバーしているアナリストの助言が参考になる」と言われています。もちろん、「マネジメントはロードショーの企画準備をサポートしている」ことが大前提で、会いたくもない投資家と嫌々ながら面談しても、満足の行く成果は期待できません。そのとき、マネジメントのスケジュールを押さえることになりますが、当然、訪問先の祝祭日をチェックしましょう。海外でのロードショーではこれが大事です。場合によっては、カレンダーに載らないその街に固有の祝祭日があることがあります。また木曜日が祝日だと、金曜日を休んで連休とする慣行もあるため注意が必要です。

表 4-10 ワン・オン・ワン：IR 担当者のチェックリスト

（イ）事前の企画
・自社に対する投資家の関心はあるか。アナリストの助言を参考にする ・マネジメントはロードショーの企画準備をサポートしているか ・現地の祝祭日をチェックする。海外でのロードショーで、ときどきカレンダーに載らない現地の祝祭日や隔日の連休が連続した連休となり、ビジネスにならない場合があるため要注意
②面談スケジュールの作成
・DIY →自分で面談スケジュールを作成する 　　　→ IR ツールがなければ、面談をこなすのは難しい ・投資銀行を活用すると顧客ベースの知識、ロジスティック（ロードショー日程）作成が楽になる。大手投資銀行は、社内にこうした面談を設定する特別チームがある ・コンサルタントの活用も選択肢の 1 つだが、費用は高くつく。投資銀行なら社内で吸収するような経費の請求も発生する ・時期については半期決算の直後を考える ・面談予約の数が多すぎないようにする。面談スケジュールはゆとりを持たせて、1 日で 6～7 回が精一杯 投資銀行は自社が担当する 1 日に集中し、「翌日のスケジュールを考えない」傾向がある
③事前準備
・自社の概観や戦略、競争的優位を内容とするハンドアウトを用意する ・ハンドアウトは事前に面談先に送付する。ただし、情報開示の問題が発生しないように細心の注意を払う。これで、面談内容は送付しない場合に比べ、きわめて生産的になる ・誰と面談するのか、その投資アプローチ、自社の株式保有、コンタクト先などを知っておく ・投資銀行やコンサルタントとロードショーの日程をチェックする。出発前 3 日ぐらい前に再度チェックしておく ・シニア・マネジメントと面談して、情報開示の問題や EPS（1 株当たり利益）での想定質問、回答する担当責任の確認などを行っておく ・投資銀行やコンサルタントにフィードバックを求める ・上司のもの含め、名刺を多めに持参する。思いのほか、数が必要になる ・投資銀行やコンサルタントが、ロードショーの全日程を承知していると思ってはならない。マネジメントは IR 担当者を当てにしている ・出張中は誰が自分の仕事をカバーするのか
④面談中のこと―IR 責任者（IRO）の役割
・面談の冒頭で、口火を切る ・名刺交換を行う→コンタクト先が IR 責任者（IRO）であることを確認する ・面談のノートをとることで、何が問われ、その理由は何かを理解する ・約束した時刻に面談をスタートする時間厳守は、きわめて重要 ・面談でのやりとりに参加する機会を求めよ。ただし、面談の場を自分が占めてはならない。上司のマネジメントを売り込むのがみなさんの仕事である

・マネジメント・チームと離れないこと。IR責任者（IRO）は、毎朝のミーティングに参加していること
・自社のオフィスか株価ウォッチの会社とよくコンタクトして、競合他社をチェックする

⑥事後のこと

・各機関投資家のコンタクト先に手紙を送付し、自社のコンタクト先としての自分を確認する
・各投資銀行が発行する（アナリスト）調査はどれもチェックし、マネジメントと取締役会に報告する
・ミーティング・リストを株価ウォッチ会社に渡して、株式の保有変化を追う
・辛抱し、神経質にならないこと。結果がすぐ出ることはめったにない

（筆者作成）

　次に、②「面談スケジュールの作成」です。ここで何よりも大事なことは「DIY（Do It Yourself）」、つまり、自分で面談スケジュールを作成することで、他人任せではダメです。現地のカレンダーといい、誰かがどこかでチェックしてくれるという発想では、この仕事は乗り切れません。

　もちろん、「IRツールがなければ、面談をこなすのは難しい」ので、ハンドアウト（配布資料）の作成を行います。

　これと同時に、外部を頼る仕事もあります。投資銀行には社内に集積した顧客データがあり、これを生かしてワン・オン・ワンの面談を設定する特別チームがあります。投資銀行のサポートで、ロジスティック（ロードショーの旅程表）の作成が楽になるというのです。投資銀行と同様、コンサルタントも選択肢の1つです。これについては、費用が高くつくのが難点とつけ加えていました。

　面談のタイミングはいつがいいのでしょうか。実際は「四半期決算の直後」という線で進める、と2人とも話しました。スケジュールでは「面談予約の数が多すぎないようにする」、つまり「面談スケジュールはゆとりを持たせる」ことに気をつけたいというのです。「1日で6〜7回が精一杯。投資銀行は自社が担当する1日に集中し、翌日は考えない傾向がある」とのことで、これは長年の経験者ならではのアドバイスです。

　③「事前準備」でやることは山ほどあります。最初に、「自社の概観や戦略、競争的優位を内容とするハンドアウト」が用意できたら、事前に面談先に送付します。ただし、情報開示の問題が発生しないように細心の注意を払います。

事前に届けておけば、面談してからの内容は送付しない場合に比べると、きわめて生産的だとのことです。

　もちろん、「誰と面談するのか、その投資アプローチ、自社の株式保有、コンタクト先などを知っておく」「投資銀行やコンサルタントとロードショーの日程をチェックし、さらに、出発前3日ぐらい前に再度チェックする」ことも大切です。

　こうした準備の中、「シニア・マネジメントと面談し、情報開示の問題やEPS（1株当たり利益）、想定質問、回答する担当責任などを確認」しておくのも欠かせません。また、「投資銀行やコンサルタントにワン・オン・ワンで面談した相手からのフィードバックを求める」ことも念押ししておきます。

　2人の話で、その経験が言わしめるアドバイスがありました。「上司のものを含め、名刺を多めに持参する。（ロードショーに出ると）思いのほか、数が必要になる」というのです。さらには、「投資銀行やコンサルタントが、ロードショーの全日程を承知していると思ってはいけない。自社のマネジメントはIR担当者をアテにしているのだから」と続けます。最後に、「出張中は誰が自分の仕事をカバーするのか」と指摘しました。これも事前準備の1つです。

　④「面談中のこと―IR責任者（IRO）の役割」では、何よりも「面談の冒頭で、口火を切る」ことが大事だと力を込めました。そして名刺交換では、「コンタクト先に自分がIROである」と確認してもらい、その後のコンタクト・チャネルにつなげます。時間厳守については、約束した時刻に面談をスタートすることはきわめて重要であることを自覚しておきましょう。

　機関投資家との話がスタートすれば、（IROは）面談のノートをとって、何が問われ、その理由は何かを理解するのが仕事です。そして「面談でのやりとりに参加する機会を求める。ただし、その場を自分が占めてはならない。上司のマネジメントを売り込むのがIROの仕事」と臨場感あふれる口調で話してくれました。

　ロードショーの期間中はマネジメント・チームと離れないことが重要です。もちろん、IROが毎日の朝ミーティングに参加します。また、「自社のオフィスか株価ウォッチの会社とよくコンタクトし、競合他社の株価も忘れずチェック」します。

　⑤「事後のこと」とは、（訪問した）各機関投資家に手紙を送付し、自分を自

社のコンタクト先として確認することに始まります。これは IR 担当者自身の
ためでもあるのです。各投資銀行が発行する（アナリスト）調査をすべてチェッ
クし、マネジメントと取締役会に報告します。また「ミーティング・リスト」
を株価ウォッチ会社に渡して、株式の保有変化を追うのも仕事です。そして、
「成果については辛抱し、揺らがないことが大事です。結果がすぐ出ることは
めったにありません」と言う。

質問タイムになると、会場のあちこちから手が上がり、2 人が答えます。

Q1: ワン・オン・ワンで、「ハンドアウト」を用意するとありましたが、「情
報開示」で気をつけることは何でしょうか？
→ハンドアウトに EPS ガイダンスを載せるのは重要なポイントです
→「何が重要で、何が重要でないのか」について、事前に社内で検証し
ます
→ワン・オン・ワンに臨んで、CEO などに「これはまだ開示していな
い」などと確認しておきます。この場合、CEO は IRO（IR 責任者）、
つまりみなさんを頼りにするので、この期待に応えることになります

Q2:「サンキュー・レター」は E メールでいいでしょうか？
→ E メールではなく、レターで届けます。相手は機関投資家で、資金運
用担当者のため毎日やりとりする E メールの数は膨大です。その中に、
埋没させないためにもレターで届けるのがいいのです

Q3: ロードショーに関するフィードバックに何を求めますか？
→「印象」です。相手が初めて面談する場合は特にそうです。「CFO が
事業を熱心に説明した」など、何よりも「当社にどんな認識を持った
か」について知りたいのです
→フィードバックでは、投資銀行の本社担当の発言よりも現地店のセー
ルス担当者を信用していいでしょう

Q4: ロードショーを行うに当たって、どのように投資銀行を選択しますか？
→当社をカバーするアナリストは 31 人いるため、よく知られたアナリ
ストも、そうでない人もいます。アナリストの意見をよく聞きますが、
結局、ノンディールのロードショーでは「ビッグ・ネーム」に依頼す
ることになります

Q5: 沈黙期間にロードショーを行いますか？

→当社には開示ポリシーがあるため、そんな事態は起こりません

Q6: 各投資銀行が主催する「業種別カンファレンス」はどうしますか?

→当社はA投資銀行の「業種別カンファレンス」に参加してきています
が、同様に30日間の沈黙期間中なら参加しません

分科会の終わりに、1人はロードショーでは「プロセスのコントロールが重要」と指摘し、もう1人は「過剰な準備」に陥る傾向を戒めたのが印象的でした。

▽ ウォルターズ・クリュワ、証券ブローカー向け 「ロードショー・ガイドライン」

ここまで、米企業のIR担当者による「ワン・オン・ワン」(個別面談)のチェックポイントを紹介しましたが、大西洋を渡ったオランダのマルチメディア大手ウォルターズ・クリュワ(WK)のIRサイトに、かつて社外の投資銀行向けに「ロードショー・ガイドライン」が掲載されていました(**表4-11**)。

その文章は、「ロードショーに万全を期するために、WKでは、もしも御社がWKのロードショーの1つでも準備を行う証券会社に選出されるなら、IR部が順守をお願いする『ロードショー・ガイドライン』を用意した」という書き出しから始まります。

ガイドラインは、①カンファレンス・コール(電話会議)のキックオフ、②コンタクトの担当者、③ミーティングでのブローカー同席、④ロードショーでのWK参加者、④スケジュール・プラニングの4つで構成されています。

最初は、①「カンファレンス・コールのキックオフ」です。ロードショーを担当する証券ブローカー(複数)が決定すると、こうした証券会社と「カンファレンス・コールのキックオフ」を行い、これを仕事始めとするとか、各証券会社にKW担当者を求めて相方のリエゾンを確立するなど、業務遂行に向けたABCが盛り込まれています。

③「(個別訪問先の機関投資家との)ミーティングでの証券会社の担当者の同席」では、「証券会社の担当者のミーティング出席に反対するポリシーはWKにない」とあります。機関投資家によっては、証券会社の担当者の同席を許さない方針を打ち出しているものも少なくありません。発行体に特定のポリシーがある例はなさそうで、ボールは投資家のサイドにあると言っていいでし

表4-11　ウォルターズ・クリュワ：証券会社向け「ロードショー・ガイドライン」

ウォルターズ・クリュワ（WK）『ロードショー・ガイドライン』
ウォルターズ・クリュワ（WK）では、当社のロードショーの準備を受けもつ証券会社向けの「ロードショー・ガイドライン」を用意した
①カンファレンス・コールのキックオフ
投資家とのコンタクトの前に、WK の IR 部と各証券会社との間でカンファレンス・コールを設定し、個別の指示や WK にとって重要な詳細について議論をしたい
②コンタクトの担当者
ロードショーを準備するに当たって、WK としては証券会社サイドのコンタクト担当者に、リエゾンの役目を果たしていただきたい。そしてこのコンタクト担当者が、WK サイドからのすべてのコミュニケーションを証券会社サイドの関係者に連絡していただきたい
③ミーティングでの証券会社の担当者の同席
WK では証券会社の担当者がミーティング出席に反対するポリシーはない。事実、WK は投資家の了解があれば、できるだけミーティングにアナリストの出席を求め、調査アナリストが WK のロードショーに同伴するようにリクエストしている。ただし理想を言えば、どんなミーティングでも同席するアナリストは 1 人か、せいぜい 2 人を超えないで欲しい
④ロードショーでの WK 参加者
ロードショーの担当地域や投資家を振り分けるに当たって、WK は各証券会社に WK の経営陣の誰がロードショーに参加するかを伝える 　・取締役会メンバー 　・各本部のマネジメント 　・バイスプレジデント（IR）
⑤スケジュール・プランニング
各証券会社にロードショーで担当する地域や投資家が振り当てられると、次は、ロードショーのプランニングに取りかかる。どのように進行しているのか、（少なくとも）1 週間ごとの更新情報で、WK が同意した予定表（ロードショーの日から逆算して仕事を進める）を受け取りたい。このプランニングには次のような項目が含まれる ・ターゲットの投資家リスト（優先順位） ・定期ミーティングは「諾」か「否」か（その理由、コンタクトした人物） ・ロードショーのテンプレート（完全版） 　ワン・オン・ワンかグループ・ミーティングかの区別を明示 ・テンプレートに、推奨のフライトとホテルの詳細など ・ミーティングは時間の経過に沿って用意する 　1 つの都市をジグザグ状に移動することは避ける ・ミーティングとミーティングの間の時間枠は、移動を考慮して十分にとる 　（例）もし 5 分の徒歩でよければ、標準の 30 分はいらない ・投資家ターゲティング 　どんな（潜在的な）投資家であっても、各証券会社は、WK とのミーティングでアプローチする前に、各機関投資家に関する主要データ、リストの対象とな

	る理由例えば、(現在の株主、アンダーウエイト(投資判断最下位)の投資家とか、また競合他社の株式を保有している投資家など)をWKに送付する
	○投資家プロファイル
	①投資家の基本データ ②投資スタイル/投資決定スタイルとプロセス ③この1年間、直近四半期におけるWKと競合他社の株式売買状況 ④アナリストの氏名と職位、運用担当者のミーティング出席 ⑤社内の主たる投資決定者の氏名と職位 ⑥投資のベンチマーク ⑦WKと競合他社に関する投資家の見方 ⑧WKと競合他社の株式保有状況 ⑨潜在的な投資の可能性とその金額(ロードショー後)
	○ミーティングでの主たる目標
	・各証券会社のアナリストはミーティングの事前にプレゼン資料を送付し、投資家に備える ・投資家の主たる不安材料を把握し、これに対応する ・こうした点をWKに連絡する
	○ロジスティック
	・空港から/への交通手段 ・ロードショーでの交通手段(ラゲージを保管するために同じ車を用意する) ・関係者のうち移動する人数(運転手を含む) ・ランチボックス(もし必要なら) ・グループ/ランチ・ミーティングなら個室を利用する
	○ハンドアウト(プレゼン資料)
	・WKのIR担当は事前にプレゼンテーションのソフト・コピーを用意し、各証券会社にプリントをお願いする ・プリントは各ページに2つのスライド、カラーの両面コピー
	○ロードショー後の情報フォロー
	各証券会社は次の情報を送付する ・出席者全員のリスト付きの更新済みスケジュール(コンタクトの詳細も) ・投資家のフィードバック ・個々人の逐語的な発言やコメント、重要なテーマを確認するエグゼクティブ・サマリー ・WKはロードショーの詳細スケジュールを書き込んだテンプレートを利用して、すべてのフィードバックを受け取りたい ・ロードショー後の株式売買サマリー ・証券各社がロードショーを行なった市場/地域での定期的なフィードバック・サマリー
○	もっと詳しい情報はIR部にコンタクトしてほしい

(http://www.wolterskluwer.com から作成)

ょう。

⑤「スケジュール・プラニング」では、「1週間ごとの更新情報で、WKが同意した予定表」をブローカーと共有しながら準備を進めます。準備は3つあり、1つは「ロジスティック」で、もう1つは「投資家プロファイル」、最後に「ミーティングでの主たる目標」「ハンドアウト（プレゼン資料)」「ロードショー後の情報フォロー」です。

中でも「投資家プロファイル」での同社の要求は9項目もあります。そのうちの6項目は、いわゆる「株主判明調査」（「実質株主調査」とも言います）に盛り込まれるデータがカバーしています。①「投資家の基本データ」や、②「投資スタイル/投資決定スタイルとプロセス」は「株主判明調査」のベースデータですし、③「この1年間、直近四半期におけるWKと競合他社の株式売買状況」も「株主判明調査」のデータ分析から数字を把握することになります。④「アナリストの氏名と職位、運用担当者のミーティング出席」や、⑤「社内の主たる投資決定者の氏名と職位」も同様に「株主判明調査」の項目から作成し、直前のコンタクトで確認できるでしょう。⑥「投資のベンチマーク」、そして⑧「WKと競合他社の株式保有状況」も同様です。すでに蓄積してきた投資家データの更新という意味合いもあるでしょう。

ここでは、むしろ⑦「WKと競合他社に関する投資家の見方」や⑨「潜在的な投資の可能性とその金額（ロードショー後)」に関心が高いのでしょう。

もちろん、投資家ターゲティングで、「どんな（潜在的な）投資家であっても、各証券会社はWKとのミーティングでアプローチする前に、各機関投資家に関する主要データ、リストの対象となる理由（現在の株主とかアンダーウエイトとか、また競合他社の株式を保有しているとか）をWKに送付する」と書いて、「リストの対象となる理由」を求めています。当然、「潜在的な投資の可能性とその金額（ロードショー後)」が視野にあります。

そして、最後の「ロードショー後の情報フォロー」で、「ロードショー後の株式売買サマリー」も求めています。こうして見ると、この「ロードショー・ガイドライン」はブローカーを選別判定する質問表のように捉えることができます。

● ロードショー担当の証券会社はアナリストで選ぶ

では、実際のところ、ロードショーはどのようなものでしょうか。IR業界の

178

表4-12 時価総額で企業を区分する

企業の区分	時価総額	
スモール・キャップ	＜10億ドル	（1,000億円未満）
ミッド・キャップ	10〜50億ドル	（1,000〜5,000億円）
ラージ・キャップ	50〜300億ドル	（5,000億円〜3兆円）
メガ・キャップ	＞300億ドル	（3兆円超）

（1ドル/100円で換算）

有力誌『IRマガジン』が世界各地のIR担当者615人にロードショーについて問うた「グローバル・ロードショー・レポート2018」は、IR現場の声だと言っていいでしょう。

まず、この1年間にロードショーを行った企業は回答の94％で、2015年86％、2016年90％、2017年91％と増加を続けています。欧州企業は98％、米国企業は94％、アジア企業が84％です。時価総額別に見ると、ラージ・キャップからスモール・キャップの企業まで増加トレンドです。その中でスモール・キャップ企業は2015年の77％が2017年に83％、2018年は88％と急速な増加が目立ちます（**表4-12**）。

この1年間のロードショーを全体で見ると平均7.5回、延べ日数で16.6日となっています。このうち欧州企業は9.6回・18.5日、アジア企業は5.7回・17,7日、北米企業は7.0回・14.1日です。つまり、地域によってかなりの違いがあります。時価総額別に見るとメガ・キャップ企業は13.4回、延べ日数で29.7日とほぼ30日です。ラージ・キャップなら8.9回・19.3日で、ミッド・キャップは6.6回・15.6日です。

ロードショーは、自社の株式に関心のある株主や投資家を訪問するのが目的です。訪問する投資家ターゲット（候補）は、自社のIR部門がリストアップする例が半数以上です。時価総額の大きなメガ・キャップの企業では、75％が自社のIR部門がリストを用意しています。ラージキャップは56％です。

投資家ターゲット・リストができると、次は、投資家とアポイントなどのコンタクトを用意する証券会社のコーポレート・アクセス部門の出番です。73％

の企業が利用しています。自社のIR部門から直接、投資家にコンタクトする企業も25％もあります。そしてコーポレート・アクセス専業とする独立系のブティックに委ねるケースもあります。この数年で、ヨーロッパで一般に知られるビジネスになってきましたが、北米ではまだまだのようです。

　ここで、訪問リストの機関投資家とコンタクトする証券会社のコーポレート・アクセス部門の話が出てきました。日系・外資系を問わず、どの証券会社とロードショーを一緒にやっていくのかは大事な選択です。その選択に当たって、よくIR担当者から「地域別に証券会社を分けている」とか、「新たな地域に出かけるときは、どれがその地域で最も影響力のある証券会社かを判断する」とする声もあります。何と言っても、証券会社は投資家に毎日のようにコンタクトし、最も近くでその動きをよく知っているのです。
　調査によると、各社が利用する証券会社は平均5.2社で、4割が6社超の証券会社を利用しています。欧州やアジアの企業はそれぞれ12％の企業が10社を超す証券会社を利用し、北米企業よりも多い傾向があります。また時価総額別に見ると、メガ・キャップは平均8.3社、その4分の1は10社超の証券会社を利用したと言われています。

　ところで、ロードショーの開催で証券会社を選ぶに際して、自社に関するアナリストレポートの有無が判断の出発点になるとよく言われます。「ノーカバレッジ、ノーロードショー」というわけです。しかし、ただ自社を追うアナリスト・カバレッジがあればいいというものではなく、アナリスト自身の活動やレポートの内容も大きく関係しているようです。特にレポートに記載される「買い」「売り」「ホールド」の投資格付に各社とも敏感です。IR現場からは「投資格付がニュートラルやホールドでもダメ」とのストレートな声もありますが、「バイサイド（投資家）に影響力のある調査レポートを書いてもらっていれば、自社に好意的なアナリストの間でロードショーを適当に割り振る企業は少なくない」という向きも少なくありません。
　この点について、この調査は55％の企業が「自社にネガティブな投資格付の証券会社とロードショーを行ったことがある」と言っています。もちろん、「そんな証券会社とのロードショーは論外」とする回答も15％あり、北米で18

％。欧州は12％、アジアは16％です。この1年では、スモール・キャップで51％とミッド・キャップで55％がネガティブ評価の証券会社とロードショーを行っています。

　このようにロードショーでは周到な事前の準備と判断が求められます。このIRマガジンの調査が示した通り、MiFID Ⅱの施行後も証券会社が果たす役割は小さくありません。しかるべき投資家との面談アポ、フライトやリムジンなどのロジスティックやスケジュール管理で際立っています。証券会社が自社のロードショーに貢献する大きなポイントとして、「投資家ターゲティング」と「投資家からのフィードバック」が大いに評価されています（**表4-13**）。

　ところで今では、東京からニューヨークやロンドンのホテル、ちょっとしたレストラン、航空会社のフライト、レンタカーもウェブサイトから予約できます。さらに、予約前にはこれまで利用した人たちの評価も読め、利用した後は自分の感想やコメントを書き込むことも可能です。

　こんな中、海外ロードショーをウェブサイト経由でコーポレート・アクセスを展開する新たなビジネス・モデルが登場します。2013年創業の英インゲージはこの分野のパイオニアの1つです。Eメールのやりとりも電話の確認も不要です。すべてが1分で完了する仕組みです。すでに顧客リストに食品大手ネスレ、鉄鋼のアルセロール・ミタル、石油大手タローなど欧州の代表企業やフィデリティ、インベストメント・チャイルド・マネジメントなどの大手機関投資家が名前が並び、各国のIR関係者の注目を集めています。

▼ 株主名簿に実名が載らない株主を見つける

　日本企業の株主名簿には個人株主の名前が載っていますが、機関投資家の名前は載っていません。国内外の年金基金などが株式を保有している場合、多くは株主名簿には信託銀行などの名前が載っています。株主名簿上は常任代理人（カストディアン）などの名義人（ノミニー）で掲載されているからです（**図4-3**）。運用を担当している実質株主が誰かはわからないのです。

　そのため実態がわからず、憶測が憶測を呼びかねないケースも出てきます。たとえば、この数年の「SSBT OD05 OMNIBUS ACCOUNT-TREATYCLIENTS」です。米報道によると、この名前の背後には中国政府系ファンド（SWF）の存

表4-13　フィードバック表（サンプル）

1. 訪問先

投資家名（investor）				
出席者名（attendants）				
日時　（date, time）				

2. ミーティングについて（meeting）

	大変満足 very satis-factory	満足 satisfactory	普通 neutral	やや不満 Below av.	不満 poor
ミーティング全般（overall）	☐	☐	☐	☐	☐
プレゼン (presentation speech)	☐	☐	☐	☐	☐
プレゼン資料（presenta-tion, aterial）	☐	☐	☐	☐	☐
質疑応答（Q&A）	☐	☐	☐	☐	☐
IR に対する取り組み (IR activities)	☐	☐	☐	☐	☐

3. ミーティングの後で（after meeting）

	とても良い very posi-tive	良い positive	変わらない no change	やや悪い somewhat	悪い negative
ミーティング後の見方の変化（your views after meeting）	☐	☐	☐	☐	☐
	Buy（買い）		Neutral （中立）		Sell （売り）
スタンス（thoughts on the Company）	☐		☐		☐

4. コメント

良かった点 (psitive aspect)	
悪かった点 (negative aspect)	
さらに、聞きたいこと (additional information)	

図4-3 機関投資家（実質株主）と常任代理人

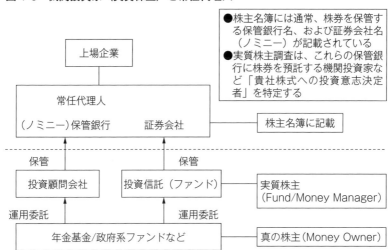

● 株主名簿には通常、株券を保管する保管銀行名、および証券会社名（ノミニー）が記載されている
● 実質株主調査は、これらの保管銀行に株券を預託する機関投資家など「貴社株式への投資意志決定者」を特定する

上場企業

常任代理人
（ノミニー）保管銀行　　証券会社 ── 株主名簿に記載

保管　　　　　　　保管

投資顧問会社　　投資信託（ファンド） ── 実質株主（Fund/Money Manager）

運用委託　　　　　運用委託

年金基金/政府系ファンドなど ── 真の株主（Money Owner）

在が浮かび上がると言われ、多数の日本企業の大株主リストに載っているとして全国紙や週刊誌で取り上げられ、大きな話題になりました。このことは日本企業にとって1つの課題です。そのため、多くの企業で大株主の動向をチェックし、投資家訪問の候補選定や投資家による自社に対する見方を知るために、実質株主の判明調査を行っています。株主判明調査は主に外国人株主（投資家）が対象です。というのは、英米などでは株主（投資家）が自らの保有内容を開示する法的な仕組みが存在するからです。

　米国の場合、連邦証券法に基づき、銀行や保険会社、年金基金、ミューチュアルファンド（投資信託）など一任運用資産が1億ドル（約120億円）以上の機関投資家は、保有株式の明細をすべて書き込んだレポートを四半期ごとに米証券取引委員会（SEC）に提出しています。しかも、この「様式13-F」の情報はSECのウェブサイトで24時間、誰でも無料で入手できるのです。

　米国では1975年以来、機関投資家の保有株式が、定期的に明らかになる法的な仕組みが用意されています。いわゆる一任運用資産1億ドル（約110億円、1ドル＝約110円）以上の機関投資家の運用者が、保有株式の明細に関するレポートを四半期ごとに米証券取引委員会（SEC）に提出する「様式13-F」（http://www.sec.gov/answers/form13f.htm）の存在です。銀行や保険会社、

年金基金、投資アドバイザー、証券会社などが対象で、SECのエドガー（EDGAR）（http://www.sec.gov/edgar.shtml）に、3カ月ごと保有株式のポートフォリオ情報を届出ます。その内容は自らの運用スタイルを明らかにするものです。「様式13-F」は暦年の各四半期の最終日から45日以内に届けられます。もちろん、「様式13-F」を届出の時点で、すでにその内容が古い可能性は残ります。四半期間のとても早い時期（たとえば10月1日）の売買による株主の判明は、5カ月近く経ってからになりかねないからです。

　また投資信託は、各会計年度の第1・第3四半期について、保有するポートフォリオの完全な一覧表を「様式N-Q」でSECに提出しています。半期と通期については受益者に同様なリストが届けられます。ですから、四半期ごとに運用するポートフォリオを追うことが可能です。「様式13-F」も「様式N-Qも、SECのウェブサイト（www.sec.gov）で入手でき、首都ワシントンのSEC本部の閲覧室で閲覧し、写しを取ることもできます。

　では、英国はどうでしょう。とてもユニークなのですが、英国の2006年会社法793条は、公開会社に自社の株式所有を調査する権限、つまり「真の株主」を割り出す権限を与えています。各社とも自社の直前3年間の株式保有に利害があると信ずるだけの根拠があれば、国の内外を問わず「793条通知」と称する書面を名義代理人に発信できるのです。これは、株式保有の有無や保有目的を問う書面で、即時の回答を求めることができるのです。そして、名義代理人は当該株式の自己保有や、他人保有などを会社側に知らせなければならない仕組みです。これに応じない場合、各社は配当の停止や議決権の停止などの処置を取ることができます。株式の保管や事務を代行するカストディアンを意識した仕組みで、回答は各社で開示するよう求められています。

　日本はどうでしょう。今から15年ほど前、2004年9月に経済産業省が設置した「企業価値研究会」は前後18回の会議を重ね、2006年3月に「企業価値報告書2006～企業社会における公正なルールの定着に向けて～」を取りまとめました。その4章「株主・投資家と経営者の対話の充実」は「形式的な株主」と「実質株主」を取り上げ、「株主名簿に記載されている株主」を「形式的な株主」、「実際に株式の運用を行っている者やその株式の議決権行使の指図権を有する者」を「実質株主」と記載しています。

　その上で、「会社側は、株主名簿だけでは実質株主を把握することが困難になっている」と指摘しています。さらに「会社は、株主を把握するために株主名簿を作成しているが、株主名簿には実際に株券を管理している者を記載するため、たとえば、機関投資家などの運用機関が信託銀行などに株券を保管した上で運用を行っている場合、株主名簿上には保管を行っている信託銀行名が記載されることとなる。このため、会社側は、実質的な株主（実質株主）が誰であるかを株主名簿上からは把握することができない」（同52ページ）と書いています。

　過去にこうした問題提起もありました。株券電子化で決済もペーパーレスになりました。しかし、発行体＝上場企業が「実質株主」を知る制度は、まだ実現していません。

　こうした株主名簿に記載されている株主と実質株主に焦点を当てた論文に、企業IR支援大手プロネクサスの「上場企業の株主構成から見た企業分析」（2012年8月）があります。同社の株主ウォッチ投資家データベース、eol Lionshares による分析レポートで、有価証券報告書に載っている日立製作所の大株主リストを取り上げています。これに沿って株主判明調査の話を進めましょう。

　2012年3月31日現在における所有株式数の上位10位の株主の氏名、または名称を**表4-14**で確認してください。トップ10が保有する合計株式数は14億9,392万1,329株で、発行済株式総数に対して32％です。

　この表で保有株式数や氏名を特定できそうな株主は、日立グループ社員持株会（4位）、日本生命保険（7位）、第一生命保険（10位）、そしてナッツクムコ（6位、日立のADR（米国預託証券）の預託銀行シティバンク、エヌ・エイの株式名義人）の4つです。他方、トップの日本マスタートラスト信託銀行（信託口）、2位の日本トラスティ・サービス信託銀行（信託口）、8位の日本トラスティ・サービス信託銀行（信託口9）はどれも資産管理サービスの企業です。3位にはSSBT OD05 OMNIBUS ACCOUNT-TREATYCLIENTS（常任代理人香港上海銀行）の名前があります。いずれも運用者の実態は不明です。

　同じ2012年3月31日現在で、株主判明調査の結果を**表4-15**で見てみまし

表4-14　日立製作所：大株主上位 10 位

(注) 住所のうち町名以下を省略（2012 年 3 月 31 日現在）

順位	氏名または名称	住　所	所有株式数（株）	発行済株式総数に対する所有株式数の割合(%)
1	日本マスタートラスト信託銀行株式会社（信託口）	東京都港区	323,956,000	6.99
2	日本トラスティ・サービス信託銀行株式会社（信託口）	東京都中央区	305,019,000	6.58
3	SSBT OD05 OMNIBUS ACCOUNT-TREATY CLIENTS（常任代理人香港上海銀行）	338 Pitt Street Sydney Nsw 2000 Australia（東京都中央区）	132,503,040	2.86
4	日立グループ社員持株会	東京都千代田区	128,736,384	2.78
5	ステートストリートバンクアンドトラストカンパニー505224（常任代理人株式会社みずほコーポレート銀行）	P.O. Box 351 Boston, Massachusetts 02101 U.S.A.（東京都中央区）	127,684,667	2.75
6	ナッツ・クムコ*（常任代理人株式会社みずほコーポレート銀行）	C/O Citibank New York, 111 Wall Street, NewYork NY, U.S.A.（東京都中央区）	118,573,210	2.56
7	日本生命保険相互会社	東京都千代田区	98,173,195	2.12
8	日本トラスティ・サービス信託銀行株式会社（信託口 9）	東京都中央区 96,838,000 2.09	96,838,000	2.09
9	ステートストリートバンクアンドトラストカンパニー505225（常任代理人株式会社みずほコーポレート銀行）	P.O. Box 351 Boston, Massachusetts 02101 U.S.A.（東京都中央区）	81,076,611	1.75
10	第一生命保険株式会社**	東京都千代田区	71,361,222	1.54
		計	1,483,921,329	32.00

＊ナッツ・クムコ　日立の ADR（米国預託証券）の預託銀行であるシティバンク、エヌ・エイの株主名義人

＊＊第一生命保険株式会社の保有株式数には、同社が退職給付信託に拠出している6,560,000株を含む

（岡東務「上場企業の株主構成から見た企業分析」プロネクサス　3 ページから作成）

表 4-15　日立製作所：株主判明調査後の大株主トップ 20

(2012 年 3 月 31 日現在)

順位	株主名称	国	種類	所有株式数
1	Hitachi Group Employees Stock Ownership Plan		従業員持株会	128,736,384
2	Ontario Teachers' Pension Plan Board	カナダ	年金基金	120,056,300
3	Nippon Life Insurance Co.	日本	私的会社	98,173,195
4	The Dai-ichi Life Insurance Co., Ltd.	日本	株式会社	64,801,222
5	Fidelity Management & Research Co.	米国	投資顧問	58,752,671
6	Nomura Asset Management Co., Ltd.	日本	投資顧問	45,287,000
7	The Vanguard Group, Inc.	米国	投資信託	37,559,154
8	TIAA-CREF Asset Management LLC	米国	投資顧問	34,772,422
9	BlackRock Fund Advisors	米国	投資信託	30,754,000
10	Nikko Asset Management Co. Ltd.	日本	投資顧問	28,761,000
11	Norges Bank Investment Management	ノルウェー	国有資産	26,104,903
12	Mitsubishi UFJ Asset Management Co. Ltd.	日本	投資顧問	22,240,000
13	Daiwa Asset Management Co. Ltd.	日本	投資顧問	19,152,000
14	NKSJ Holdings, Inc.	日本	株式会社	16,686,032
15	Oldfield Partners LLP	英国	投資顧問	16,100,000
16	Investec Asset Management Ltd.	英国	投資顧問	13,647,000
17	Morgan Stanley Investment Management Ltd.	英国	投資顧問	13,001,000
18	Canada Pension Plan Investment Board	カナダ	年金基金	11,373,000
19	Grantham, Mayo, Van Otterloo Co. LLC	米国	投資顧問	11,232,694
20	RCM Asia Pacific Ltd.	香港	投資顧問	11,012,000

(岡東務「上場企業の株主構成から見た企業分析」プロネクサス　4ページから作成)

表4-16　リミテッドブランズの株主プロファイル①

〔株主〕

	保有者数	保有金額 （10億ドル）	保有率（%）	株数
機関投資家	732	24,129.43	93.1	269,514,198
ミューチュアル・ファンド	1,346	310,899.37	40.6	117,401,675
インサイダー*	9	460.8	0.3	801,104

＊インサイダーの数量は受益者の直接所有

〔売買〕

	保有者数	変更金額 （10億ドル）	保有率（%）	株数の増減
買い手	288	568.14	8.27	22,858,552
売り手	323	−638.58	9.71	−26,840,910
ネット		−70.45	1.44	−3,982,358

〔集中度〕

	金額（10億ドル）	保有率（%）	株数
全機関投資家	6,191.41	91.31	252,378,058
トップ10機関投資家	3,553.43	52.14	144,118,590
トップ20機関投資家	4,220.52	61.28	169,368,528
トップ50機関投資家	5,036.40	73.73	203,772,279

（http://investors.lb.com/stock/ownership-profile から作成。2019/11/12 現在）

ょう。プロネクサスのレポートは、同社の投資家情報データベース「eol Lionshares」（イーオーエル・ライオンシェアーズ、略称「ライオン」）を利用しています。まず、有価証券報告書で第4位だった日立グループ社員持株会が第1位の株主として登場します。もちろん株数は変わりません。第2位は、カナダの Ontario Teachers' Pension Plan Board（オンタリオ教員年金計画委員会）です。オンタリオ州の教員年金です。第3位は日本生命で有価証券報告書の大株主を示す表4-14では7位でした。続く4位は、表4-14で第10位の第一生命保険です。このように、株主判明調査は実質的な投資運用機関を特定する仕事です。もう少し言えば、運用の意思決定を行う人物まで特定します。

表 4-17　リミテッドブランズの株主プロファイル②

投資スタイル	保有者数	保有金額 （10 億ドル）	機関投資家 での保有率 （%）	株数
・グロース	176	789.29	12.81	35,409,863
アグレッシブ・グロース	4	26.60	0.37	1,019,735
コア・グロース	134	458.39	7.28	20,120,066
グロース	38	304.30	5.16	14,270,062
・インカム	22	54.96	0.87	2,414,354
インカム・バリュー	7	26.19	0.44	1,228,031
イールド	15	28.77	0.43	1,186,323
・インデックス	57	1,784.87	27.34	75,559,053
・その他	174	1,777.66	24.96	68,973,029
ブローカー・ディーラー	30	113.73	1.66	4,585,755
GARP	71	907.46	12.73	35,191,966
ヘッジファンド	65	732.09	10.22	28,250,523
スペシャリティ	7	22.50	0.32	872,635
VC プライベート・キャピタル	1	1.88	0.03	72,150
・バリュー	95	339.98	5.05	13,944,510
コア・バリュー	83	305.26	4.48	12,369,136
ディープ・バリュー	12	34.72	0.57	1,575,374

(http://investors.lb.com/stock/ownership-profile から作成。2019/11/12 現在)

株主を投資スタイル別に掲載する
～米衣料大手のリミテッドブランズ～

　米衣料大手のリミテッドブランズ（http://www.limitedbrands.com/）の IR サイトは、「株主保有データはトムソン・ファイナンシャルによる最新データに基づく」と注記して、「株主プロファイル」を掲載しています（**表 4-16、表 4-17**）。

　「機関投資家」は 732 社、1,346 のミューチュアル・ファンド（日本の投信に相当）が同社の株式を保有しています。「売買」では、買い手は 170 社、売り手は 229 社となっています。「集中度」ではトップ 10 機関投資家が全発行済み株

式の47.9％を保有し、トップ20では同じく61.5％を保有。全機関投資家となると、保有比率は93.1％に達します。

　これに続いて、機関投資家を「投資スタイル」に区分し、それぞれの数、保有金額、保有株式の比率などを示しています。株式インデックスに見合ったパフォーマンスを目指す「インデックス」は57社、保有率は27.34％です。売上や利益の成長に着目する「グロース」は176社、保有比率は12.81％です。

　「グロース」は成長系ファンドの意味で、いくつかのタイプがあります。一般的にバイ・アンド・ホールド（株式を購入し保有する）の投資スタンスで保有期間は長期に渡る傾向が強い「コア・グロース」の134社（保有比率7.28％）があり、短期間のうちに頻繁に売買を繰り返す傾向があるとされる「アグレッシブ・グロース」も4社あることがわかります。そして、この表では「その他」に分類されているGARP（Growth at a Reasonable Price、割安な株価で成長が市場を上回るグロース）の運用スタイルも71社あり、その保有率は12.73％を占め、広い意味での「グロース」は25.54％に達していることがわかります。

　つまり、同社の株式は、インデックス（保有率27.34％）とコア・グロース（同7.28％）とGARP（同12.73％）の3つの投資スタイルのファンドが47.35％も保有しているのです。そして「ヘッジファンド」も65社、保有率は10.22％とあります。これで57.57％になります。

　もう1つは、投資スタイルの類別の大きな柱の「バリュー」です。これは、バリュエーション（企業評価）の絶対水準が低い、あるいは市場平均や同一銘柄の過去の水準と比較して低い銘柄に投資するファンドを指します。バリュエーションが市場平均値に接近または同値を超過する水準に至るまで銘柄を保有するため、コア・グロースの投資家同様にバイ・アンド・ホールドの投資スタンスをとる例が多いとされます。リミテッドブランズの場合、「バリュー」で95社、保有率で5.05％とあります。こうして、同社の株主を運用スタイルでアプローチすると、おのずから株主の求める方向もわかろうというものです。

　同社の「株主プロファイル」は、これで終わりではありません。続いてトップ10の株主リストが保有株数、保有率とともに載っているのです。

▼ 機関投資家：投資スタイルの類別

ところで、リミテッドブランズの株主プロファイルで登場した「投資スタイル」ですが、その歴史は1970年代の初めに始まるとされます。この頃、年金運用機関のパフォーマンス評価を業務としていたフランク・ラッセル社は、ファンドマネジャーのパフォーマンスをいくつかのカテゴリーに分類できる特性（投資スタイル）を見出し、1978年に投資スタイル別のパフォーマンス評価を始めたのです。

1975年5月、米国市場で株式取引手数料の自由化が始まります。このとき、連邦議会で前出の「様式13-F」を四半期ごとにSECに届ける法案が成立し、機関投資家からSECに四半期ごとに持ち込まれるデータは自動的に積み上がっていきます。

20年後の1995年、SECが各企業の開示書類の提出・受理・審査・頒布をすべて電子ベースで対応するエドガー（EDGAR、Electronic Data Gathering, Analysis, and Retrieval systemの頭文字を取った略字）・システムの実用化で飛躍的に拡大します。エドガーは企業情報の図書館になったのです。1996年にはSEC登録の米国企業は、有価証券届出書などの提出書類をエドガーや電子媒体（フロッピーディスクなど）での提出が義務となりました。SECに電子ベースで書類を届出すれば、同時に各証券取引所、各省、州政府などに対する届出も完了し、他の規制機関や監督機関に対して同様の書類を提出する義務が免除される「ワンストップ・ファイリング」の始まりです。

誰でも、いつでも、無料でアクセスできるエドガーのデータですが、ここで運用会社の提出するファイルから割り出した「投資スタイル」が株主判明調査に掲載されているのです。「投資スタイル」の区分の例を**表4-18**に用意しました。ただし、この区分がコンサル会社各社で異なることも、決して少なくありません。

▼ アクティブ運用とパッシブ運用

この20年あまり、市場は大きく変化しました。とりわけ、(1)株式売買手数料の大幅な縮小、(2)電子取引による株式の大量売買の増加、(3)インデックスファンドや上場投資ファンド（ETF）などパッシブ投資の増大、(4)ヘッジファンドからの資金流出などの影響は大きく、各方面に大きな影響を与えています。ど

表4-18 機関投資家：投資スタイルの類別

〔様式 13-F〕

株式運用資産 1 億ドル以上の機関投資家（含：銀行、保険会社、投資信託、投資顧問、年金基金）が四半期ごとに米国 SEC に提出を求められている保有株式の明細に関するレポート

【Growth（成長）系ファンド】

1. Aggressive Growth（アグレッシブ・グロース）	急成長中の企業、事業を開始して日の浅い企業、現時点で利益水準がきわめて低い、あるいは利益が出ていない企業などを主要な投資対象とする。一般的に短期間のうちに頻繁に売買を繰り返す傾向があり、銘柄保有期間は他のタイプの投資家より短い
2. Core Growth（コア・グロース）	過去の売上や利益の成長率が S&P500 採用銘柄中トップクラスに属する銘柄、大企業およびブルー・チップ銘柄を主要な投資対象とする。一般的に「バイ・アンド・ホールド」の投資スタンスをとるため、銘柄保有期間は長期に渡る傾向が強い
3. Growth（グロース）	アグレッシブ・グロース投資家とコア・グロース投資家のいわば中間に属する投資家で、後者と比較すると投資金額も大きく、売買もより頻繁に行っている。一般的に成長率が市場平均を上回っている銘柄に投資する
4. Growth at a Reasonable Price（GARP＝割安な株価で成長が市場を上回るグロース）	株価が市場実勢と比較して割安、そして期待成長率が市場平均を上回る銘柄に投資する。純粋なグロース投資家より保守的な投資スタイルである

【Value（割安）系ファンド】

5. Core Value（コア・バリュー）	バリュエーションの絶対水準が低い、あるいは市場平均や同一銘柄の過去の水準と比較して低い銘柄に投資する。バリュエーションが市場平均値に接近または同値を超過する水準に至るまで銘柄を保有するため、コア・グロースの投資家同様、「バイ・アンド・ホールド」の投資スタンスをとる例が多い
6. Deep Value（ディープ・バリュー）	バリュエーションがきわめて低い銘柄に投資する。一般的に市場で人気のない銘柄や産業に投資する傾向が強い。また、経営陣の変更や資産売却、スピン・オフなどが発生している銘柄や、市場がネガティブな見方をしている銘柄に投資する傾向が強い
7. Income Value（インカム・バリュー）	コア・バリュー投資家と基本的に同様の投資スタンスをとるが、配当利回りを重視する点に特徴がある

【Index（インデックス）系ファンド】

8. Index（インデックス）	S&P 500、ウイルシャー Small Cap、ラッセル3000などの株式インデックスに見合ったパフォーマンスを目指し、インデックスと同様の組合せのポートフォリオを組む投資スタンス。インデックスの組合せに従って銘柄を選択するため、個別銘柄や証券の分析は行わない

【その他ファンド】

9. Momentum（モメンタム）	利益水準、利益予想値や株価が市場平均や同業他社と比較して速いスピードで成長している銘柄に投資。利益予想の上方修正や事前予想を上回る利益を公表した銘柄などに重点投資し、またネガティブな情報が公表された場合直ちに売却する傾向が強いため、同一銘柄の保有期間は短期になりがちである
10. Speciality（スペシャリティ）	特定の産業、銘柄（群）、および特定の種類の証券（転換社債など）に重点的に投資。個別企業の財務内容などにかかわらず、特定の企業（群）や産業に投資する

11.	Yield （イールド）	配当利回りが市場平均を上回る銘柄や、現在の配当水準の維持または増配が期待される銘柄に重点投資。キャピタル・ゲインより継続的なインカムや安全性を重視するスタンス
12.	VC プライベート・キャピタル	ベンチャーキャピタルとプライベートエクイティの投資家は通常、IPO（株式の新規公開）の前に一連の資金調達に参加し、その後、非公開会社から公開会社への移行後に所有権を保持した場合にのみ、公開会社の所有者になる。VCは通常、IPO後の最初の数年間に公開企業の保有を処分する

【海外系ファンド】

13.	International （インターナショナル）	資産の大半を外国株に投資し、国内株にはごくわずかかまったく投資を行わない。外国株への投資を中心としつつ、国内株も一定の資産配分を行う投資家を"グローバル"投資家と呼ぶ
14.	Emerging Markets （新興市場）	中南米、アジア、欧州、アフリカなどの発展途上国に重点投資

（各種資料から作成）

　れも、パッシブ投資の成長に関連しています。当然、資産運用する機関投資家にも大きな変化がありました。

　今、「パッシブ投資」という用語が出てきました。米国の有名投資家で「オマハの賢人」と言われるウォーレン・バフェットは20年以上にわたり、投資について問われるといつも「インデックスファンドの購入」とアドバイスしてきたことは、よく知られています。インデックスファンドはパッシブ運用による投資信託の1つです。

　ここで、「パッシブ運用」と「アクティブ運用」という2つの資産運用について説明しておきましょう（**表4-19**）。まず、「パッシブ運用」は、運用目標とされるベンチマークに連動する運用成果を目指す運用スタイルです。たとえば、日経平均株価が1％上がるとETF（証券取引所に上場し、株価指数などに代表される指標への連動を目指す投資信託）も連動して1％上がるというわけです。運用では、ファンドマネジャーによる投資戦略の立案もなく、投資対象の選定・入れ替え、組入比率の変更もありません。機械的な運用と言っていいでしょう。そのため、投資信託の販売手数料や信託報酬などの運用コストも抑えられます。

表4-19 アクティブ運用とパッシブ運用

アクティブ運用	・独自の見通しやテクニックを駆使して、積極的にベンチマーク（投資成績を評価するための指標）となる市場インデックス（日経平均株価やTOPIXなど）を上回る収益を目指す運用のこと ・その運用は、マクロ的な投資環境の予測から、資産配分や投資対象を決めるトップダウンアプローチと、個別企業の調査・分析から投資対象の選別を行うボトムアップアプローチなどの手法があり。具体的にはアセット・アロケーション（株式、公社債、現金などへの投資配分）に沿って銘柄の選択・入れ替えなどを行う
パッシブ運用	・運用目標とされるベンチマーク（日経平均株価やTOPIXなどの指標など）に連動する運用成果を目指す運用手法のこと。日経平均株価が1％上がるとETF（証券取引所に上場し、株価指数などに代表される指標への連動を目指す投資信託）も連動して1％上がるなど、値動きがわかりやすい ・投資戦略の立案や投資対象の選定・入れ替え、組入比率の変更もなく、機械的に運用できることもあり、販売手数料や信託報酬などの運用コストを抑えられる ・パッシブ運用の中でも、株価指数などをベンチマーク（基準）としてこれに非常に近い動きをすることを目標としたファンドを、インデックスファンドと呼ぶ

（各種資料により作成）

他方、「アクティブ運用」は、ファンドマネジャーが自分や運用会社の調査や分析力、経験を生かして、ベンチマーク（投資成績を評価するための指標）となる市場インデックス（日経平均株価やTOPIXなど）を上回る運用成績を目指す運用スタイルです。

具体的な運用では、大局的な投資環境の予測から資産配分や投資対象を決めるトップダウン・アプローチや、個別企業の調査・分析から投資対象の選別を行うボトムアップ・アプローチがあります。どちらにしてもファンドマネジャーは10-K（年次報告書）を検討し、経営陣にインタビューし、業界関係の専門誌を読んで多くのアナリスト・レポートを比較検討し、アセット・アロケーション（株式、公社債、現金などへの投資配分）に沿って銘柄の選択・入れ替えなどの投資判断を行うのが通例です。

別の言い方をすれば、この2つは市場全体のトレンドを追求するパッシブ投資のインデックス運用と、超過収益機会を追求するアクティブ運用です。いわ

ば、対比的な運用スタイルと言えるでしょう。

　一般的に、ETF（上場投資信託）やインデックスファンドなどのパッシブ投資ファンドは、運用会社が組成しているので、株主総会での株主議決権は運用会社にあると言っていいでしょう。

　そうなると、パッシブ運用のファンドの「株主総会での議決権行使」や「エンゲージメント」にIR担当者もアプローチが求められます。ちなみに、日本でも2017年の改訂版スチュワードシップ・コードで、「パッシブ運用における対話など」が取り上げられています。「機関投資家は、パッシブ運用を行うに当たって、「より積極的に中長期的視点に立った対話や議決権行使に取り組むべき」（指針4-2）とのことです。

　ここで、心しておかなければならない点は、パッシブ運用の担当者も議決権行使に当たって運用会社の内部で意見を求められる立場にあるということです。

　では、パッシブ運用の担当者（ファンドマネジャー）にIR担当者はどんな対応をしているのでしょうか。そこで、2017年にNIRI（全米IR協会）が発表した調査（回答200人）を見ると、IR担当者や財務担当者でパッシブやインデックスのファンドとやり取り（エンゲージメント）をしたことのあるIR担当者を問うと、過去1年にまったくないが33％で、年1回以上が67％でした。毎日やり取りのあるIR担当者もいます。そして、そのやり取りは、コーポレートガバナンス・ポリシー（70％）、取締役会の構成（42％）、サステナビリティ・ポリシー（28％）などです。IR担当者は動いているのです。

⚫ 議決権行使助言会社への対応

　機関投資家が株主総会の議決権行使に当たって頼りにするものがあります。それは、議決権行使助言会社です。代表的な助言会社として米インスティテューショナル・シェアホルダー・サービシーズ（ISS、1985年創業）や米グラス・ルイス（Glass Lewis、2003年創業）があります。2社でシェア9割を占めるとされ、その影響力は米国はもちろん、各国の株主総会に及んでいます。

　議決権行使助言のビジネスが注目を集めるようになったのは、それほど古くはありません。1980年代の米国は敵対的企業買収が盛んでした。今とは違い、

当時のルールでは経営者が年金基金の受託者も兼任でき、さらに年金資産の10％まで自社株の投資も可能でした。そのため、自社への敵対的買収などの対抗策として企業年金を利用する事態もありました。企業年金基金を監督する労働省（DOL）は1988年のエイボン・レターで、「企業年金における議決権行使は、年金資産などの運用に伴う受託者責任の一部である」との方針を明らかにしました。つまり、「年金基金は保有株式の議決権行使を行う責任がある」「その保有する株式の議決権は年金制度加入者の利益のみに配慮して行使するべきである」というのです。

　また、投資信託について米SEC（証券取引員会）は、2003年に投資信託が保有する株式に関する議決権行使について新たなルールを制定し、各投信会社に投資信託組入株式に関する議決権行使の方針や状況を投資信託の購入者に向けて開示することを義務づけました。

　機関投資家は多数の企業に投資しています。そのため、投資先から株主総会の直前に送付される議案は膨大な数に上ります。議決権行使で１つひとつの議案を分析するスタッフや、その賛否を決める時間には限りがあります。そこから、投資先の企業の総会議案に対して賛成・反対の推奨意見を用意する議決権行使助言のビジネスが登場するのです。

　多くの大手機関投資家による議決権行使の方針は、およそ次のようなものです。「議決権行使にかかる調査（報酬水準、環境社会問題、各国規制など）、議案に対する推奨などの参考情報を収集するために、ISSやグラス・ルイス、その他の第三者機関を、自社の独自の分析と判断を行うために活用する」。もちろん「最終的には当社の議決権行使委員会が議決権行使に関するすべてを決定する」としています。

　それだけに近年、経営トップが株主総会の議案となる役員人事やM&A事案などのトピックスについて、事前にISSやグラス・ルイスなどの議決権行使助言会社とも面談する頻度が増えています。もちろんCEOやCFOと並んでIR担当者も面談チームのメンバーです。

　日本の経団連も動いています。たとえば、2019年３月、会員企業のIR担当者や総務担当者たちが出席する、ISSとグラス・ルイスとの「懇談会」を行い、ISSから株主総会議案で重視している点や2019年度の議決権行使助言方針につ

表 4-20　ESG 投資：7 つのアプローチ

①ネガティブ・スクリーニング	ESG の観点で問題のある企業を投資対象から除外する
②ESG インテグレーション	ビジネス・モデルや財務指標の分析だけでなく、ESG の分析も投資判断のプロセスに組み込む
③エンゲージメント	投資先企業との対話や議決権行使などを通じて、ESG への取り組みを促すなど企業行動に影響を与える
④規範に基づくネガティブ・スクリーニング	国連グローバル・コンパクト（UNGC）などの国際的な規範に反する企業を投資対象から除外する
⑤ポジティブ・スクリーニング	ESG 評価の高い企業のみを投資対象として組み入れる、または投資比率を高める
⑥テーマ投資	持続可能性に関する特定のテーマ（気候変動・食糧・農業・水資源・エネルギーなど）に投資する
⑦インパクト投資	社会問題や環境問題に対して、地域開発プロジェクトやマイクロファイナンスなどを通じて、より直接的な解決を目指す

（各種資料から作成）

いて、グラス・ルイスから同社の活動や今後の議決権行使助言方針の考えについて説明を聞き、意見交換を行っています。

● ESG 情報を求める投資家

　今、多くの企業の IR 関係者の関心は、投資家の ESG（環境・社会・ガバナンス）をめぐる投資判断に集まっています。2019 年 6 月の時点で、グローバルで資産運用トップ30 社のうち 27 社に専門の ESG チームがあるとの報告もあります。では、どう対応しているのでしょうか。IR 部門への問合せは急速な勢いで増えています。世界中の機関投資家がこぞって ESG 情報を求めているという構図が見えてきます（**表 4-20**）。

　とりわけ、米国企業の ESG 情報開示をめぐる動きは、この数年、勢いがついたような展開です。それは、この数年の全米 IR 協会（NIRI）の年次大会での ESG をめぐる議論を追うと、よくわかります。
　NIRI が年次大会で初めて ESG を真正面から取り上げたのは 2017 年です。分科会で、英オックスフォード大学の研究者が、世界の大手投資家の 8 割超が投

資判断に ESG 情報を織り込んでいると報告し、米国有数の電力会社 AEP のベテラン担当者も「最近は機関投資家が単なる数値以上に広範な開示を求め、その対応が大きな課題になっている」とコメントしました。米流通大手ウォルマートの IR 関係者も「ESG に対する企業サイドの対応は大きく変わった。特に欧州投資家からの問合せも多く、先ごろ、自社の IR サイトに ESG 投資家向けのページを用意した」と語っています。

このときメイン会場に登壇したウォルター元米証券取引委員会（SEC）委員長が、ちょうどトランプ大統領が地球温暖化対策の国際的枠組み「パリ協定」からの離脱を表明した直後だったこともあり、今後の見通しを問われて、「法的開示を求める SEC よりも、投資家のプレッシャーがもっと重要です」「今後の動きは市場が決めていく」とキッパリと明言したのが印象的でした。

投資家の大きな攻勢は続きます。2018 年 1 月、米資産運用大手ブラックロックのフィンク CEO（最高経営責任者）が投資先の企業に「A Sense of Purpose（企業理念）」と題して送付した年次レターです。そこには「長期にわたって繁栄を続けるためには、企業は財務業績を上げるだけでなく、（本業を通じて）社会に貢献していることを示さなければならない」とあり、各社にその実現に努めるよう求める内容でした。「企業による従業員の能力開発や生活水準向上への積極的な投資を重視する」というのです。米国をはじめ各国の IR 関係者にざわめきが広がりました。

ブラックロックの運用資産は 6 兆ドル超（2017 年末時点）で、日本の GDP（国内総生産）を上回ります。日本での投資先には名立たる企業が名前を連ね、3 月には約 400 社の日本企業に日本語版が届けられました。

🔻 ESG インテグレーションが本流に

2018 年の NIRI 年次大会で、「ESG は主流に」と題するテーマのパネルディスカッション「ESG インテグレーション」に大勢の参加者が集まりました。「ESG インテグレーション」とは、各社のビジネスモデルや財務諸表の分析に加え、ESG 状況の分析を投資判断に取り込んだもので、多くが投資先の ESG 状況を点数で定量化して評価するアプローチです。

米有力機関投資家の ESG 責任者 3 人が、それぞれ①ESG 投資の状況、②ス

表4-21　米運用会社のESGスコアカード（例）

①環境	②労働関連	⑤コーポレートガバナンス
気候変動脆弱性	離職	報酬
カーボン・フットプリント/排出	賃金/便益	経営者/取締役の株式保有
エネルギー効率性/クリーン技術	労働条件/安全	株式保有の構成
水供給&リスクマネジメント	研修	取締役会
廃棄物&危険物	多様性	・株主の支持
原材料源	仕事満足測定	・独立
事故	組合関係/課題	・多様性
参証文書	参証文書	・CEO/会長職の分離
③サプライチェーン	④その他の社会関連	ビジネス倫理
調達国リスク	プライバシー&データ・セキュリティ	説明責任
サプライヤーとのリレーション	製品の品質と安全性	効率性
自主企画商品/製造年月日の公表	ステークホルダーとのリレーション	利害相反
事故	事故	参証文書
監査/参証文書	参証文書	

コアカード（採点表）を使った投資先のESG状況についての分析、③銘柄選択のプロセスなどを説明し、「何よりも投資先のESG情報を踏まえた投資判断が、投資リターンの向上と運用リスクの低減につながる」と語りました。そして、こうした「ESGインテグレーション」による投資判断のプロセスは株式だけでなく、債券にも及んでいるというのです。

　そのとき、1人のパネラーが引用したESGスコアカードの例が**表4-21**です。投資の対象企業のESG状況を点数で定量化し、評価します。大項目は①環境、②サプライチェーン、③労働関連、④その他の社会問題、⑤コーポレートガバナンスです。各項目のスコアにウェイトをかけ、各企業の加重平均スコアを計算します。たとえば「IT産業ではプライバシー&データ・セキュリティという

スコアのウェイトが高く、鉱業では廃棄物＆危険物のスコアのウェイトが高い
かもしれない」といったように、ウェイティングは業種別で異なります。

　このパネルディスカッションで司会者が引用した米運用会社への調査（回答
189社）によると、企業からもっと聞きたいESGのテーマの第1はガバナンス
（58％）、次がサイバー・セキュリティ（53％）。また「ESGインテグレーショ
ン」が勢いを増している理由を問うと、リスク低減（66％）、顧客の選好（60
％）が上位に並んでいました。
　そして、企業のESG分析を行うときの情報源として年次報告書（56％）が
トップに挙がり、これに面談での直接の質問（46％）、サステナビリティ・レ
ポート（44％）が続きます。サステナビリティ・レポートでは「有用だが自分
の質問に答えていない」（28％）という回答もありました。ちなみに当日、会
場でアンケートを取ったところ、決算説明会でESGに言及した企業は8社に1
社でした。

　日本はどうでしょう。2019年2月に生保協会が発表した調査によると、企業
（回答523社）の28％がESGの取り組みを十分開示しているとする一方、十分
と考える投資家（同97社）は1％でした。その上で、生保協会は企業に情報開
示の充実を提言しています。

🔻 ESG情報の発信に向けて

　企業のESG情報をめぐっては、各社のIR現場から、内外から届く多数のア
ンケートに「もう何とかして！」という悲鳴が聞こえてきます。あまりの仕事
量に、「questionaire fatigue（アンケート疲労）」「survey fatigue（調査疲労）」
とも言われる状況があります。1つのアンケートに150〜200の質問項目があり、
直近の情報を書き込むには、ESG部門はもちろん、人事や経営企画など社内の
横断的な連絡と確認も欠かせません。また、電話やメールの問合せもあります。

　そして、誰もが納得する共通の開示基準やガイダンスを求める声もあります。
実際、海外なら国際統合報告評議会（IIRC）やGRIスタンダード、国内でも経
産省の価値協創ガイダンスなどがあり、「あれこれ参照しても、具体的にどん

な基準でどんな ESG 情報を開示すべきなのか、よくわからない」というのです。

この点は、2018 年 11 月から、IIRC や GRI など 8 つの団体によるプロジェクトが始まっています。今後 2 年間で各ガイドラインの共通点や差異を明快にし、重複する部分は互いに整合性を高めようと作業が始まっています。年金積立金管理運用独立行政法人（GPIF）の委託調査による報告書（2019 年 4 月）は、ESG 情報開示について、十分でない企業は主要な基準の「共通点」を手始めにし、すでに積極的に取り組んでいる企業はさらに投資家を明確に意識して、それぞれ一層の充実化に取り組むべきと提言しています。

今、多くの IR 担当者が注目する 2 つの取り組みがあります。1 つは、2011 年設立の米非営利団体サステナビリティ会計基準審議会（SASB）です。2018 年11 月に発表された 11 セクター 77 業種別の ESG 情報開示基準です。すでに大手機関投資家での採用される動きもあります。2011 年の設立以来、財務報告向けに影響の大きい ESG 要因を開示する基準案をセクターごとに作成し、時間をかけ、周到な準備を積んでまとめた内容です。そして SASB の理事会には米財務会計基準審議会（FASB）や米証券取引委員会（SEC）の元幹部たちが名を連ね、その開示基準は近い将来 SEC 規則になる、との観測もあります。

もう 1 つは、2019 年 1 月発表の NIRI の「ESG ポリシー」です。NIRI は ESGが IR 担当者の投資家コンタクトで大きなテーマとなっているとして、次の 4 つの指針を書き出しています。

①自社や同業他社、業界における ESG 情報開示の状況を把握する
②どの企業でも同じ一律の ESG 情報という考えを取らない
③ESG の開示の範囲と内容は、各社固有の重要性の考慮事項と業界/セクターの慣行に基づくべきである
④ESG 情報の開示は、各社のディスクロージャー委員会、そして大手投資家との協議の上、各社で決定されるべきである

これは SASB の考えを取り入れた内容です。それに「情報の開示内容はディスクロージャー委員会で、それも株主の話をよく聞いた上で決定するべき」と

クギを刺しています。IR 関係者に ESG 情報を全社的な組織の決定によって取り組むこと、大手投資家は対話の相手である点を確認するのです。どんな企業情報の開示も、まず株主・投資家に耳を傾けることから始まるのが IR の出発点です。市場の声を経営に届ける IR の役割を確認し、「多くの投資家にとって、ESG 要因の開示は企業の長期的な株主価値や、四半期戦略から長期戦略に関して、より慎重な議論切り開く道を開く可能性がある」と、「ESG 情報の開示」の効用を語っています。

　2019 年 2 月、ドイツ、英国、カナダ、米国、オーストラリアの IR 協会の代表たちが参加する「G-5」の集まりが豪シドニーでありました。議題に欧州連合（EU）の MiFID Ⅱ（第 2 次金融商品市場指令）など固いテーマが並んだものの、そのやりとりは、最初から最後まで ESG の話で持ち切りでした。「ESG 情報は、今後ますます各 IR 協会の活動で中心となるテーマ」だというのです。

　1997 年以降、米主要企業 194 社の経営者団体ビジネス・ラウンドテーブル（BR）は、企業は原則的にその株主に奉仕するために存在するという「株主第一主義」の原則を語り続けてきました。その BR が、2019 年 8 月、「企業は利益を生むこととともに、新たに顧客、従業員、サプライヤー、地域社会、株主の 5 つのステークホルダーすべてに利益をもたらすのが「企業の目的」（the Purpose of a Corporation）であるとの声明文を発表しました。企業は、株主とともに従業員や社会にも責任を負うというのです。この声明文に署名した CEO は 192 人（2019 年 11 月 22 日現在）です。BR の動きを知って、多くの米 IR 関係者が、NIRI の「ESG 情報ポリシー」を思い起こしたと言われています。

▼ 持続可能な開発目標（SDGs）と
　気候関連財務情報開示タスクフォース（TCFD）

　この数年、ESG と並んで、SDGs と TCFD いう略称をよく目にします。SDGs（＝Sustainable Development Goals、持続可能な開発目標）は 2015 年 9 月、国連で採択された、環境や社会問題に取り組むための目標です。SDGs は、2016 年から 2030 年までに貧困撲滅や格差の是正、気候変動対策など国際社会に共通する 17 のゴール（目標）と 169 のターゲットで構成されています（**表 4-22**）。

表4-22 持続可能な開発目標（SDGs）：17のゴール

1	No Poverty （貧困をなくす）	10	Reduced Inequality （人や国の不平等をなくそう）
2	Zero Hunger （飢餓をゼロに）	11	Sustainable Cities and Communities （住み続けられる街づくりを）
3	Good Health and Well-being （人々に保健と福祉を）	12	Responsible Consumption and Production （つくる責任と使う責任）
4	Quality Education （質の高い教育をみんなに）	13	Climate Action （気候変動に具体的な対策を）
5	Gender Equality （ジェンダーの平等）	14	Life Below Water （海の豊かさを守ろう）
6	Clean Water and Sanitation （安全な水とトイレを世界中に）	15	Life on Land （陸の豊かさも守ろう）
7	Affordable and Clean Energy （エネルギーをみんなに、そしてクリーンに）	16	Peace, Justice, and Strong Institutions （平和と公正をすべての人に）
8	Decent Work and Economic Growth （働きがいも経済成長も）	17	Partnerships to achieve the Goal （パートナーシップで目標を達成しよう）
9	Industry, Innovation and Infrastructure （産業と技術革新の基盤をつくろう）		

　SDGsでは「民間セクターが公的課題の解決に貢献することが決定的に重要であり、民間企業（個人事業者も含む）が有する資金や技術を社会課題の解決に効果的に役立てていくことはSDGsの達成に向けた鍵でもある」とし、企業をSDGsの担い手として位置づけています。

　SDGsに賛同する企業が17の項目のうち、自社にふさわしいものを事業活動として取り込むことで、ビジネス・チャンスを開拓できる可能性も大きく、2017年の世界経済フォーラム（ダボス会議）ではSDGsが達成されることで、少なくとも12兆ドル（約1,300兆円）もの経済価値がもたらされるとの指摘もありました。

日本でも 2016 年 5 月、政府が「持続可能な開発目標（SDGs）推進本部」を設置し、経済、社会、環境の 3 分野で課題への取り組みを通じて「SDGs の主流化」を実施していますし、民間セクターでは 2017 年 11 月に経団連が企業行動憲章を改定し、会員企業に SDGs の達成に向けて行動を求めるなどの動きがあります。

　東証一部上場企業を対象にした GPIF（年金積立金管理運用独立行政法人）の調査（回答 604 社、2019 年 5 月）によると、すでに「SDGs への取り組みを始めている」企業は 45 ％、「SDGs への取り組みを検討中」は 39 ％です。別の調査では、社内で SDGs を推進するのは CSR 部門や経営企画部門が多く、重視するステークホルダーとして、顧客、国内投資家、海外投資家、従業員が上位を占めます。

　もう 1 つの TCFD（Task Force on Climate-related Financial Disclosures、気候関連財務情報開示タスクフォース）は、2015 年 4 月の G20 財務相・中央銀行総裁会議で、気候変動問題が金融システムに与える影響への懸念から、金融システムの安定化を図る国際的組織の金融安定理事会（FSB）に呼びかけがあり、同年 12 月に FSB が設置しました。

　そのミッションは、気候変動がもたらすリスク/機会に関する適切な情報開示の枠組みの開発です。2017 年 6 月に公表された最終報告は、次の 4 つの項目について、自社に財務的な影響のある気候関連情報の開示を求めました。

①ガバナンス（Governance）：どのような体制で検討し、それを企業経営に反映しているか
②戦略（Strategy）：短期・中期・長期にわたり、企業経営にどのように影響を与えるか。またそれについてどう考えたか
③リスク管理（Risk Management）：気候変動のリスクについてどのように特定、評価し、またそれを低減しようとしているか
④指標と目標（Metrics and Targets）：リスクと機会の評価についてどのような指標を用いて判断し、目標への進捗度を評価しているか

　ここで②戦略は、将来起こる可能性のある気象関連の事象のリスクや対応に

関連して、自社のビジネスや経営に与える影響を「シナリオ分析」し、その説明を求めています。

　そんな「シナリオ分析」の実例では、すでに石油大手のロイヤル・ダッチ・シェルや豪有力鉱業のBHP、日用品のユニリーバなどが高い評価を得ています。日本企業でも伊藤忠商事や商船三井、日本航空、住友林業などによる「シナリオ分析」がよく参照されています。IR担当者も、こうした先例に一度目を通しておきたいものです。

　今、TCFDに対して世界全体で922の企業や機関が賛同の意を示しています。日本はトップ（212）で、イギリス（129）や米国（127）を大きく上回っています（2019年12月13日時点）。こうしたTCFDに対する関心の高さに、ここ数年、日本企業のESG情報開示の高まりが現われています。

💿 2つのコードの時代に
〜スチュワードシップ・コードとコーポレートガバナンス・コード〜

　この数年、毎日のようにスチュワードシップ・コードやコーポレートガバナンス・コードという活字をよく見かけます。ここで言うコードとは「行動原則」の意味です。どちらも、政府の成長戦略を示す「日本再興戦略2013 —JAPAN is BACK—」の中で提起され、その後の企業や機関投資家の行動に大きな変化をもたらしています。

　スチュワードシップ・コードは、機関投資家に建設的な「目的を持った対話」（エンゲージメント）を通じて投資先企業の中長期的な成長を促し、適切に受託責任を果たすための行動原則です。2014年4月に金融庁から「『責任ある機関投資家』の諸原則≪日本版スチュワードシップ・コード≫ 〜投資と対話を通じて企業の持続的成長を促すために〜」が公表されました。

　この「スチュワードシップ・コード」には「日本版」と書かれていました。というのも、2010年に英国のFRC（財務報告評議会）から機関投資家の責任を問う「スチュワードシップ・コード」が発表されていたからです。そこには、「投資先企業の監視責任確認、責任行使方針の公表」や「機関投資家自身と顧客との利益相反の厳密な管理、公表」など、機関投資家の株主としての行動原

表4-23 「責任ある機関投資家」の諸原則《日本版スチュワードシップ・コード》

1. 機関投資家は、スチュワードシップ責任を果たすための明確な方針を策定し、これを公表すべきである
2. 機関投資家は、スチュワードシップ責任を果たす上で管理すべき利益相反について、明確な方針を策定し、これを公表すべきである
3. 機関投資家は、投資先企業の持続的成長に向けてスチュワードシップ責任を適切に果たすため、当該企業の状況を的確に把握すべきである
4. 機関投資家は、投資先企業との建設的な「目的を持った対話」を通じて、投資先企業と認識の共有を図るとともに、問題の改善に努めるべきである
5. 機関投資家は、議決権の行使と行使結果の公表について明確な方針を持つとともに、議決権行使の方針については単に形式的な判断基準にとどまるのではなく、投資先企業の持続的成長に資するものとなるよう工夫すべきである
6. 機関投資家は、議決権の行使も含め、スチュワードシップ責任をどのように果たしているのかについて、原則として顧客・受益者に対して定期的に報告を行うべきである
7. 機関投資家は、投資先企業の持続的成長に資するよう、投資先企業やその事業環境などに関する深い理解に基づき、当該企業との対話やスチュワードシップ活動に伴う判断を適切に行うための実力を備えるべきである

(http://www.fsa.go.jp/news/25/singi/20140227-2/04.pdf)

則が盛り込まれていました。このとき FRC は、プリンシプルベース・アプローチ（原則主義）を採用して、機関投資家に「コンプライ・オア・エクスプレイン（Comply or Explain：原則を実施するか、実施しない場合には、理由を説明する）」の選択を委ねることにしています。これは日本版も同じです。

　さて、日本版スチュワードシップ・コードを追いましょう。どれも重要な原則ですが、中でも IR 担当者が注目したのは、**表4-23** に示す諸原則のうち 3、4、5、7 項の 4 つでした。

　原則 3 は「投資先企業の持続的成長に向け、その状況の的確な把握」、原則 4 は「投資先企業との建設的な「目的を持った対話」、原則 5 は「議決権の行使と行使結果の公表」、原則7は「スチュワードシップ活動に伴う判断を適切に行うための実力」です。原則 5 は「議決権の行使と行使結果の公表」とあります。ここで、これまで株主総会での議案採択の結果を株主宛ての通知か自社サイトの掲載で完了としていたものも、具体的な行使結果を開示することが議論となりました。

　もう 1 つはコーポレートガバナンス・コードです。上場会社に「株主などが

企業経営者の前向きな取り組みを積極的に後押し、（略）日本企業を国際競争に勝てる体質に変革する」ことが狙いです。金融庁と東京証券取引所によって、2015年6月から東証上場企業を対象に適用が始まりました。コーポレートガバナンスは企業が意思決定を行うための「仕組み」です。この東証のコーポレートガバナンス・コードも、透明性の高い経営と監督で国内外の株主、顧客、従業員、地域社会などから信頼を高め、透明・公正な経営判断を促す趣旨です。

◐ 改訂版スチュワードシップ・コード

2つのコードが実施されて3年が経過すると、それぞれのコードが改訂されます。2017年5月に「改訂版スチュワードシップ・コード」、2018年6月に「改訂版コーポレートガバナンス・コード」が施行され、同じ6月、スチュワードシップ・コードとコーポレートガバナンス・コードの付属文書として、機関投資家と企業の主な対話事項を取りまとめた「投資家と企業の対話ガイドライン」（「対話ガイドライン」）も公表されました。

改訂された2つのコードは機関投資家と上場企業から、いわば経済全体の成長を促す効果を促す「車の両輪」の役割を担っています（**図4-4**）。

改訂版スチュワードシップ・コードで、IR担当者の注目は「アセットオーナーによる実効的なチェック」「機関投資家による実効的なスチュワードシップ活動」「コンプライ・アンド・エクスプレインの推奨」の3点に集まりました（**表4-24**）。

まず、「セットオーナーによる実効的なチェック」です。何よりも「最終受益者の利益の確保のため、可能な限り、自らスチュワードシップ活動に取り組むべきである。また、自ら直接的に議決権行使を含むスチュワードシップ活動を行わない場合には、運用機関に実効的なスチュワードシップ活動を行うよう求めるべきである」（指針1-3））として、①自らのスチュワードシップ活動、②アセットオーナーが運用機関に求める事項の明示、③運用機関に対する実効的なモニタリングを求めています。

特に「実効的なモニタリング」について、「このモニタリングに際しては、運用機関と投資先企業との間の対話の『質』に重点を置くべきであり、運用機関

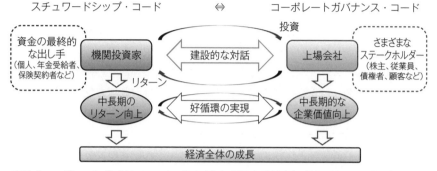

図4-4　スチュワードシップ・コードとコーポレートガバナンス・コード

東証「コーポレートガバナンス・コードの改訂に伴う実務対応」（2018年8月、部分）

と投資先企業との面談回数、面談時間などの形式的な確認に終始すべきではない（指針1-5）」としています。

　次に、「機関投資家による実効的なスチュワードシップ活動」では、④運用機関のガバナンスと利益相反の管理など、⑤ESG要素、⑥パッシブ運用における対話や議決権行使、⑦集団的エンゲージメント、⑧議決権行使結果の公表（個別開示）、⑨議決権行使助言会社、⑩運用機関の自己評価を求める内容で、IR担当者として見逃せない記載が並んでいます。

　3つ目の「コンプライ・アンド・エクスプレインの推奨」では、前出のように2014年の「日本版スチュワードシップ・コード」で、機関投資家に「コンプライ・オア・エクスプレイン Comply or Explain：原則を実施するか、実施しない場合には理由を説明する）」の選択肢を求めていました。
　ところが「実質が伴っていないのに、説明しない実態がある。この原則を実施したかどうかにかかわらず、説明責任を負うべき」との声があり、今回の改訂で、「なお、原則を実施しつつ、あわせて自らの具体的な取り組みについて積極的に説明を行うことも、顧客・受益者から十分な理解を得る観点からは有益である」との文が加わりました。それが、「コンプライ・アンド・エクスプレインの推奨」です。ここで、原則というのは「コンプライ・オア・エクスプレイン」ですので、この原則は変わりません。

表4-24 改訂版スチュワードシップ・コード：主な改訂ポイント

○アセットオーナーによる実効的なチェック

①	アセットオーナーによるスチュワードシップ活動
	☞ アセットオーナーは、最終受益者の利益の確保のため、可能な限り、自らスチュワードシップ活動に取り組むべきである。また、自ら直接的に議決権行使を含むスチュワードシップ活動を行わない場合には、運用機関に実効的なスチュワードシップ活動を行うよう求めるべきである（指針1-3）

②	アセットオーナーが運用機関に求める事項の明示
	☞ アセットオーナーは、運用機関による実効的なスチュワードシップ活動が行われるよう、運用機関の選定や運用委託契約の締結に際して、議決権行使を含め、スチュワードシップ活動に関して求める事項や原則を運用機関に対して明確に示すべきである（指針1-4） ☞ 特に大規模なアセットオーナーにおいては、（略）自ら主体的に検討を行った上で、運用機関に対して議決権行使を含むスチュワードシップ活動に関して求める事項や原則を明確に示すべきである（指針1-4）

③	運用機関に対する実効的なモニタリング
	アセットオーナーは、運用機関のスチュワードシップ活動が自らの方針と整合的なものとなっているかについて、運用機関の自己評価なども活用しながら、実効的に運用機関に対するモニタリングを行うべきである。このモニタリングに際しては、運用機関と投資先企業との間の対話の「質」に重点を置くべきであり、運用機関と投資先企業との面談回数、面談時間などの形式的な確認に終始すべきではない（指針1-5）

○機関投資家による実効的なスチュワードシップ活動

④	運用機関のガバナンスと利益相反の管理など
	☞ 運用機関は、議決権行使や対話に重要な影響を及ぼす利益相反が生じ得る局面を具体的に特定し、それぞれの利益相反を回避し、その影響を実効的に排除するなど、顧客・受益者の利益を確保するための措置について具体的な方針を策定し、これを公表すべきである（指針2-2）

⑤	ESG要素
	☞ （機関投資家が投資先企業で）把握する内容としては、たとえば投資先企業のガバナンス、企業戦略、業績、資本構造、事業におけるリスク・収益機会（社会・環境問題に関連するもの7を含む）およびそうしたリスク・収益機会への対応など、非財務面の事項を含むさまざまな事項が想定される ☞ 脚注7、ガバナンスとともにESG要素と呼ばれる（指針3-3、脚注7）

⑥	パッシブ運用における対話や議決権行使
	☞ 機関投資家は、パッシブ運用を行うに当たって、より積極的に中長期的視点に立った対話や議決権行使に取り組むべきである（指針4-2）

⑦	集団的エンゲージメント

	☞ 機関投資家が投資先企業との間で対話を行うに当たっては、単独でこうした対話を行うほか、必要に応じ、他の機関投資家と協働して対話を行うこと（集団的エンゲージメント）が有益な場合もあり得る（指針 4-4）
⑧	議決権行使結果の公表（個別開示）
	☞ 機関投資家は、議決権の行使結果を、個別の投資先企業および議案ごとに公表すべきである（指針 5-3）
⑨	議決権行使助言会社
	☞ 議決権行使助言会社は、「企業の状況の的確な把握などのために十分な経営資源を投入し、また、本コードの各原則（指針を含む）が自らに当てはまることに留意して、適切にサービスを提供すべきである。また、議決権行使助言会社は、業務の体制や利益相反管理、助言の策定プロセスなどに関し、自らの取り組みを公表すべきである」（指針 5-5）
⑩	運用機関の自己評価
	☞ 運用機関は、「本コードの各原則（指針を含む）の実施状況を定期的に自己評価し、結果を公表すべきである」（指針 7-4）

○コンプライ・アンド・エクスプレインの推奨

	☞ なお、原則を実施しつつ、あわせて自らの具体的な取り組みについて積極的に説明を行うことも、顧客・受益者から十分な理解を得る観点からは有益である（前文 12）

　スチュワードシップ・コードは 2019 年 9 月末現在、187 の投信・投資顧問会社、46 の年金基金など合計 269 の機関投資家から、金融庁に日本版スチュワードシップ・コードの「受け入れ表明」が届けられています。

🔻 改訂版コーポレートガバナンス・コード

　2018 年 5 月、コーポレートガバナンス改革をもっと実質的にする「改訂コーポレートガバナンス・コード」と、続く 6 月、機関投資家と企業の対話で重点的な議論を期待される事項をとりまとめた「投資家と企業の対話ガイドライン」（「対話ガイドライン」）が公表されました。

　コーポレートガバナンス・コードは、実効的なコーポレートガバナンスの実現を目指して次の 5 つ基本原則があります。これは、**表 4-25** に示す改訂コーポレートガバナンス・コード」でも変わりません。
　①株主の権利・平等性の確保

表4-25　改訂コーポレートガバナンス・コードの骨子とIR視点の注目点

☞ 主な新設・改訂ポイント

[5つの基本原則]	[補充原則から]
1. 株主の権利・平等性の確保 ・株主の権利が確保される適切な対応 ・株主の権利を適切に行使できる環境の整備 ・政策保有株式の方針、議決権行使 ☞・政策保有株主との関係	・招集通知の早期発送・英訳 ☞ 具体的な議決権行使基準の策定・開示 ☞ 政策保有株式の削減方針の策定・開示
2. 利害関係者との適切な協働 ・持続的な成長と中長期的な企業価値の創出は従業員、顧客、取引先、債権者、地域社会などステークホルダーのリソースと貢献 ☞・アセットオーナー	・ESG（環境・社会・ガバナンス） ・女性の活躍促進など多様性を確保 ☞ 企業年金のアセットオーナーとして機能発揮に向けた取り組み
3. 情報開示と透明性の確保 ・会社の財政状態・経営成績などの財務情報や、経営戦略・経営課題、リスクやガバナンスや社会・環境問題に関する事項（いわゆるESG要素）などについて説明等を行ういわゆる非財務情報について、利用者にとって有益な情報になるよう積極的に関与を行う	・ひな形的、具体性を欠く記録を避ける ・取締役の報酬を決める際の方針を開示 ・英語での情報開示・提供 ☞ 経営幹部の選解任の方針と手続の説明 ☞ ESG要素の明確化
4. 取締役会の責務 ・株主に対する受託者責任・説明責任 ・会社の持続的成長と中長期的な企業価値の向上 ・収益力・資本効率の改善を図る ・企業委戦略などの大きな方向性 ・経営陣幹部による適切なリスクテイクを支える環境整備 ・経営陣の報酬決定手続き ・独立した諮問委員会の活用	・取締役会の実効性の分析・評価 ☞ 取締役会の後継者計画への主体的関与 ☞ CEOの選解任の客観性・適時性・透明性ある手続 ☞ 報酬制度の設計・報酬額決定の客観性・透明性のある手続 ・独立した社外取締役は2人以上 ☞ 取締役会メンバーの多様性（ジェンダー、国際性） ☞ 財務・会計・法務の知識を有する監査役の選任
5. 株主との対話 ・会社の持続的成長と中長期的な企業価値に資するため、株主総会の場以外でも、株主との間で建設的な対話を行う ・経営環境の変化に対応した経営判断や投資戦略・財務管理の方針	・株主との対話は、経営陣、取締役（社外取締役を含む）が担当するのが基本 ☞ 資本コストの的確な把握 ☞ 事業ポートフォリオの見直し（経営資源の配分などに設備投資・研究開発・人材投資などが含まれる）

②株主以外のステークホルダーとの適切な協働
③適切な情報開示と透明性の確保
④取締役会などの責務
⑤株主との対話

コーポレートガバナンス・コードが示す「コーポレートガバナンス」の定義は、企業が株主をはじめ顧客・従業員・地域社会などの立場を踏まえた上で、「透明・公正かつ迅速・果断な意思決定を行うための仕組み」です。

5つの基本原則には、それぞれ複数の原則（原則・補充原則）があります。つまり、(1)5つの「基本原則」、(2)基本原則の内容を詳細に規定した31の「原則」、さらに(3)「原則」の意味を明確にするための42の「補充原則」と合計78の「原則」が盛り込まれています。

では、改訂コーポレートガバナンス・コードをIR視点から、「ESG情報の開示」「役員報酬の決定プロセス」「任意の諮問委員会の設置」「経営幹部の選解任」「政策保有株式」「資本コスト」など主なポイントを追っていきましょう。

最初は、IR関係者に関心の高い「基本原則3：適切な情報開示と透明性の確保」です。まず、その「考え方」で「会社の財政状態・経営成績などの財務情報や、経営戦略・経営課題、リスクやガバナンスや社会・環境問題に関する事項（いわゆるESG要素）などについて説明などを行ういわゆる非財務情報」について、「利用者にとって有益な情報になるよう積極的に関与を行う必要がある」と記載して、これまで以上に「ESG情報の開示」を意識した開示を求めています。

そして「原則3-1 情報開示の充実」で「主体的に情報発信を行うべき」として取り上げられているのは、「経営理念や経営戦略、経営計画」「当コードの各原則を踏まえたガバナンスに関する基本的な考え方と基本方針」「経営陣幹部・取締役の報酬決定方針と手続」「経営陣幹部の選解任と取締役・監査役候補の指名」「経営陣幹部の選任と取締役・監査役候補の指名を行う際の個々の選任・指名についての説明」と、どれも非財務情報ばかりです。

　ここで注意したいのは、このとき「ひな型」的な表現で、具体性を欠く表層的な説明に終始することが戒められていることです。たとえば、「経営陣幹部の選任と取締役・監査役候補の指名を行う際の個々の選任・指名についての説明」です。これまでは入社年月に始まり、年功序列的に各部を回って昇進してきた履歴書スタイルで記載してきました。これを「ひな型」的な表現でなく、説得力のある記載にするというのです。

　今回の改訂で、経営陣幹部の選任だけでなく「解任」の方針と手続も開示するべき（原則3-1（iv））と改まりました。同時に、「取締役会がその策定・運用に主体的に関与するとともに、後継者候補の育成が十分な時間と資源をかけて計画的に行われていくよう、適切に監督を行うべきである」（補充原則4-1③）というのです。
　新設された補充原則に、「取締役会はCEO（最高経営責任者）の選解任について、客観性・適時性・透明性ある手続に従い、十分な時間と資源をかけて資質を備えたCEOを選任すべきである」（補充原則4-3②）、「CEOがその機能を十分発揮していないと認められる場合に、CEOを解任するための客観性・適時性・透明性ある手続を確立すべきである」（補充原則4-3③）と2つの原則が盛り込まれています。

　次は、「経営陣幹部・取締役の報酬決定方針と手続」です。
　今回の改訂では、取締役会は「客観性・透明性ある手続に従い、報酬制度を設計し、具体的な報酬額を決定すべきである」（補充原則4-2①）と取締役会の果たすべき役割が加えられ、「経営陣の報酬は、持続的な成長に向けた健全なインセンティブとして機能するよう、中長期的な業績と連動する報酬の割合や、現金報酬と自社株報酬との割合を適切に設定すべきである」（補充原則4-2①）とされました。
　これに関連して、「独立した諮問委員会の活用」（補充原則4-10①）も求められています。近年、指名委員会や報酬委員会など任意の委員会を設置する企業は増加し、2018年12月末時点で、指名委員会等設置会社による法定の委員会を含めて、東証一部上場企業のうち指名委員会の設置企業は43.1％、報酬委員会を設置する企業は45.6％にもなります（「コーポレートガバナンス・コード

への対応状況」東証、2019年2月）。

　また、今回の改訂は監査役会設置会社や監査等委員会設置会社で、独立社外取締役が取締役会の過半数に達していない場合には、指名や報酬に関する任意の諮問委員会の設置を求めています（補充原則4-10①）。これは、社外取締役を中心する委員の構成を求めていると言っていいでしょう。指名・報酬に関する任意の諮問委員会を置かない場合は当然、「エクスプレイン（その理由を説明する）」が必要になります。

　すでに、日本でも指名委員会等設置会社として法定機関である取締役会、指名・監査・報酬の各委員会はもちろん、法定機関ではないものの社外取締役だけで構成される社外取締役ミーティングと社外取締役独立委員会を設置している企業もあります。その取締役会議長、指名・監査・報酬の3委員会の委員長は社外取締役が務め、透明度の高い経営を確保する仕組みを構築しています。気がつくと、内外に参考になる好例がたくさんあります。

　3番目は「政策保有株式の削減に向けた方針・考え方」です。

　持ち合い株式を含む政策保有株式も、ガバナンス上の課題です。政策保有株式は近年、減少傾向にありますが、その議決権行使に占める比率は高い水準にあります。

　今回の改訂では、上場会社が政策保有株式として上場株式を保有する場合、「政策保有株式の縮減に関する方針・考え方など」を開示することが求められ（原則1-4第1文）、さらに、「毎年、取締役会において、個別の政策保有株式の保有目的や保有に伴う便益やリスクが資本コストに見合っているかなどを具体的に精査し、保有の適否を検証すること、その内容を開示することが求められることとなりました（原則1-4第2文）。

　4番目は「企業年金のアセットオーナーとして機能発揮に向けた取り組み」です。前出のように、機関投資家による投資先企業との中長期的な視点に立った「建設的な対話」が行われるためには、企業との対話の直接の相手方となる委託先の運用機関に対してモニタリングする立場のアセットオーナーの役割はとても重要です（スチュワードシップ・コード　指針1-5）。

　ところが、企業年金のスチュワードシップ活動への関心は十分ではなく、実際にこうした活動を行っているとしている企業年金も少ないことが指摘されています。実際、スチュワードシップ・コードの受け入れを表明した年金基金は46件（2019年9月現在）です。また、企業年金では、スチュワードシップ活動を含めた運用に携わる人材が質的・量的に不足しているとの指摘もあります。もちろん、企業年金の積立金の運用は従業員の安定的な資産形成や母体企業の財務に影響します。

　こうした指摘を受け、改訂後のコーポレートガバナンス・コードでは、母体企業も、企業年金が運用（運用機関に対するモニタリングなどのスチュワードシップ活動を含む）の専門性を高めてアセットオーナーとして期待される機能を発揮できるよう、人事や運営の取り組みを行うとともに、そうした取り組みの内容を開示すべきであるとの原則が新設されました（原則2-6）。

　5番目は「資本コスト」です。

　「原則5：株主との対話」で、改訂版は「経営戦略や経営計画の策定・公表に当たっては、自社の資本コストを的確に把握した上で、収益計画の策定や資本政策の基本的な方針を示す」（原則5-2）と、資本コストを入れています。後述する「対話ガイドライン1-2」でも、投資家に対する「収益力・資本効率などに関する目標」に関する説明で、資本コストへの言及が期待されています。

　ここで気をつけたいのは、資本コストについての定義や計算方法が書かれていないことです。実際に、資本コストにはさまざまな推計方法や使われ方があり、どれを採用するのかについて資本コストの計算に採用する数値の根拠や説明から、企業の経営戦略を知る議論になる可能性があるという点に留意が求められます。ここに、上場企業と投資家の対話の本気度を見るポイントがあると言えます。

　さらに、株主に対して説明が求められていた「経営資源の配分など」の中に、「事業ポートフォリオの見直しや、設備投資・研究開発投資・人材投資など」が含まれています（原則5-2）。そして、経営戦略や経営戦略や経営計画を踏まえて、資本コストや財務マネジメントに関して投資家と対話することが期待されています（「対話ガイドライン2-2」）。

コーポレートガバナンス・コードは、法的拘束力を有する規範ではなく、「コンプライ・オア・エクスプレイン（Comply or Explain：原則を実施するか、実施しない場合にはその理由を説明する）」とされています。各原則を実施するか否かの判断は各社に委ねられています。

「実施しない理由」の説明は、①個別具体的な事情や、実現されるべき目標・理念を達成するために採用している代替手法に言及する方法、②一時的に「実施していない」状況にある場合に、その旨や実施予定時期など、今後の方針に言及する方法などが考えられます。もちろん、実施しない原則があるからといって、実効的なガバナンスが実現されていないと評価するのは早計です。また、各原則を実施していた場合でも自社の具体的な取り組みを開示することは、「建設的な対話」を求める機関投資家をはじめ多くのステークホルダーにとっても有益です。

⬇ 投資家と企業の対話ガイドライン

話を「対話ガイドライン」に移しましょう。「対話ガイドライン」は、スチュワードシップ・コードとコーポレートガバナンス・コードの附属文書です（**表4-26**）。このため、「対話ガイドライン」は、その内容に「コンプライ・オア・エクスプレイン」を求めてはいません。両コードの実効的な「コンプライ・オア・エクスプレイン」を促すことを意図しているというのです。

しかし、その注記で「機関投資家と企業の建設的な対話を充実させていく観点からは、各原則を実施する場合も、あわせて自らの具体的な取り組みについて積極的に説明を行うことが有益であると考えられる」と書いています。

つまり、「コンプライ・アンド・エクスプレイン（Comply and Explain：原則を実施し、かつ、その理由を説明する）」での対応を推奨しています。原則受け入れの諾否にかかわらず企業の姿勢を主体的、かつ明確に示す「コンプライ・アンド・エクスプレイン」での対応が問われる時代になったのです。

表4-26　投資家と企業との対話ガイドライン

1. 経営環境の変化に対応した経営判断
2. 投資戦略・財務管理の方針
3. CEOの選解任・取締役会の機能発揮など ・CEOの選解任・育成など ・経営陣の報酬決定 ・取締役会の機能発揮 ・独立社外取締役の選任・機能発揮 ・監査役の選任・機能発揮
4. 政策保有株式 ・政策保有株式の適否の検証など ・政策保有株主との関係
5. アセットオーナー

3 ｜ 個人投資家

◉ 個人投資家向けのIRコミュニケーション

　今や上場企業でIR活動は当たり前です。IR活動で押さえておきたい大きな
ポイントとして、自社に都合の悪い情報も隠すことなく投資判断に有益な情報
を継続的に発信する、という原則があります。金融関連メディアや格付会社、
証券アナリスト、機関投資家、個人投資家など多くの市場関係者の関心は、い
つも株式や社債などの価格に敏感な情報に向かっています。容赦ないアプロー
チも当たり前です。IRは情報のポジティブ、ネガティブに関係なく、一貫した
開示情報の水準を保つことが出発点です。

　IRとは投資家向け広報です。その投資家を2つのタイプに分けて考えます。
まず他人の資金を運用する機関投資家ですが、彼らには常に投資リターンだけ
を考えて投資判断を行い、企業年金など運用資金の出し手に厳しい説明責任が
あります。次は自分のお金を扱う個人投資家です。米企業のIR活動は、費用
対効果の点からもっぱら機関投資家を対象とし、個人投資家は後回しになりが
ちです。これに対し、日本企業は個人投資家向けIRに熱心です。実際、個人
向けIR活動を行っている上場企業の割合は、5社のうち4社を超すと言われま

す。しかし、各社とも現状に満足せず、どんな調査でも「個人投資家向けIRの充実」を課題として取り上げています。

　一般に、投資情報の専門家の機関投資家は、企業の発信文書に記載されたわずかな脚注も見逃さずに読み込みます。日本ベル投資研究所の鈴木行正主席アナリストによれば、「数字、短期の動き、中期経営計画」に重きを置く傾向があり、他方、個人投資家は「印象、新しい動き、経営者の思いに共感」する傾向があると分析しています。

　個人投資家は多くの場合、株主通信などで財務ハイライト、写真、経営陣のメッセージに高い関心を寄せがちです。企業組織や仕組みに関する記述や商品・製品の記述はもちろん、グラフィックや書体のデザインも好感度を大きく左右しています。

　個人向けIR活動と言えば会社説明会や株主優待、ウェブサイトが議論になりがちですが、現場のIR担当者にとって「株主向け報告書の充実」はトップに挙がるツールです。株主通信は株主全員に必ず届けられる冊子です。その意味で、米企業が株主に届けるアニュアルレポート（年次報告書）に相当します。「事業報告と株主通信」や「株主アンケート」については、すでに第3章で紹介しています。

▼ 「個人投資家向け情報提供」の優良企業表彰

　ところで以前、東京証券取引所に「個人株主拡大表彰」がありました。その選考ポイントは、「株主数の増大」と「株主獲得への具体的な対応」でした。株主数の増大基準は、直近3年間で2万人以上、直近3年間で2倍以上あるいは前年比で2万人/2倍を超す増加という高いハードルです。「具体的な対応」ではホームページや株主優待、株主総会後の経営報告会や株主懇談会などのイベント、インターネットを使った株主総会招集通知や議決権行使の採用が対象でした。

　このハードルを乗り越えて受賞した各社の例を追うと、わかりやすく明快な文章、写真やチャートを多く使ったデザイン、そして個人投資家向けの会社説明会、動画配信、証券会社の支店で会社説明会など、個人向けIRのベストプラクティスが並んでいます。2009年まで前後7回にわたる受賞企業はカゴメ、リコーリース、横河電機、ホンダ、エーザイ、コマツなど合計32社を数えます。

どれも個人の株主・投資家に本気で立ち向かった企業ばかりで、もちろん個人投資家の支持があっての受賞です。

現在、個人投資家との取り組みを評価する表彰としてまず挙がるのは、日本証券アナリスト協会の「証券アナリストによるディスクロージャー優良企業選定」にある「個人投資家向け情報提供」の部門でしょう。毎年トップ企業3社を選出しています。ただし、その対象は「ディスクロージャー優良企業選定」で、各業種と新興市場銘柄での評価が上位1割で「個人投資家向け説明会」を開催している企業です。2019年の場合、29社が選考対象でした。

表4-27に示すように、採点は「個人投資家向け説明会」（4項目、21点満点）、「ウェブサイト」（9項目、61点満点）、「事業報告書など（アニュアルレポートを除く）」（3項目、18点）で、合計16項目、100点で評価します。2019年の優良企業は三菱UFJフィナンシャル・グループ（4回目）、日本電産（2年連続12回目）、三井物産（2年連続2回目）の3社でした。

▼ 広がる株主優待

株主優待は、一定以上の株式を保有する株主が配当以外に受けられる何らかのサービスで、上場会社のすべてが実施しているわけではありません。法的な制限もなく、制度の導入は各社に委ねられていることもあり、実施企業は株主にいろいろ喜んでもらえるように工夫を凝らし、自社製品や贈答品、割引券や商品券など内容も充実するなどバラエティに富んでいます。

少し時間を巻き戻すと、株主優待の実施企業は1992年に251社で、当時の全上場会社の9.5％でした。1998年には511社（15.4％）、2002年には731社となり、全上場会社の20.0％を占めるに至りました。ここまでの10年で実施企業は3倍近い増加です（数字は野村IRの調査による。以下同じ）。

2005年の調査で、こうした株主優待を意識した投資家は、個人投資家の4分の1を占め、①投資先の選択で株主優待を重視する、②長期投資を念頭に置く、③株式投資は企業のことを深く理解して行う、④幅広い銘柄への分散投資を行うような傾向を持つと指摘されたのです。長期保有の個人株主は株価を下支えする役割を期待できるとも言われ、各社の取り組みにも力が入ります。

そして株主優待の実施企業は、2006年には1,009社となり、全上場会社の25

表 4-27　2019 年「個人投資家向け情報提供」評価項目と配点（概要）

1. 個人投資家向け会社説明会の開催など		配点 21 点	
1	過去 1 年間に個人投資家向け説明会を何回開催したか		2
2	個人投資家向け説明会は、経営トップが説明を行ったか		3
3	個人投資家向け説明会の内容は、ウェブサイトに掲載されて誰でも閲覧できるか		6
4	ウェブサイトに掲載されている個人投資家向け説明会の内容は、わかりやすく（一般投資家に理解できるように）、かつ充実しているか		10
2. ウェブサイトにおける開示など		配点 61 点	
1	IR に関するウェブサイトは、探しやすさ・画面構成などにも配慮して利用しやすく、かつわかりやすく工夫されているか		4
2	個人投資家向けサイトが設けられているか		1
3	個人投資家向けサイトは、探しやすさ・画面構成などにも配慮して充実した内容であり、かつわかりやすく工夫されているか。また IR 情報のメール配信サービスなどの付加サービス機能を提供しているか		6
4	事業内容（主力商品、主力サービスなど）や業界動向が具体的にわかりやすく（一般投資家に理解できるように）説明されているか		10
5	ウェブサイトに掲載されている各種説明会資料（個人投資家向け説明会資料およびその他掲載資料を含む）について		
	A　業績の動きが、具体的にわかりやすく（一般投資家に理解できるように）説明されているか		10
	B　業界動向が、わかりやすくまとめた資料を掲載するなど、（一般投資家に理解できるように）説明されているか		10
	C　経営目標・経営戦略が、会社の強み（業界シェアや他社との差別化などを含む）や課題などを踏まえて、具体的にかつわかりやすく（一般投資家に理解できるように）説明されているか		10
6	各種説明会（個人投資家向け会社説明会を除く）の内容はウェブサイトに掲載されて誰でも閲覧できるか		5
7	ウェブサイトに掲載のよくある質問と回答（FAQ）は、会社の事業内容や業績を理解する上で、有益な質問項目が設定されているなど全体的に充実し、わかりやすいか		5
3. 事業報告書などの内容		配点 18 点	
1	全体として、図表などを用いることや適切な文字の大きさにするなど、読み手が見やすく、かつ理解しやすいように十分な工夫がなされて作成されているか		6
2	経営方針、中・長期経営ビジョンがわかりやすく、かつ簡潔に説明されているか		6
3	業績の動きがわかりやすく（読み手が理解しやすいように）説明されているか		6

（日本証券アナリスト協会「証券アナリストによるディスクロージャー優良企業選定（2019
年度版）」151 ページから）

図 4-5　株主優待実施企業の推移

株主優待実施銘柄数と全上場銘柄における割合推移（9月末時点）

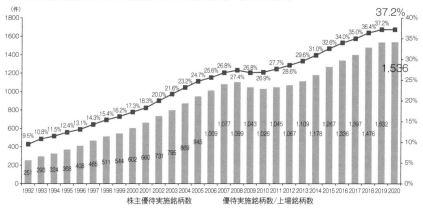

株主優待実施銘柄数　　　優待実施銘柄数／上場銘柄数

注1）プレスリリースなどをもとに野村IR調べ　注2）REIT・ETFなど含む　注3）2020年は2019年10月末日時点の数値

%を超え、10 年後の 2015 年には 1,267 社で 32.6 %、2019 年 10 月末には 1,536 社と全上場会社 4,125 社の 37.2% となり、ほぼ 4 割に達しました（**図 4-5**）。株主優待は株主とのコミュニケーション・ツールです。株主優待の内容も、飲食料品、食事券、買い物・プリペイドカード、日曜・家電品、交通・旅行・宿泊券、ファッションなど生活のさまざまなシーンで利用できる豊かなバリエーションを備えています。その勢いは法人株主も株主優待のサービスを得られる例が出るほどで、ビールやトイなどの株主限定商品に対する反響は大きく、さらに社会福祉や環境基金などへの寄付を選択肢として設ける「社会貢献」を取り入れた優待サービスが 174 社も登場するなど、投資家 1 人ひとりに身近な存在になってきました。

　今では、多数の金券ショップに株主優待券が並び、その相場が新聞の記事に引用されるほど一般的なものとなっています。

　これほどの浸透ぶりに、株式投資に回す少額の資金で、毎月銘柄を乗り換えて優待を楽しむという個人投資家も多く登場します。株主優待の権利を確定する割当基準日に、株主として登録されると早々に株式を売却する動きから、株価が下落する恐れもあります。実際に 3 月、9 月の割当基準日の前後に、「お得

な」優待企業でこうした優待の権利をめぐる株価の変動が市場の注目を集めています。

　他方、こうした株主優待の恩恵を受けない機関投資家から、「優待に回す金があるなら配当に回せ」との議論もあります。日本の機関投資家はどうしているのでしょう。投資信託協会は「定款祖規則集」に定めがあります。「換金可能なものに、航空会社の株主優待券があります。これは、3月、9月末にそれぞれ受託銀行に株主優待券の枚数を確認した後、換金を指示します。受託銀行では、流通市場で換金してから信託財産に入金処理をしています。ただし、すべての株主優待券を換金しているとは限りません」と信託銀行業界の関係者が語っています。そして、「厚生年金基金連合会からガイダンスが出ているはずです。確か株主優待物の処理は、社内規定により換金対象の基準やファンド間の配分ルールを明確にすることが決まっているはずです」と投資顧問の関係者も語ります。また「厚生年金基金　受託者責任ハンドブック（運用機関編）」は、「資産管理機関（広義の運用機関のうち資産業務を行う信託銀行、生命保険会社を言う）は、株主優待物のうち換金性のあるものは換金し基金のファンドに（合同運用の場合は一定のルールに従い）入金すべきであり、その処分ルールを明確にすべきである」として、「株主優待物の処理方法については恣意的な取り扱いを回避するために、社内規定などにより換金対象の基準（換金の容易性や可能性、譲渡・転売の禁止の有無など）、ファンド間の配分ルールなどを明確にする」と明記されています。

　これほどまでに優待サービスが広がる一方で、ときとして株主に利用されないケースも少なくありません。機関投資家や証券会社の中には、株主優待を使い切れず、受け取りを辞退したり、廃棄したりする場合もあるようです。以前から、そのような未使用の株主優待サービスを何か社会的に意義のある利用できないか、という声が聞かれます。

　2019年4月、日本証券業協会は「株主優待SDGs基金」を設立しました。会員の証券会社が不要で利用しない優待を換金し、基金を通じてWFP（国連世界食糧計画）などSDGs関係団体に届けられる仕組みです。株主優待カタログに「株主優待SDGs基金」を組み入れた会員の証券会社もあります。同年12月、

協会は証券会社とNPO法人などが登録するサイトを立ち上げました。寄付を行う証券会社は、ニーズに合った寄付先を簡単に見つけられるわけです。

年々、株主優待を採用する日本企業が増えるのを前に、「世界の主要な株式市場には株主優待制度があるとは耳にしない」「株主優待制度の存在は日本的株式市場の後進性を物語るものではないか」「そもそも株主優待は日本固有の制度」という話が出ることがあります。果たして、そうでしょうか。

ずいぶん以前のことですが、1993年以来、オーストラリアの流通大手コールス・マイヤー（現コールス・グループ）は同社の株式を最低500株保有する株主に、年50豪ドルを支払う株主割引カード「コールス・マイヤー・カード」を発行し、オーストラリア各地に展開するマイヤーやコールス・スーパーマーケットなど1,800を超すショップで3〜10％の割引購入を可能としました。売上増と個人投資家の拡大を狙った株主優待です。この株主割引プログラムが発表された当時、現地の市場関係者が「500株を保有すれば、年間平均400豪ドルの割引利益と130豪ドルの配当があり、合計で530豪ドルを数える。同社株を平均6豪ドルで購入したとして計算すると、個人投資家の投資利回りは18％になる」と指摘しました。

株主は1993年当時の62,000人から10年後には58万人と、9.3倍に増大しました。そして2002年、同社は株主割引カードの廃止を発表しました。年間売上260億豪ドルのスーパーマーケット、コールスの場合、1億5,000万豪ドルのコスト負担があったとされ、カードを持たない株主にとっていわば逸失利益と言える割引プログラムがここまで肥大していたのです。「個人投資家への富の移転」という機関投資家の声が一段と大きくなりました。結局、同社は株主割引から商品の低価格販売路線に経営の方針を切り替えることになったのです。

英国の個人投資家向け週刊誌も、かつて「株を買って優待を！」という大見出しで特集を組んだことがあります。「個人投資家は、配当と株価の上昇によるキャピタルゲイン（譲渡益）という2つの見返りを期待し、英国企業の株式を購入する。自分が株主である企業の製品やサービスを受け取って経済的に利益をもたらすなら、それは実際上、もう1つの配当を受け取ることになる。1回の投資で3つの見返りがあるのは、とてもまれなこと」と事情通が語ってい

図 4-6　長期保有優遇の導入件数（年度別）

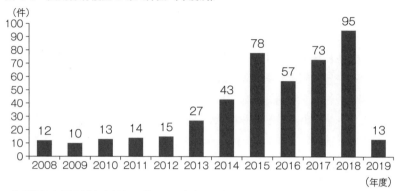

（件）

- 2008: 12
- 2009: 10
- 2010: 13
- 2011: 14
- 2012: 15
- 2013: 27
- 2014: 43
- 2015: 78
- 2016: 57
- 2017: 73
- 2018: 95
- 2019: 13

（年度）

●長期保有優遇制度を新たに導入する企業の件数は2009年度以降増加傾向にあり、2015年度は急激な増加が見られる

（野村IR「株主優待実施状況レポート」2019年6月）

ました。英国でよく例に出るのは、衣料品やホテル、小売りや大型グルーズの運航会社など国際的な事業を展開する企業が多いようです。最近も夏の休暇シーズンになると、大衆紙やウェブサイトで株主優待の特集をよく見かけます。また、米国ではナスダックのような取引所のウェブサイトに、株主優待を紹介する記事が載っています。また、日本では見かけないのですが、多くの米企業は「配当再投資スキーム」を株主や投資家に提案しています。英国企業の中には、このスキームを株主優待と見なす向きもあります。

　どうやら、ここまで普及した国はないようです。そして最近は、株式の保有期間に応じて優待内容を決める「長期保有優遇」の株主優待が広がっています（**図4-6**）。2019年10月末で479社です。2014年8月末で121社だったので、5年あまりで4倍近い増加ぶりです。2014年7月に長期優遇を導入した小田急電鉄は3年以上の保有者に小田急全線で使える回数券の追加提供を用意し、2015年に入ると、現行の株主優待制度に追加して東京ディズニーリゾートの5周年ごとのアニバーサリーイヤーに株主用パスポートを配布するオリエンタルランド、3年以上継続して1,000株以上を保有する株主に、保有株式数に応じたイオンギフトカードを進呈するイオン、東京証券取引所市場第一部指定を機に1年以上の保有を条件とする株主優待制度を新設した富山銀行など、今後もこうした動きは続きそうです。もちろん、長期にわたって株式を保有する株主をさら

図4-7 個人投資家：優待銘柄の売却について

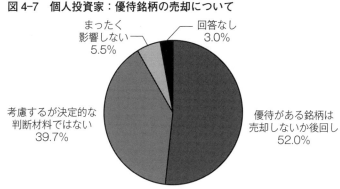

（野村IR「知って得する株主優待2019年版」読者アンケート報告書）

に優遇することで、安定株主となる個人投資家が一層増えることを期待してのことです。

　日本企業の中には、株主優待を重視する個人株主は、短期的に株価が下がっても長期保有に傾くという見方があります。この点を調べた野村IRの「知って得する株主優待2019年版」読者アンケート（1,764人）によると、「優待がある銘柄は売却しないか後回し」が52.0％、「考慮するが決定的な材料ではない」が39.7％でした（**図4-7**）。ここから、93％の株主は、株式の売却では株主優待は考慮の対象ではないとしているという理解もできそうです。

　そんな個人株主にとって、株主総会は、その会社の株を持ち続ける理由を見出すまたとない機会です。とりわけ業績不振とあれば、なおさらのことです。たとえば大幅な赤字となったY社の場合、前年は2億円の黒字、今年は89億円の赤字でした。5月末の株主総会の冒頭、社長が「株主のみなさまにご心配をおかけしたことをお詫び申し上げます」と頭を下げます。当然ながら株主からの質問は厳しく、連結子会社の業績低迷に絡んで「M&Aの責任を誰が取るのか」、他社との価格競争で「自社の独自性にこだわって、コストがかさみ、結果として1人負けになったのではないか」、また「幹部は保身に走っているのではないか」などの指摘が次々に飛び出します。

　それでも、Y社の株主総会で印象的だったのは、こうした発言であっても突き放したトーンはなかったことです。「業績回復をしっかりやってほしい」と

いう期待の声も大きいと感じられました。先ほどの質問も、多くはＹ社の「ファン株主」が発する真情あふれるメッセージと自ら認める株主は、総会後の参加者アンケートで少なくありませんでした。

第5章

プレゼンテーション

プレゼンテーションは
いつも初めての気持ちで

ずいぶん以前のアリゾナ州フェニックスでの全米 IR 協会（NIRI）の年次大会で、記憶に残る講演がありました。それはプレゼンテーションに準備するパワーポイントのスライド作成に関連するもので、題して「ノックアウト・パワーポイント・プレゼンテーション」で、講師はこの方面でよく知られるダイアン・ディレスタさんが務めました。手元に残っているメモには私のコメントも混じっていますが、その大要を紹介しましょう。

◉ パワーポイント作成：
　〜見た目の効果、テキストの書き方、カラーの使い方〜

　パワーポイント作成を、「見た目の効果」と「テキストの書き方」の2つからポイントをお話ししましょう（**表 5-1**）。

　最初は「見た目の効果」です。第1は「KISS」です。もっと言うと「Keep It Short and Simple」で、「短くシンプルにして！」の意です。プレゼンテーションに参加した人はそれだけで、スピーカーからテーマを絞り込んだ内容を期待しているからです。したがって、スピーカーが参加者に向かって話す代わりに、スライドを追っている場合は、本人の精一杯のプレゼンテーションとは反対の効果となってしまうのです。

　第2は「KILL」です。平たく言うと「Keep It Large and Legible」で、「大きく読みやすく」ということです。用意するスライドは、会場の最後列の出席者でも、スクリーンを見てわかるように作成したいものです。せっかく出席したのに、前方の人しかスライドが読めないのでは意味がありません。タイトルは 36 ポイント、画面の文字は 32 ポイント以上の大きさを推奨します。

　3番目は「正確に」です。スペルミスや誤った情報は貴社に対する信頼を損ないます。スライドを映す前には、必ず単語の綴りチェックの校正やスライドの内容を確認しておきましょう。

　4番目は「チャートでわかる」です。企業情報がチャートで表現されると、とても複雑な内容も、理解がすばやく進む例はたくさんあります。長ったらしいテキストで説明するより、効果も高いのです。

　5番目は「内容がわかる」です。どんなスライドでも、内容が伴っていなければ意味がありません。よく気分転換のようなユーモアに富んだスライドをはさむプレゼンテーションがありますが、今ひとつの気持ちになります。

表5-1　パワーポイント・プレゼンテーション

○「見た目の効果」の7つのポイント

1	KISS.（短くシンプルに）
2	KILL.（大きく読みやすく）
3	正確に
4	チャートでわかる
5	内容がわかる
6	カラー
7	グラフを活用

○「テキストの書き方」の4ポイント

1	1行に1つの考え
2	ホワイト・スペース（余白）
3	短いタイトル
4	6×6ルール

○「カラー」の5ポイント

1	カラーは4つ以下
2	バックは同じカラーに
3	赤のレタリングはなし
4	赤・緑のコントラストは避ける
5	明暗のコントラストを用意する

　6番目は「カラー」です。どんなプレゼンテーションのスライドもカラーを入れて仕上げます。白黒で押し通すのは避けましょう。というのも、白黒では"退屈"になるからです。「カラー」は絶対に必要です。赤い色は警告や注意を喚起するように、それぞれのカラーを選ぶときは心理的な効果や影響に配慮したいものです。

　7番目は「グラフを活用」です。グラフは1ページ全面に書かれたテキストよりも、関心を掻き立てます。グラフは視覚に最も訴えます。

　次は、パワーポイントの「テキストの書き方」です。

　第1は「1行に1つの考え」のメッセージです。これは基本中の基本です。

　第2は「ホワイト・スペース（余白）」です。テキストを書き込んでできるスライドの上と下のスペースは、意外に重要な効果があります。

　3番目は「タイトルは短く」です。短いほど、理解も早いというわけです。

　4番目は「6×6ルール」です。1行に6つの単語（英文の場合）を上回って書き込まないように、そして1つのスライドの行数は6つまでです。これが「6×6ルール」です。もちろん、ルールの運用は緩やかです。そのときにモノを

言うのは、誰もが納得する "常識（コモン・センス）" です。

　このほか、「カラー」についてのポイントは5つあり、以下に紹介します。
　まず、1つのスライドで「カラーは4つ以下」に抑えることです。
　次はプレゼンテーションのスライドでは、バックは同じカラーで通すことです。コーポレートカラーが決まっている企業もあるでしょう。
　第3は、「赤色のレタリングはない」ということです。赤色のテキストは読みづらいため採用しません。
　第4は「赤・緑のコントラストを避ける」です。プレゼン参加者の中には、もしかすると色覚多様性の方がいる場合もあるからです。
　第5は「明暗のコントラスト」を使うことです。具体的には、明るい色のバックに暗いプリントを、暗いバックに明るいプリントというようなコントラストです。「イエローにホワイト」ではコントラストははっきりしません。
　こうしたカラーの選択では、セールスやマーケティングのプレゼンテーションにおいて情緒を刺激する赤が多用されます。しかし、赤は熱情（パッション）や欲望、競争、危険、停止、過失、下方後退などを意味する場合もあり、明るい赤色をとても強く感じる方もいます。一方で、赤は損失を表すには適切なカラーと言えるかもしれません。これに対して、グリーンは何かへの関与を意味しているため、参加を求めるようなプレゼンテーションには好都合なカラーと言えるでしょう。グリーンには社会的、インテリジェンス、オープン、成長、マネー、春、新たな始まりという幅広い意味を込められそうです。頭の中にとどめておきたいチェックポイントです。

⬇ スライド・プレゼンテーションの前に

　いよいよ、スライドを使ったプレゼンテーションです。これは、何よりも「記憶に残るメッセージの作成」に始まります（**表5-2**）。
　まず「普段の自分でいる」です。慌てずに平常心を保つことです。これはプレゼンテーションする本人のパーソナリティが大きなモノを言います。
　第2は「アナロジー（類推）を活用する」で、コメントの必要もないでしょう。
　第3は「ストーリーを語る」です。話す内容は、出席者のモチベーションを

表5-2 「記憶に残るメッセージ」の作成

1	普段の自分でいる
2	アナロジー（類推）を活用する
3	ストーリーを語る
4	イキイキとした言葉を活用する
5	プロス＆コンス（Pros & Cons）の表を活用する
6	ユーモアを
7	流行語や専門用語を避ける
8	驚きの統計
9	次のスライドに移る時間（Transition）を利用する

高めるストーリー、出席者に説明するストーリーの2つのタイプがあります。どちらの方向で、ストーリーを展開するのか、それを見極めるのもスピーカーの仕事です。

「記憶に残るメッセージの作成」は、第5に「プロス＆コンス（Pros & Cons）の表を活用する」とします。ここでは、有利・不利あるいはポジティブ・ネガティブを対比する表でもかまいません。第6は「ユーモアを」で、プレゼンする本人の器量を知ることに通じます。ゆとりのないプレゼンテーションは参加者も、気持ちが疲れてくるものです。第7に「流行語や専門用語を避ける」とあります。これは言うまでもありません。第8は「驚きの統計」です。「驚きの統計」があれば、参加者に強いインパクトを与えて、その満足感も大きいでしょう。

第9は「次のスライドに移る時間を利用する」です。これは重要です。1つのスライドからもう1つのスライドに移るとき、「ここまではXYZについてお話してきましたが、今度はABCについてお話しましょう」とか、「コスト削減に続いて、お話ししておきたいのは…」とか、「社内のオペレーションについてはおわかりいただいたと存じますので、それでは売上について見ていきましょう」というように、これまでのテーマをまとめ、次のテーマを知らせる“段落”で、いわば間合いを取るのです。

▼ プレゼンテーションで話す

プレゼンテーションで話すとき、気をつけたいことがいくつかあります。特に新任の CEO の場合、事前に知っておきたいのは拍手についてです。記者会見や決算説明会などのプレゼンテーションでは、自社の司会者から紹介があっても、何の拍手もありません。自社のオフィスや工場、取引先などで紹介された直後に必ず聞こえる拍手はなく、説明する CEO の目に映る光景も、集中力を欠いた参加者も散見されるなど、ずいぶん違います。もちろん、こうしたプレゼンテーションが終わっても参加者の拍手はありません。その直後、CEO の前には質問したい記者やアナリスト、機関投資家が名刺入れを片手に並ぶ列ができます。名刺交換を機に本気のやり取りが交わされることも少なくありません。

プレゼンテーションでは、ポインターの使い方に不慣れな人も少なくありません。レーザービームのように直線的にポイントするのではなく、1カ所を丸く囲むようになぞるのがいいでしょう。

さらに、話をする場合は、会場の誰かと"アイ・コンタクト"をするのが説得力を増すコツです。目の前の出席者を見ずに遠くの壁を見つめ、ひたすら1人で独白を続けるようなやり方は、とても受け入れられません。

プレゼンテーションではマイクロホンをクリップしておきましょう。そうすれば、出席者の中に入っていってハンズフリーで話ができるからです。プレゼンテーションする本人と出席者の間の距離はグ〜ンと小さくなります。上半身のジェスチャーは、説得力を高めます。ツービート（2拍）置いた間隔でポーズして、プレゼンテーションを進行すれば、出席者の理解は深くなっていきます。

もちろん、当日は早めに会場に足を運び、会場施設をチェックしておきます。このとき、大きな声を出してリハーサルをやっておくことが大切です。そして、プレゼンテーションの声は強く、明快に発音し、休止を多くとりましょう。事前に出席者に向けてメールを送付しプレゼンの内容を知っておいてもらうと、理解の度合いはまったく違います。そしてもう1つ、プレゼンテーションを始めるとき「質問はいちばん最後にお受けします」など当日の進行スケジュールを忘れずに徹底しておきましょう。

▼ オンライン・プレゼンテーションで話す

　この数年、自社のIRサイトにCEOやCFOが登場する動画のプレゼンテーション（オンライン・プレゼンテーション）を掲載する例が増えています。この技術はシンプルで、特に新しいものではありません。そこで気をつけたいのは、短いシンプルな動画を作成し、海外向けには英語を多重録音で用意することです。

　動画でのプレゼンは、目の前のパソコンの画面が相手です。IR担当者とのインタビューのように、何回も撮り直しができる動画もありますが、直接パソコンに向かってプレゼンする場合は、直接、画面にアクセスするアナリストや投資家の様子がわかりません。CEOやCFOの中には、そんなプレゼンに慣れないこともあり、やや緊張気味になる例もあります。このとき大事なのは、①パソコンとの距離：大きな声で明るく話しましょう。②目線の高さ：オフィスのデスクやテーブルにパソコンを置いて話すと、パソコンの位置が低く、うつむき加減の顔が暗く映りかねません。パソコンのカメラの位置と目線が水平にします。③画面に映るCEOやCFOの背景（セッティング）：すっきりした背景がお奨めです。④話し方：姿勢は良く、声は明るく、自分の語り口です。

　もう1つ確認しておきたいことがありあります。それは、こうした画面にアクセスするアナリストや投資家は、CEOやCFOが事前に用意されたスピーチを読み上げているような動画を望んでいない点です。単に決算発表を録画し、その動画を企業サイトに掲載しても、決算イベントとして見過ごされがちです。というのも、アナリストや機関投資家など市場の関係者の多くが、企業や市場に関連する大量のデータにリアルタイムでアクセスできる環境に囲まれ、決算の発表後、数秒で決算データを入手しているからです。

　サイト画面の動画が、決算説明会やオンライン・プレゼンテーションでの説明が業績結果だけを再び語るだけであれば、投資家はハッピーではありません。経営者から直接、業績数値が表す意味を語ってもらいたいのです。

　なぜ、売上高は上がったか、下がったか。なぜ、この部門の業績は予想を上回ったか、下回ったか。なぜ、A社を買収したのか。その買収は、成長戦略とどのような関係があるのか。そして、来期の収益性と主要業績指標（KPI）の改善に向けてどんな戦略をとろうとするのか。そして、今後2〜3年の戦略はどのようなものか。こうした点についても言及したいものです。

「そんな話はすでに、企業サイトやアニュアルレポートの中期経営計画に書かれている」というIR担当者もいるかもしれません。そうであっても、アナリストや投資家は「サイトにアップされている中期経営計画が環境の変化に合わせ、更新される兆候があるのではないか、また数カ月前に発表されたアニュアルレポートに更新を遠回しに説明されているのではないか」と内心、思っているのです。

　もちろん、多くの企業にとって、自社サイトに掲載された中期経営計画とアニュアルレポートで説明されている中期経営計画はまったく同じものです。そして投資家に問われれば、「追加すべき新しいことはない」と答えるでしょう。しかし、投資家は経営者が今日の経済環境の変化にどのように対応し、その対応策が既存の経営計画にどのように合わせられるかを知りたいのです。

　プレゼンテーションで使用するパワーポイント資料については、"Less is more（より少ないことはより豊かなこと）"は、思い当たるアドバイスでしょう。各社のプレゼンテーションで配布されるパワーポイント資料で、スライド枚数が多く、その1つひとつのスライドに多くの情報を盛り込みすぎて、せっかくのプレゼンテーションを台無しにしている例も多いのです。

　さらに重要なことは「今後に焦点を当て、過去のことを多く語らない」ことです。決算発表など各社のプレゼンテーションはほとんどの場合、過去の数値や目標、経営計画などを中心に構成され、今後についてではなく、今期の数値や目標、経営計画など現在に焦点を当てる内容です。忘れてならないのは、これらの数値をアナリストや投資家はすでに知っているという点です。結果として、過去と現在に焦点を当てたイベントやプレゼンテーションは、アナリストや投資家の興味を今ひとつ呼ばないのです。それだけに、自社の過去と現在が今後の業績にどのような影響を与えるかに力点を置いた経営者の声を市場に届けることに、オンライン・プレゼンテーションの可能性があります。

おわりに

(IR 担当者の仕事はこれからもっとインテリジェントに)

▼ テクノロジーの進展で変わる IR 活動

コミュニケーション・テクノロジーは大きく進化しました。確かに個別の企業情報の入手は以前とは比べられないくらい容易になり、その透明性も向上しました。こうした高速の情報拡散の中、アナリストでは誰が最も早く、充実した内容のコメントや文章を書くかをめぐる競争も深まっています。そして、ツイッターやフェイスブックの書き込みに多くの投資家が左右されているとの指摘もあります。

もちろん、テクノロジーの進展は企業の IR 活動に大きな変化をもたらしています。最大の変化は、①アナリストや機関投資家と個人投資家の間で対等・平等な競争条件を用意した企業ウェブサイト、②電話やインターネットを利用する遠隔会議（テレカンファレンス）の登場です。

電話やインターネットを利用する遠隔会議の中でも、カンファレンス・コール（電話会議）は各社の決算説明会でよく利用されています。今日、四半期ごとに経営トップがカンファレンス・コールのために社内の会議室に集まり、IR 担当者が進行を仕切る説明会は、IR の年間スケジュールに書き込まれたイベントの 1 つです。

企業 IR サイトの普及と企業情報の浸透は、機関投資家や一般投資家にかつてない企業情報に関する知識をもたらしました。その代表的な例が、ファースト・コールの「市場のコンセンサス」です。各証券会社のアナリストレポートに掲載された EPS（1 株利益）予想を集計したもので、各社の IR 担当者はこの「市場のコンセンサス」数字をいつもチェックする時代を迎えました。

かつて、IR 担当者がアナリストや投資家とミーティングすると、最初に話に出るのは企業に関するベーシックなことばかりでした。それが今は、そうしたベーシックな知識は各人がすでに得ているので、アナリストや投資家は社内をよく知る IR 担当者に事業戦略やビジネス上の微妙な点について単刀直入に切

り込んでくるケースが増えています。

　では、これから IR はどこに向かって進むのでしょうか。市場のインテリジェンスに力点を置いた活動にシフトするという見方があります。IR 担当者にとって、統合報告書の作成や ESG 情報のとりまとめ、自社株式の保有データを定期的に更新し、株式の購入や売却、保有を決める機関投資家のプロファイルを追い、株式保有のパターンを知るのは当然の仕事です。そして、大量の株式を動かすヘッジファンドやモノ言う投資家などアクティビズム、目的のある「建設的な対話」（エンゲージメント）などにも取り組みが求められています。
　またビジネスデータ記述言語 XBRL も、今後の IR 担当者の業務に影響を与えるでしょう。IR 担当者がいつも手元に置くモバイルのタブレット端末やパッドの機能が進展して、アナリストや投資家とのコンタクトや日々のワークフロー管理、そのやりとりもさらに効率的にする新たなテクノロジーの登場も予想できます。今日でも機関投資家の運用プロファイルはある程度、定量化されていますが、近い将来、投資先の企業の業務展開によって、その株式保有がどのように変化するのか、その様相を予想する理論とテクノロジーの開発も進んでいます。

▼　投資家やアナリストとの信頼関係
　この30年で、企業情報の拡散スピードは急速に速くなり、情報の発信とほぼ同時にアナリストや投資家はもちろん、誰の手にも届く時代となりました。そして今後は、物理的に面談する仕事は少なくなるという見方もあります。

　エンロン事件の直後に全米 IR 協会（NIRI）の会長を務めた米宝飾大手ティファニー（本社ニューヨーク、2019 年仏 LVMH が買収）の IR 責任者マーク・アーロン氏は「どれだけ早く情報を入手するかで仕事の成否を測るテクノロジー偏重の IR 担当者は、良き IR について肝心なポイントを見逃している。IR の将来は、投資家やアナリストとの長期的な信頼関係の構築というこれまでと変わらない基盤の上に構築されるものである。そのためには、フェイス・トゥ・フェイス（面と向かって）のコミュニケーションにとって代わるものはない」と指摘しています。私も同じ思いです。

そんなアーロン氏の指摘で思い起こすのは、2001年9月11日（火）の米同時テロ攻撃で、多数の有力な金融機関が入居していた世界貿易センタービルが倒壊し、ニューヨーク証券取引所など各地の取引所も閉鎖されるなど、世界の金融証券市場は空前絶後の事態に直面したときにIR担当者が示した動きです。

電話回線の中断や米国全土にわたる混乱の中、「当社は、みなさんの求める情報をお届けしております」というメッセージを投資家やステークホルダーに発信し続けたIR担当者が少なからずいたのでした。彼らは社の内外に安心感を与え続けたのです。

取引所が再開された翌週の17日（月）。各社のIR担当にいつもと変わらない数の電話がありました。ほとんどが何よりもIR担当者の声を確認したい、というアナリストや投資家からの電話です。もちろん、情報を求める電話もありました。しかし、ほとんどが声を聴きたいために電話をかけてきたというのです。「あなたと話をする」ための時間をとったというのです。「これほど、しっかりした関係を構築し、維持することの重要性を見直したことはありません」（アーロン氏）。

また、週末を潰して、自社を担当するアナリストに電話をかけまくった企業のCFO（最高財務責任者）たちの行動も忘れられません。「大丈夫か。いつでも助けになるからな！」。IR担当者やアナリスト、投資家が、こうした行動や電話に、どれほど深くお互いを結びつけている信頼を感じたかしれません。

その10年後の2011年3月11日（金）、未曽有の東日本大震災と福島第一原子力発電所事故で日本中が混乱と不安に襲われたときも、同じようなやり取りがありました。直後からIR担当者に「大丈夫か、ケガはしていないか。家族はどうだ、何かできることはないか！」と心配する声が飛んできました。欧州や米国など海外の投資家から「私たちの家の別棟は今、誰も使っていないから、いつでも使ってくれていい」「何でもいいから遠慮なく連絡してくれ」といったメールや電話を受け取ったIR担当者も少なくなかったと言います。

IRはコミュニケーションです。それも「人間」が主役なのです。

【参考にしたい図書】

・市川祐子「楽天　IR 戦記」日経 BP
・神田秀樹（監修）、米山徹幸「イチから知る！　フェア・ディスクロージャー・ルール」金融財政事業研究会
・北川哲雄（編）「スチュワードシップとコーポレートガバナンス：2 つのコードが変える日本の企業・経済・社会」東洋経済新報社
・近藤一仁、柳良平「企業価値評価改善のための財務・IR&SR 戦略」中央経済社
・佐藤淑子（監）、日本 IR 協議会（編）「IR ベーシックブック　IR オフィサーのための基礎情報 2019-20 年版」日経事業出版センター
・佐藤淑子「IR の成功戦略」（日経文庫）日本経済新聞出版社
・佐野角夫「ソニー　知られざる成長物語」毎日新聞社
・ハーディ智砂子「古き佳きエジンバラから新しい日本が見える」講談社
・浜辺真紀子「ヤフージャパン 市場との対話：20 年間で時価総額 50 億円を 3 兆円に成長させたヤフーの戦略」徳間書店
・本多淳「『企業価値』はこうして創られる」（朝日選書）朝日新聞社
・三菱 UFJ 信託銀行証券代行部、日本シェアホルダーサービス（編）：
「株主と対話する企業―株主価値の持続的成長を実現させる IR・SR」商事法務
・和出憲一郎「投資家の理解と共感を獲得する IR（インベスター・リレーションズ）」産業編集センター
・柳良平、広木隆、井出 真吾「ROE を超える企業価値創造」日本経済新聞出版社
・米山徹幸「大買収時代の企業情報」朝日新聞社

【著者略歴】

米山徹幸（よねやま　てつゆき）

1948 年生まれ。慶應義塾大学大学院文学研究科修了。81 年大和証券（国際本部）に入社後、ロンドン、パリなどに勤務。大和インベスター・リレーションズ、大和総研・経営戦略研究所を経て、2010 年より埼玉学園大学経済経営学部/大学院経営学研究科教授。2017 年から同客員教授（現任）。埼玉大学大学院客員教授（2006〜13 年）。主な著書に、「大買収時代の企業情報」（朝日新聞社）、「個人投資家と証券市場のあり方―証券市場の健全な発展のために」（共著　中央経済社）、「広辞苑〔第 6 版〕」（共同執筆、岩波書店）、「21 世紀の企業情報開示」（社会評論社）、「イチから知る！フェア・ディスクロージャー・ルール」（金融財政事情研究会）など。全米 IR 協会（NIRI）会員、政策科学学会理事、IR 学会評議員。

新版 イチから知る！IR実務　　　　NDC 674

2016 年 3 月 25 日　初版 1 刷発行
2018 年 6 月 20 日　初版 3 刷発行
2020 年 3 月 25 日　新版 1 刷発行

（定価はカバーに表示してあります）

ⓒ　著　者　米山　徹幸
　　発行者　井水　治博
　　発行所　日刊工業新聞社
　　　　　　〒 103-8548　東京都中央区日本橋小網町 14-1
　　電　話　書籍編集部　03（5644）7490
　　　　　　販売・管理部　03（5644）7410
　　F A X　03（5644）7400
　　振替口座　00190-2-186076
　　U R L　https://pub.nikkan.co.jp/
　　e-mail　info@media.nikkan.co.jp
　　印刷・製本　美研プリンティング㈱